COUP de POUCE

Nos 200 meilleures recettes

pour petites et grandes occasions

Les Éditions Transcontinental inc.
1100, boul. René-Lévesque Ouest
24ᵉ étage
Montréal (Québec) H3B 4X9
Tél. : (514) 392-9000
1 800 361-5479
www.livres.transcontinental.ca

Distribution au Canada
Les Messageries ADP
1261A, rue Shearer, Montréal (Québec) H3K 3G4
Tél. : (514) 939-0180 ou 1 800 771-3022

Données de catalogage avant publication (Canada)
Vedette principale au titre :
Nos 200 meilleures recettes pour petites et grandes occasions
(Collection Coup de pouce)

ISBN 2-89472-262-1

1. Cuisine. I. Titre : *Nos 200 meilleures recettes pour petites et grandes occasions.*
II. Collection.
TX714.N678 2004   641.5   C2004-941445-3

Sélection des recettes : **France Lefebvre**, rédactrice en chef de la bannière *Coup de pouce*
Direction de production : **Brigitte Duval**
Correction : **Céline Bouchard**
Photos de la page couverture : **Michael Alberstat** (photo de gauche), **Alain Sirois** (photo du centre),
Yvonne Duivenvoorden (photo de droite)
Photo de France Lefebvre en page 5 : **Martin Laprise**
Photo de la quatrième de couverture : **Ed O'Neil**
Photo de la page 295 : **Christian Lacroix**
Photo de la page 296 : **Yvonne Duivenvoorden**
Conception graphique de la couverture, mise en pages et direction artistique : **Studio Andrée Robillard**

Impression : Transcontinental Interglobe (Beauceville)

© Les Éditions Transcontinental, 2004
Dépôt légal — 4ᵉ trimestre 2004
Bibliothèque nationale du Québec
Bibliothèque nationale du Canada

ISBN 2-89472-262-1

Nous reconnaissons, pour nos activités d'édition, l'aide financière du gouvernement du Canada, par
l'entremise du Programme d'aide au développement de l'industrie de l'édition (PADIÉ), ainsi que
celle du gouvernement du Québec (SODEC), par l'entremise du programme Aide à la promotion.

COUP de POUCE

Nos 200 meilleures recettes

pour petites et grandes occasions

Les Éditions
Transcontinental

Vingt ans, **ça se fête !**

Pour souligner les 20 ans de *Coup de pouce*, nous voulions offrir à nos lectrices et lecteurs un cadeau spécial, mémorable, un cadeau à chérir et à garder longtemps. Quoi de mieux qu'un livre qui réunirait nos meilleures recettes ? Alors nous avons plongé.

Plongé dans les 10 000 recettes que nous avons testées et publiées depuis 1984. Dix mille recettes, c'est énorme : des tonnes d'archives, des caisses de copies, des milliers de photos. C'est surtout, pour nous qui créons le magazine au quotidien, une foule de souvenirs que nous avons pris plaisir à caresser et à évoquer au fur et à mesure de nos recherches.

Les candidates étaient nombreuses, les élues, rares. Nos critères étaient sans appel : nous voulions des recettes originales et savoureuses qui ont passé l'épreuve du temps, faites d'ingrédients faciles à trouver, expliquées étape par étape et illustrées de photos alléchantes. Et il ne fallait pas oublier celles que vous avez tant aimées !

Nous voulions aussi que ce livre vous accompagne toute l'année. Pour une équipe habituée de mettre l'accent sur les tendances du mois, il était tout naturel de privilégier les thèmes saisonniers. Ainsi, du temps des Fêtes à l'Halloween, en passant par Pâques, le temps des sucres, la fête des Mères, la saison du barbecue, le temps des petits fruits et le temps des récoltes (entre autres !), tout est là pour vous inspirer et vous guider durant ces moments, petits et grands, qui vous donnent envie de partager les plaisirs de la table avec ceux qui vous sont chers.

Je vous souhaite de belle découvertes, et j'en profite pour vous remercier chaleureusement de nous accompagner, tout au long de l'année, dans la formidable aventure de *Coup de pouce*.

France Lefebvre
Rédactrice en chef
de la bannière Coup de pouce

Table des **matières**

Table des **matières**

Pages 77 à 91

Pages 93 à 107

Pages 109 à 121

Saint-**Valentin**

Semaine de **relâche**

Pâques

Table des **matières**

Pages 123 à 133

Temps des **sucres**

Pages 135 à 145

Fête des **Mères**

Pages 147 à 189

Barbe**cue**

Table des **matières**

Pages 191 à 203

Pages 205 à 225

Pages 227 à 237

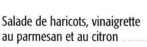

Table des **matières**

Pages 239 à 253

Pages 255 à 267

Pages 269 à 283

Récol**tes**

Pom**mes**

Hallo**ween**

Temps des **Fêtes**

▶ *Entrées et hors-d'œuvre*

Pailles
au parmesan

Feuilletés
au prosciutto
et à la sauge

Palmiers au romarin
et au sel de mer

Palmiers à l'ail

DONNE ENVIRON 30 PALMIERS

🕐 **Préparation :** 40 minutes
🕐 **Réfrigération :** 1 heure
🕐 **Cuisson :** 35 minutes
■ **Coût :** faible ■ **Calories :** 88/palmier
■ **Protéines :** 2 g/palmier
■ **Matières grasses :** 6 g/palmier
■ **Glucides :** 8 g/palmier ■ **Fibres :** traces

3	bulbes d'ail (environ 60 gousses d'ail)	3
1 c. à tab	huile végétale	15 ml
3/4 à thé	basilic séché	4 ml
1/4 à thé	sel	1 ml
1/4 c. à thé	poivre noir du moulin	1 ml
1	paquet de pâte feuilletée surgelée, décongelée (397 g)	1
1	œuf	1
1 c. à tab	eau	15 ml

1. Défaire les bulbes d'ail en gousses. Peler les gousses d'ail et couper les plus grosses en deux. Dans une petite casserole, mélanger l'ail et l'huile. Couvrir et cuire à feu moyen-doux, en secouant souvent la casserole, pendant 20 minutes ou jusqu'à ce que l'ail soit doré et ait ramolli. Mettre la préparation dans un bol. À l'aide d'une fourchette, écraser l'ail de manière à obtenir une pâte lisse. Ajouter le basilic, le sel et le poivre et mélanger. Réserver.

2. Sur une surface de travail légèrement farinée, à l'aide d'un rouleau à pâtisserie, abaisser la pâte feuilletée en un rectangle de 16 po x 12 po (40 cm x 30 cm). Étendre la garniture à l'ail réservée sur le rectangle de pâte en laissant une bordure de 1/2 po (1 cm). Dans un petit bol, à l'aide d'un fouet, mélanger l'œuf et l'eau. À l'aide d'un pinceau, badigeonner légèrement la bordure du mélange d'œuf.

3. En commençant par l'un des côtés longs, rouler la pâte jusqu'au centre du rectangle en serrant bien. Rouler l'autre côté du rectangle de pâte de la même façon de manière à former deux longs rouleaux. À l'aide du pinceau, badigeonner légèrement la pâte du mélange d'œuf à la jonction des deux rouleaux, puis les presser légèrement pour les faire adhérer. Envelopper d'une pellicule de plastique et réfrigérer pendant environ 1 heure ou jusqu'à ce que la pâte soit ferme. (Vous pouvez préparer le rouleau de pâte à l'avance et l'envelopper d'une pellicule de plastique. Il se conservera jusqu'au lendemain au réfrigérateur.)

4. À l'aide d'un couteau dentelé, couper les extrémités du rouleau de pâte pour les égaliser. Couper le rouleau en tranches de 1/2 po (1 cm) d'épaisseur. Déposer les palmiers sur des plaques de cuisson sans rebords tapissées de papier-parchemin. (Vous pouvez préparer les palmiers jusqu'à cette étape et les couvrir d'une pellicule de plastique. Ils se conserveront jusqu'à 8 heures au réfrigérateur. Ou encore, vous pouvez les congeler sur les plaques de cuisson jusqu'à ce qu'ils soient fermes et les mettre dans un contenant hermétique, en séparant chaque étage d'une feuille de papier ciré. Ils se conserveront jusqu'à 2 semaines au congélateur. Ne pas décongeler les palmiers avant la cuisson.) Déposer une plaque de cuisson sur la grille supérieure du four préchauffé à 425°F (220°C) et une autre sur la grille inférieure. Cuire pendant environ 15 minutes ou jusqu'à ce que les palmiers soient dorés et gonflés (intervertir et tourner les plaques à la mi-cuisson).

VARIANTES

Palmiers aux olives

Omettre la garniture à l'ail. Sur le rectangle de pâte, étendre 1/2 tasse (125 ml) de tapenade aux olives (purée d'olive dans l'huile aromatisée, généralement au jus de citron et aux câpres).

Palmiers au romarin et au sel de mer

Omettre la garniture à l'ail. Sur le rectangle de pâte, étendre 3 cuillerées à table (45 ml) de moutarde de Meaux (moutarde à l'ancienne). Parsemer de 2 cuillerées à table (30 ml) de romarin frais, haché ou de 1/2 cuillerée à thé (2 ml) de romarin séché, émietté. Après la cuisson, parsemer les palmiers encore chauds de 1/4 de cuillerée à thé (1 ml) de sel de mer.

Palmiers à l'italienne

Omettre la garniture à l'ail. Dans un petit bol, mélanger 1/4 de tasse (60 ml) de pâte de tomates, 1/4 de cuillerée à thé (1 ml) de basilic séché, 1/4 de cuillerée à thé (1 ml) d'origan séché et 1/4 de cuillerée à thé (1 ml) de poivre noir du moulin. Étendre cette préparation sur le rectangle de pâte. Couvrir de 3 oz (90 g) de tranches fines de salami étendues côte à côte. Parsemer de 3/4 de tasse (180 ml) de fromage provolone ou mozzarella râpé et de 1 oignon vert haché finement.

Coup de pouce

Combien de bouchées par convive ?

Lorsqu'on prévoit présenter un assortiment de hors-d'œuvre pour une fête, sans qu'ils soient suivis d'un repas, on compte environ 13 bouchées salées par personne, plus deux bouchées sucrées.

Pailles au parmesan

DONNE ENVIRON 24 PAILLES

🕐 **Préparation :** 20 minutes
🕐 **Réfrigération :** 1 heure
🕐 **Cuisson :** 14 minutes
■ **Coût :** moyen ■ **Calories :** 107/paille
■ **Protéines :** 3 g/paille
■ **Matières grasses :** 7 g/paille
■ **Glucides :** 8 g/paille ■ **Fibres :** traces

1	paquet de pâte feuilletée surgelée, décongelée (397 g)	1
1 c. à thé	moutarde de Dijon	5 ml
1	œuf	1
2/3 t	parmesan fraîchement râpé	160 ml
1	pincée de piment de Cayenne	1

1. Sur une surface de travail légèrement farinée, à l'aide d'un rouleau à pâtisserie, abaisser la moitié de la pâte feuilletée en un rectangle de 10 po x 6 po (25 cm x 15 cm).

Dans un bol, à l'aide d'un fouet, battre la moutarde de Dijon et l'œuf. À l'aide d'un pinceau, badigeonner le rectangle de pâte de la moitié de la préparation à la moutarde. Dans un autre bol, mélanger le parmesan et le piment de Cayenne. Parsemer le rectangle de pâte de la moitié du mélange de parmesan et presser légèrement pour le faire adhérer.

2. À l'aide d'un couteau dentelé, couper la pâte sur la longueur en 12 lanières de 1/2 po (1 cm) de largeur. En commençant par le centre de chaque lanière, étirer la pâte et tourner chaque moitié de lanière dans le sens opposé l'une de l'autre de manière à former une torsade. Déposer les torsades sur des plaques de cuisson sans rebords tapissées de papier-parchemin. Presser légèrement le bout des torsades sur le papier. Parsemer du mélange de parmesan qui aurait pu tomber sur la plaque. Répéter ces opérations avec le reste de la pâte feuilletée, de la préparation à la moutarde et du mélange de parmesan. Couvrir d'une pellicule de plastique et réfrigérer pendant 1 heure. (Vous pouvez

préparer les pailles jusqu'à cette étape et les couvrir d'une pellicule de plastique. Elles se conserveront jusqu'à 8 heures au réfrigérateur. Ou encore, vous pouvez les congeler sur les plaques de cuisson jusqu'à ce qu'elles soient fermes et les mettre dans un contenant hermétique en séparant chaque étage d'une feuille de papier ciré. Elles se conserveront jusqu'à 2 semaines au congélateur. Ne pas décongeler les pailles avant de les faire cuire.)

3. Déposer une plaque de cuisson sur la grille supérieure du four préchauffé à 425°F (220°C) et une autre sur la grille inférieure. Cuire pendant environ 14 minutes ou jusqu'à ce que les pailles soient dorées et croustillantes (intervertir et tourner les plaques à la mi-cuisson).

Feuilletés au jambon et au gruyère

DONNE ENVIRON 30 FEUILLETÉS

🕐 **Préparation :** 20 minutes
🕐 **Réfrigération :** 1 heure
🕐 **Cuisson :** 15 minutes
■ **Coût :** moyen ■ **Calories :** 97/feuilleté
■ **Protéines :** 2 g/feuilleté
■ **Matières grasses :** 6 g/feuilleté
■ **Glucides :** 8 g/feuilleté ■ **Fibres :** traces

1	paquet de pâte feuilletée surgelée, décongelée (397 g)	1
1/2 t	chutney à la mangue filtré	125 ml
4 oz	tranches fines de jambon Forêt-Noire	125 g
1/2 t	gruyère fraîchement râpé	125 ml
1	œuf	1
1 c. à tab	eau	15 ml

1. Sur une surface de travail légèrement farinée, à l'aide d'un rouleau à pâtisserie, abaisser la moitié de la pâte feuilletée en un carré de 12 po (30 cm) de côté. Étendre la moitié du chutney à la mangue sur le carré de pâte, en laissant une bordure de 1/2 po (1 cm). Couvrir de la moitié des tranches de jambon en les étendant côte à côte. Parsemer de la moitié du gruyère. Dans un petit bol, à l'aide d'un fouet, mélanger l'œuf et l'eau. À l'aide d'un pinceau, badigeonner légèrement la bordure de pâte du mélange d'œuf.

2. Rouler le carré de pâte en serrant bien. Pincer la pâte le long de l'ouverture du rouleau pour sceller. Répéter ces opérations avec le reste de la pâte, du chutney, du jambon, du gruyère et de l'œuf battu de manière à obtenir un autre rouleau. Envelopper chaque rouleau d'une pellicule de plastique et réfrigérer pendant environ 1 heure ou jusqu'à ce qu'ils soient fermes. (Vous pouvez préparer les rouleaux à l'avance et les envelopper d'une pellicule de plastique. Ils se conserveront jusqu'au lendemain au réfrigérateur.)

3. À l'aide d'un couteau dentelé, couper les rouleaux en tranches de 1/2 po (1 cm) d'épaisseur. Mettre les tranches sur des plaques de cuisson sans rebords tapissées de papier-parchemin. (Vous pouvez préparer les feuilletés jusqu'à cette étape et les couvrir d'une pellicule de plastique. Ils se conserveront jusqu'à 8 heures au réfrigérateur. Ou encore, vous pouvez les congeler sur les plaques de cuisson jusqu'à ce qu'ils soient fermes et les mettre dans un contenant hermétique en séparant chaque étage d'une feuille de papier ciré. Ils se conserveront jusqu'à 2 semaines au congélateur. Ne pas décongeler les feuilletés avant la cuisson.) Déposer une plaque de cuisson sur la grille supérieure du four préchauffé à 425°F (220°C) et une autre sur la grille inférieure. Cuire pendant environ 15 minutes ou jusqu'à ce que les feuilletés soient dorés (intervertir et tourner les plaques à la mi-cuisson).

VARIANTES

Feuilletés au prosciutto et à la sauge
Omettre le chutney, le jambon et le gruyère. Badigeonner chaque carré de pâte de 2 cuillerées à table (30 ml) de moutarde au miel. Parsemer de 1 cuillerée à table (15 ml) de sauge fraîche, hachée ou de 1 cuillerée à thé (5 ml) de sauge séchée, émiettée. Couvrir de 6 tranches fines de prosciutto étendues côte à côte.

Feuilletés au fromage bleu et aux noix de Grenoble
Omettre le chutney, le jambon et le gruyère. Dans un bol, mélanger 1 tasse (250 ml) de fromage bleu (de type stilton) émietté, 1/4 de tasse (60 ml) de noix de Grenoble grillées et hachées finement, et 1/2 cuillerée à thé (2 ml) de poivre noir du moulin. Parsemer chaque carré de pâte de la moitié de cette préparation.

Feuilletés au saumon fumé
Omettre le chutney, le jambon et le gruyère. Dans un bol, mélanger 1/2 tasse (125 ml) de fromage à la crème aux fines herbes ramolli, 2 oz (60 g) de saumon fumé haché finement, 1 oignon vert haché finement et 1 pincée de poivre noir du moulin. Étendre la moitié de cette préparation sur chaque carré de pâte.

Croquettes de crabe à la cajun

Même si vous congelez les croquettes, elles ne demandent qu'un minimum de cuisson au moment de servir.

DONNE ENVIRON 32 CROQUETTES

🕐 **Préparation :** 20 minutes
🕐 **Cuisson :** 25 minutes
■ **Coût :** élevé
■ **Calories :** 65/croquette
■ **Protéines :** 4 g/croquette
■ **Matières grasses :** 4 g/croquette
■ **Glucides :** 4 g/croquette
■ **Fibres :** traces

2	paquets de chair de crabe surgelée, décongelée (7 oz/200 g chacun)	2
1 1/3 t	craquelins non salés (de type biscuits soda), émiettés (environ 35 craquelins)	330 ml
1 t	mayonnaise légère	250 ml
1/4 t	carotte coupée en petits dés	60 ml
1/4 t	poivron vert épépiné et coupé en petits dés	60 ml
1/4 t	radis râpés	60 ml
1/4 t	oignons verts hachés finement	60 ml
1 c. à tab	assaisonnement à la cajun	15 ml
1 c. à tab	moutarde de Dijon	15 ml
1 c. à thé	sauce tabasco	5 ml
1/4 c. à thé	sel	1 ml
1/4 c. à thé	poivre	1 ml
1/2 t	crème sure légère	125 ml
2 c. à tab	ciboulette fraîche, hachée	30 ml
2 c. à tab	huile végétale	30 ml

1. Mettre la chair de crabe dans une passoire et retirer le cartilage, au besoin. Presser fermement pour enlever l'excédent de liquide. Mettre la chair de crabe dans un grand bol. Ajouter les craquelins émiettés, la mayonnaise, la carotte, le poivron vert, les radis, les oignons verts, l'assaisonnement à la cajun, la moutarde de Dijon, la sauce tabasco, le sel et le poivre. Bien mélanger.

2. En utilisant environ 1 cuillerée à table (15 ml) à la fois de la préparation au crabe, façonner de petites croquettes d'environ 1/2 po (1 cm) d'épaisseur. (Vous pouvez préparer les croquettes de crabe à l'avance, les mettre sur des plaques de cuisson et les congeler pendant environ 2 heures ou jusqu'à ce qu'elles soient fermes. Mettre les croquettes congelées dans un contenant hermétique en séparant chaque étage d'une feuille de papier ciré. Elles se conserveront jusqu'à 2 semaines au congélateur. Laisser décongeler au réfrigérateur.)

3. Dans un petit bol, mélanger la crème sure et la ciboulette. Réserver. Dans un poêlon à surface antiadhésive, chauffer 1 cuillerée à table (15 ml) de l'huile à feu moyen-vif. Ajouter les croquettes de crabe, quelques-unes à la fois, et cuire pendant environ 3 minutes de chaque côté ou jusqu'à ce qu'elles soient dorées (ajouter de l'huile, au besoin). Servir les croquettes de crabe accompagnées de la crème sure à la ciboulette réservée.

Boulettes de porc, sauce aigre-douce

En congelant les boulettes avec leur sauce, on obtient des amuse-gueule prêts à servir le jour de la réception. On peut remplacer le porc par du bœuf haché maigre ou même du poulet.

DONNE ENVIRON 34 BOULETTES

🕐 **Préparation :** 25 minutes
🕐 **Cuisson :** 40 minutes
■ **Coût :** moyen ■ **Calories :** 52/boulette
■ **Protéines :** 3 g/boulette
■ **Matières grasses :** 3 g/boulette
■ **Glucides :** 4 g/boulette ■ **Fibres :** traces

BOULETTES DE PORC

1	œuf	1
1/4 t	chapelure	60 ml
1/4 t	oignons verts hachés finement	60 ml
2 c. à tab	carotte râpée	30 ml
1 c. à thé	gingembre frais, pelé et râpé	5 ml
1/4 c. à thé	sel	1 ml
1/4 c. à thé	poivre	1 ml
1 lb	porc haché maigre	500 g

SAUCE AIGRE-DOUCE

1 t	jus d'ananas	250 ml
1/3 t	ketchup	80 ml
1/4 t	vinaigre de cidre	60 ml
1/4 t	sirop d'érable	60 ml
1 c. à tab	fécule de maïs	15 ml
1 c. à tab	huile d'olive	15 ml
1	petit oignon, haché finement	1
1	gousse d'ail hachée finement	1
2 c. à thé	gingembre frais, pelé et râpé	10 ml

Préparation des boulettes de porc

1. Dans un grand bol, à l'aide d'une fourchette, battre l'œuf jusqu'à ce qu'il soit mousseux. Ajouter la chapelure, 2 cuillerées à table (30 ml) des oignons verts, la carotte, le gingembre, le sel et le poivre. Ajouter le porc haché et mélanger. En utilisant environ 1 cuillerée à table (15 ml) à la fois de la préparation au porc, façonner environ 34 boulettes. Mettre les boulettes sur une plaque de cuisson munie de rebords, tapissée de papier d'aluminium, et cuire au four préchauffé à 375°F (190°C) pendant 15 minutes ou jusqu'à ce qu'elles aient perdu leur teinte rosée à l'intérieur.

Préparation de la sauce aigre-douce

2. Entre-temps, dans un bol, à l'aide d'un fouet, mélanger le jus d'ananas, le ketchup, le vinaigre de cidre, le sirop d'érable et la fécule de maïs. Réserver. Dans une casserole, chauffer l'huile à feu moyen. Ajouter l'oignon, l'ail et le gingembre et cuire, en brassant souvent, pendant 4 minutes. Ajouter la préparation au jus d'ananas réservée et porter à ébullition. Réduire le feu et laisser mijoter, en brassant de temps à autre, pendant environ 5 minutes ou jusqu'à ce que la sauce ait épaissi. Ajouter les boulettes de porc et mélanger pour bien les enrober. (Vous pouvez préparer les boulettes et la sauce à l'avance et les mettre dans un contenant hermétique. Laisser refroidir sans couvrir pendant 30 minutes, puis réfrigérer jusqu'à ce que la préparation soit froide. Verser la préparation dans des sacs de plastique refermables ou couvrir directement la surface de la préparation d'une pellicule de plastique ou d'une feuille de papier ciré. Fermer les sacs hermétiquement ou mettre le couvercle sur le contenant hermétique. Les boulettes et la sauce se conserveront jusqu'à 2 semaines au congélateur. Laisser décongeler au réfrigérateur.)

3. Verser la préparation dans un plat allant au four. Couvrir et cuire au four préchauffé à 350°F (180°C) pendant 25 minutes (remuer une fois en cours de cuisson). Au moment de servir, parsemer les boulettes de porc du reste des oignons verts.

Bouchées de saucisses au miel et à la moutarde

DONNE ENVIRON 35 BOUCHÉES

🕐 **Préparation :** 10 minutes
🕐 **Cuisson :** 30 minutes
■ **Coût :** moyen ■ **Calories :** 28/bouchée
■ **Protéines :** 1 g/bouchée
■ **Matières grasses :** 2 g/bouchée
■ **Glucides :** 1 g/bouchée ■ **Fibres :** traces

4	grosses saucisses fraîches (environ 1 lb/500 g en tout)	4
1/4 t	moutarde de Meaux (moutarde à l'ancienne)	60 ml
1 c. à tab	miel liquide	15 ml
1/4 c. à thé	thym séché	1 ml

1. Dans un grand poêlon à surface anti-adhésive, cuire les saucisses à feu moyen, en les retournant de temps à autre, pendant environ 15 minutes ou jusqu'à ce qu'elles soient dorées et fermes. Laisser refroidir pendant 5 minutes.

2. Entre-temps, dans un petit bol, à l'aide d'un fouet, mélanger la moutarde, le miel et le thym. À l'aide d'un couteau bien aiguisé, couper les saucisses cuites en tranches de 1/2 po (1 cm) d'épaisseur. Mettre les saucisses dans un plat allant au four, verser la préparation à la moutarde et mélanger délicatement pour bien les enrober.

3. Cuire au four préchauffé à 350°F (180°C) pendant 15 minutes ou jusqu'à ce que les saucisses soient bien cuites et que le jus qui s'en écoule lorsqu'on les pique à la fourchette soit clair. (Vous pouvez préparer les saucisses à l'avance, les laisser refroidir et les couvrir. Elles se conserveront jusqu'au lendemain au réfrigérateur. Réchauffer avant de servir.)

Sablés au stilton et aux noix de Grenoble

Ces hors-d'œuvre sont tout simplement parfaits avec un verre de champagne ou de porto. Si désiré, les garnir d'un morceau de noix de Grenoble avant de les cuire, comme nous l'avons fait pour la photo.

DONNE ENVIRON 72 SABLÉS

- 🕐 **Préparation :** 25 minutes
- 🕐 **Réfrigération :** 45 minutes
- 🕐 **Cuisson :** 10 minutes
- ■ **Coût :** élevé
- ■ **Calories :** 47/sablé
- ■ **Protéines :** 1 g/sablé
- ■ **Matières grasses :** 3 g/sablé
- ■ **Glucides :** 2 g/sablé
- ■ **Fibres :** traces

1/2 t	beurre ramolli	125 ml
2 t	fromage stilton émietté (environ 8 oz/250 g)	500 ml
4	jaunes d'œufs	4
1 2/3 t	farine	410 ml
1/2 t	noix de Grenoble hachées finement	125 ml
1/4 c. à thé	sel	1 ml
1/4 c. à thé	poivre noir du moulin	1 ml
1	pincée de muscade fraîchement râpée	1
1	pincée de piment de Cayenne	1

1. Dans un bol, à l'aide d'un batteur électrique, battre le beurre et le fromage jusqu'à ce que la préparation soit lisse. Incorporer les jaunes d'œufs en battant. Dans un autre bol, à l'aide d'un fouet, mélanger la farine, les noix de Grenoble, le sel, le poivre, la muscade et le piment de Cayenne. Ajouter les ingrédients secs à la préparation au fromage, 1/3 de tasse (80 ml) à la fois, et mélanger jusqu'à ce que la pâte ait une texture grossière. Façonner la pâte en boule, l'envelopper d'une pellicule de plastique et la réfrigérer pendant 30 minutes.

2. Sur une surface de travail légèrement farinée, abaisser la pâte refroidie jusqu'à environ 1/8 po (3 mm) d'épaisseur. À l'aide d'un emporte-pièce rond de 1 1/2 po (4 cm) de diamètre, découper des sablés dans l'abaisse (au besoin, abaisser de nouveau les retailles). Mettre les sablés sur deux plaques à biscuits tapissées de papier-parchemin ou beurrées. Réfrigérer pendant 15 minutes.

3. Déposer une plaque à biscuits sur la grille supérieure du four et une autre sur la grille inférieure. Cuire au four préchauffé à 400°F (200°C) pendant environ 10 minutes ou jusqu'à ce que les sablés soient légèrement dorés (intervertir et tourner les plaques à la mi-cuisson). Déposer les plaques à biscuits sur des grilles et laisser refroidir. (Vous pouvez préparer les sablés à l'avance, les laisser refroidir et les mettre dans un contenant hermétique, en prenant soin de séparer chaque étage d'une feuille de papier ciré. Ils se conserveront jusqu'à 2 jours à la température ambiante ou jusqu'à 1 mois au congélateur. Réchauffer les sablés congelés au four préchauffé à 375°F/190°C pendant 5 minutes.)

Fromage de chèvre mariné aux fines herbes

Avec des morceaux de pain pita ou des craquelins, il fera sensation !

10 À 12 PORTIONS

🕐 **Préparation :** 10 minutes
🕐 **Marinade :** 4 heures
◾ **Coût :** moyen ◾ **Calories :** 127/portion
◾ **Protéines :** 5 g/portion
◾ **Matières grasses :** 12 g/portion
◾ **Glucides :** 1 g/portion ◾ **Fibres :** aucune

2	bûchettes de fromage de chèvre crémeux et doux (150 g chacune)	2
3	gousses d'ail coupées en deux sur la longueur	3
2	brins de thym frais	2
2	brins de romarin frais	2
1/2 c. à thé	poivre noir du moulin	2 ml
3/4 t	huile d'olive	180 ml
	brins de fines herbes fraîches	

1. Couper le fromage de chèvre en tranches de 1 po (2,5 cm) d'épaisseur et disposer les tranches côte à côte dans un plat peu profond. Couvrir de l'ail, du thym et du romarin. Parsemer du poivre. Verser l'huile sur le fromage. Couvrir le plat d'une pellicule de plastique et laisser mariner au réfrigérateur pendant au moins 4 heures ou jusqu'au lendemain. (Vous pouvez préparer le fromage jusqu'à cette étape et le couvrir. Il se conservera de 1 à 2 jours au réfrigérateur.)

2. Au moment de servir, retirer l'ail et les fines herbes. Égoutter l'huile (ne conserver que 1/4 de tasse/60 ml d'huile dans le plat ; réserver le reste pour arroser vos salades). Garnir de brins de fines herbes fraîches.

Brie fondant au pralin de pacanes

Un pur délice, ce fromage coulant avec une note sucrée et croquante ! À servir accompagné de craquelins fins, non salés de préférence, et de fraises fraîches, de raisins verts ou rouges, ou de tranches de pommes.

10 À 12 PORTiONS

🕐 **Préparation :** 5 minutes
🕐 **Cuisson :** 20 à 25 minutes
◼ **Coût :** élevé ◼ **Calories :** 165/portion
◼ **Protéines :** 9 g/portion
◼ **Matières grasses :** 13 g/portion
◼ **Glucides :** 5 g/portion ◼ **Fibres :** traces

1	brie rond de 16 oz (500 g)	1
1/2 t	pacanes hachées	125 ml
1/4 t	cassonade tassée	60 ml
1 c. à tab	brandy ou sirop d'érable	15 ml

1. Mettre le brie dans une assiette à tarte. Parsemer des pacanes, puis de la cassonade, en pressant pour bien la tasser. Arroser du brandy. (Vous pouvez préparer le brie jusqu'à cette étape et couvrir l'assiette à tarte de papier d'aluminium. Il se conservera jusqu'au lendemain au réfrigérateur. Retirer le papier d'aluminium avant de cuire le brie.)

2. Cuire au four préchauffé à 350°F (180°C) de 20 à 25 minutes ou jusqu'à ce que la cassonade soit légèrement dorée et que le brie soit chaud, sans plus (ne pas trop cuire, sinon le brie coulera). Servir aussitôt.

Salade de verdures aux poires et aux noix de Grenoble caramélisées

12 PORTIONS

🕐 **Préparation :** 30 minutes
🕐 **Cuisson :** 6 à 8 minutes
■ **Coût :** élevé ■ **Calories :** 245/portion
■ **Protéines :** 3 g/portion
■ **Matières grasses :** 14 g/portion
■ **Glucides :** 29 g/portion
■ **Fibres :** 4 g/portion

NOIX DE GRENOBLE CARAMÉLISÉES

2/3 t	sucre	160 ml
3 c. à tab	eau	45 ml
1 1/2 t	demi-noix de Grenoble	375 ml

VINAIGRETTE À L'HUILE DE NOIX

1/4 t	échalotes françaises (ciboulette ou oignons verts) hachées finement	60 ml
1/4 t	huile de noix	60 ml
2 c. à tab	vinaigre de xérès	30 ml
1 c. à tab	huile végétale	15 ml
1/4 c. à thé	sel	1 ml
1	pincée de poivre	1

SALADE DE VERDURES

2	bottes de cresson parées	2
2	cœurs de laitues romaines (environ 1 1/2 lb/750 g en tout)	2
1	petit radicchio, déchiqueté (environ 4 oz/125 g)	1
6	poires mûres pelées, le cœur enlevé et coupées en six tranches fines chacune	6
1/2 t	fromage stilton émietté (facultatif)	125 ml

Préparation des noix de Grenoble caramélisées

1. Dans une petite casserole à fond épais, mélanger le sucre et l'eau. Cuire à feu moyen-vif, en brassant, jusqu'à ce que le sucre soit dissous. Réduire à feu moyen et cuire, sans brasser, de 6 à 8 minutes ou jusqu'à ce que le sirop soit doré (à l'aide d'un pinceau à pâtisserie préalablement trempé dans l'eau froide, faire tomber les cristaux de sucre qui se forment sur la paroi de la casserole).

2. Ajouter les demi-noix de Grenoble et mélanger. Verser la préparation aux noix de Grenoble sur une plaque de cuisson tapissée de papier d'aluminium graissé. À l'aide de deux fourchettes, répartir uniformément les demi-noix sur la plaque. Laisser refroidir. Avec le dos d'une cuillère, casser la préparation refroidie et durcie de manière à obtenir des morceaux d'une demi-noix chacun. Réserver. (Vous pouvez préparer les noix de Grenoble caramélisées à l'avance et les mettre dans un contenant hermétique en séparant chaque étage par une feuille de papier ciré. Elles se conserveront jusqu'à 3 jours à la température ambiante.)

Préparation de la vinaigrette à l'huile de noix

3. Dans un pot en verre muni d'un couvercle, mettre les échalotes, l'huile de noix, le vinaigre de xérès, l'huile, le sel et le poivre. Couvrir et agiter vigoureusement jusqu'à ce que les ingrédients soient bien mélangés. (Vous pouvez préparer la vinaigrette à l'huile de noix à l'avance et la couvrir. Elle se conservera jusqu'à 24 heures au réfrigérateur.)

Préparation de la salade de verdures

4. Mettre le cresson dans un grand bol. Réserver environ 36 des plus petites et des plus jolies feuilles de romaine. Déchiqueter le reste des feuilles de romaine et les mettre dans le bol. Ajouter le radicchio et mélanger. (Vous pouvez préparer la salade de verdures jusqu'à cette étape et la couvrir d'un linge humide, puis d'une pellicule de plastique. Elle se conservera jusqu'à 5 heures au réfrigérateur.)

5. Au moment de servir, verser la vinaigrette à l'huile de noix sur la salade de verdures et mélanger délicatement pour bien l'enrober. Garnir 12 assiettes à salade de 2 à 3 des feuilles de romaine réservées. Répartir la salade de verdures sur le dessus, puis les tranches de poires. Parsemer des demi-noix de Grenoble caramélisées réservées et du fromage stilton, si désiré.

Crème de carottes au gingembre

6 À 8 PORTIONS

⏱ **Préparation :** 20 minutes
⏱ **Cuisson :** 36 minutes
■ **Coût :** moyen ■ **Calories :** 220/portion
■ **Protéines :** 4 g/portion
■ **Matières grasses :** 119 g/portion
■ **Glucides :** 28 g/portion
■ **Fibres :** 5 g/portion

1 c. à tab	beurre	15 ml
1 c. à tab	huile végétale	15 ml
2	oignons hachés finement	2
1	poireau (la partie blanche seulement) haché	1
1/4 t	céleri haché	60 ml
1 c. à tab	gingembre frais, pelé et haché finement	15 ml
1	grosse gousse d'ail, hachée finement	1
3 lb	carottes pelées et hachées	1,5 kg
5 t	bouillon de poulet	1,25 L
1/2 t	crème à 35 %	125 ml
	crème sure (facultatif)	
	brins de persil frais	
	sel et poivre du moulin	

1. Dans une grande casserole ou dans une grosse cocotte en métal, chauffer le beurre et l'huile à feu moyen jusqu'à ce que le beurre ait fondu. Ajouter les oignons, le poireau et le céleri, et cuire, en brassant, pendant environ 5 minutes ou jusqu'à ce que les oignons aient ramolli (ne pas faire dorer). Ajouter le gingembre et l'ail et cuire, en brassant, pendant 1 minute.

2. Ajouter les carottes et le bouillon de poulet et mélanger. Porter à ébullition (écumer la surface, au besoin). Réduire le feu et laisser mijoter pendant environ 30 minutes ou jusqu'à ce que les carottes soient tendres. Retirer la casserole du feu et laisser refroidir légèrement. Au mélangeur ou au robot culinaire, réduire la soupe en purée, en plusieurs fois au besoin. (Vous pouvez préparer la crème de carottes jusqu'à cette étape, la laisser refroidir et la mettre dans un contenant hermétique. Elle se conservera jusqu'à 2 jours au réfrigérateur ou jusqu'à 2 semaines au congélateur.)

3. Verser la purée dans une casserole propre et incorporer la crème à 35 %. Réchauffer la crème de carottes à feu moyen, en brassant souvent pour éviter qu'elle ne prenne au fond. Saler et poivrer.

4. Au moment de servir, répartir la crème de carottes dans des bols à soupe. Garnir chaque portion d'une cuillerée de crème sure, si désiré, et d'un brin de persil.

Potage aux patates douces et aux pommes

6 À 8 PORTIONS

🕐 **Préparation :** 30 minutes
🕐 **Cuisson :** 1 heure
◼ **Coût :** moyen ◼ **Calories :** 305/portion
◼ **Protéines :** 4 g/portion
◼ **Matières grasses :** 14 g/portion
◼ **Glucides :** 42 g/portion
◼ **Fibres :** 4 g/portion

2 c. à tab	huile végétale	30 ml
3	pommes (de type McIntosh) pelées, coupées en deux, le cœur enlevé	3
2 lb	patates douces pelées et coupées en morceaux de 1 po (2,5 cm)	1 kg
1 lb	carottes pelées et coupées en morceaux de 1 po (2,5 cm)	500 g
1/8 c. à thé	paprika	0,5 ml
3 c. à tab	beurre non salé	45 ml
1	oignon haché	1
1	petite gousse d'ail, hachée finement	1
1 c. à thé	thym frais, haché	5 ml
1	feuille de laurier	1
1/4 c. à thé	cannelle moulue	1 ml
1 t	jus de pomme	250 ml
5 t	bouillon de poulet	1,25 L
1/2 t	crème à 35 %	125 ml
	crème sure (facultatif)	
	brins de thym frais (facultatif)	
	sel et poivre noir du moulin	

1. Badigeonner d'un peu de l'huile le côté coupé des pommes. Mettre les pommes sur une plaque de cuisson, le côté coupé vers le bas. Dans un bol, mélanger les patates douces et les carottes avec le reste de l'huile et les étendre sur la plaque de cuisson. Saler et poivrer. Parsemer du paprika. Cuire au four préchauffé à 375°F (190°C) de 30 à 40 minutes ou jusqu'à ce que les pommes et les légumes soient tendres et légèrement dorés.

2. Entre-temps, dans une casserole, faire fondre 2 cuillerées à table (30 ml) du beurre. Ajouter l'oignon et cuire à feu moyen, en brassant, pendant environ 4 minutes ou jusqu'à ce qu'il commence à devenir translucide. Ajouter l'ail et cuire, en brassant, pendant 30 secondes. Ajouter le thym, la feuille de laurier, la cannelle, le jus de pomme et le bouillon de poulet et mélanger. Porter à ébullition. Réduire le feu et laisser mijoter pendant 10 minutes.

3. Dans la casserole, ajouter les pommes et les légumes rôtis et mélanger. Poursuivre la cuisson pendant 20 minutes. Retirer la casserole du feu. Retirer la feuille de laurier et laisser refroidir légèrement. Au robot culinaire ou au mélangeur, réduire la préparation en purée lisse, en plusieurs fois au besoin. (Vous pouvez préparer le potage jusqu'à cette étape, le laisser refroidir et le mettre dans un contenant hermétique. Il se conservera jusqu'au lendemain au réfrigérateur.)

4. Au moment de servir, remettre le potage dans la casserole et réchauffer jusqu'à ce qu'il commence à bouillonner. Ajouter la crème et mélanger. Incorporer le reste du beurre et rectifier l'assaisonnement, au besoin. Répartir le potage dans des bols à soupe. Garnir chaque portion de crème sure et d'un brin de thym, si désiré.

Temps des **Fêtes**

▶ *Plats principaux et accompagnements*

Rôti de porc farci aux canneberges

8 À 10 PORTIONS

🕐 **Préparation :** 45 minutes
🕐 **Cuisson :** 1 heure 45 minutes
■ **Coût :** élevé ■ **Calories :** 389/portion
■ **Protéines :** 31 g/portion
■ **Matières grasses :** 20 g/portion
■ **Glucides :** 19 g/portion
■ **Fibres :** 2 g/portion

RÔTI DE PORC FARCI AUX CANNEBERGES

1 t	canneberges séchées	250 ml
1/3 t	cidre	80 ml
1/2 t	noisettes	125 ml
1/4 t	beurre	60 ml
2	grosses échalotes françaises, hachées finement	2
1 c. à tab	sauge fraîche, hachée	15 ml
1/2 c. à thé	sel	2 ml
1/2 c. à thé	poivre	2 ml
3 t	mie de pain frais, émiettée	750 ml
2 c. à tab	persil frais, haché	30 ml
3 lb	rôti de porc désossé	1,5 kg
1 c. à tab	huile végétale	15 ml

SAUCE AU VIN BLANC

1 1/2 c. à thé	farine	7 ml
1 1/2 c. à thé	beurre ramolli	7 ml
4	échalotes françaises hachées finement	4
2	gousses d'ail hachées finement	2
1 t	vin blanc sec	250 ml
1 t	bouillon de poulet	250 ml
1/4 c. à thé	poivre	1 ml

Préparation du rôti de porc farci aux canneberges

1. Dans un petit bol, mélanger les canneberges et le cidre. Couvrir d'une pellicule de plastique en soulevant l'un des coins et cuire au micro-ondes, à intensité maximum, pendant 1 minute. Laisser refroidir.

2. Étaler les noisettes sur une plaque de cuisson munie de rebords et les faire griller au four préchauffé à 350°F (180°C) pendant environ 8 minutes ou jusqu'à ce qu'elles soient dorées et dégagent leur arôme. Mettre les noisettes sur un linge. Replier le linge sur les noisettes et les frotter vigoureusement pour enlever la peau. Laisser refroidir et hacher. Réserver.

3. Dans un poêlon, faire fondre le beurre à feu moyen-doux. Ajouter les échalotes, la sauge et la moitié du sel et du poivre, et cuire, en brassant, pendant 5 minutes ou jusqu'à ce que les échalotes aient ramolli. À l'aide d'une cuillère, mettre la préparation aux échalotes dans un grand bol. Ajouter la mie de pain, la préparation de canneberges refroidie, les noisettes grillées réservées et le persil. Bien mélanger. Réserver.

4. Mettre le rôti de porc sur une planche à découper, le côté gras sur le dessus. À l'aide d'un couteau bien aiguisé, couper le rôti de porc en deux horizontalement en laissant une bordure intacte (ne pas couper complètement). Ouvrir le rôti de porc à la manière d'un livre. En partant du centre du rôti ouvert, à l'aide du couteau, couper la moitié gauche du rôti en deux horizontalement en laissant une bordure intacte (ne pas couper complètement). Répéter cette opération sur la moitié droite du rôti. Ouvrir à la manière d'un livre et couvrir de papier ciré. À l'aide d'un maillet ou d'un poêlon à fond épais, aplatir le rôti de porc de manière qu'il soit d'égale épaisseur.

5. Parsemer le rôti de porc de la moitié du reste du sel et du poivre. En laissant une bordure de 1 po (2,5 cm) sur l'un des côtés courts du rôti de porc, étendre la farce aux canneberges réservée sur la viande. En commençant par l'autre côté court, rouler le rôti de porc sur la farce. Répartir sept morceaux de ficelle à rôti de 12 po (30 cm) de longueur sous le rôti de porc. Ficeler le rôti de porc en attachant les ficelles sur le dessus du rôti et couper l'excédent de ficelle. Mettre le rôti de porc sur la grille d'une rôtissoire, le badigeonner de l'huile et parsemer du reste du sel et du poivre.

6. Cuire au four préchauffé à 375°F (190°C) pendant 1 heure 20 minutes ou jusqu'à ce qu'un thermomètre à viande inséré au centre du rôti de porc indique 160°F (70°C). Retirer le rôti de porc de la rôtissoire, le mettre sur une planche à découper et le couvrir de papier d'aluminium. Laisser reposer pendant 15 minutes avant de le découper.

Préparation de la sauce au vin blanc

7. Dans un petit bol, à l'aide d'une fourchette, mélanger la farine et le beurre. Réserver. Dégraisser la rôtissoire et la mettre sur la cuisinière à feu moyen. Ajouter les échalotes et l'ail et cuire, en brassant, pendant 3 minutes. Verser le vin blanc et porter à ébullition à feu vif en raclant le fond de la rôtissoire pour en détacher toutes les particules. Laisser bouillir pendant 3 minutes ou jusqu'à ce que le vin ait réduit de moitié. Ajouter le bouillon de poulet et le poivre. Porter de nouveau à ébullition. Ajouter le mélange de farine réservé et cuire, en brassant, pendant 5 minutes ou jusqu'à ce que la sauce ait épaissi. Dans une passoire fine placée sur un bol, filtrer la sauce.

8. Au moment de servir, retirer la ficelle du rôti de porc. À l'aide d'un couteau bien aiguisé, couper le rôti de porc en tranches fines et les répartir dans des assiettes chaudes. Napper de la sauce au vin blanc.

Poitrines de poulet farcies au gouda fumé et au poireau

6 PORTIONS

🕐 **Préparation :** 25 minutes
🕐 **Cuisson :** 22 à 24 minutes
■ **Coût :** élevé ■ **Calories :** 303/portion
■ **Protéines :** 44 g/portion
■ **Matières grasses :** 12 g/portion
■ **Glucides :** 2 g/portion
■ **Fibres :** 1 g/portion

1 c. à tab	beurre	15 ml
1	petit poireau, les parties blanche et vert pâle seulement, coupé en tranches fines	1
1/2 c. à thé	thym séché	2 ml
1 t	gouda fumé ou gruyère râpé	250 ml
2 c. à tab	tomates séchées conservées dans l'huile, égouttées et hachées	30 ml
2 c. à tab	persil frais, haché	30 ml
6	poitrines de poulet désossées, la peau et le gras enlevés (environ 2 lb/1 kg en tout)	6
1 c. à tab	huile végétale	15 ml
1/4 c. à thé	sel	1 ml
1/4 c. à thé	poivre noir du moulin	1 ml

1. Dans un grand poêlon à surface anti-adhésive allant au four, faire fondre le beurre à feu moyen. Ajouter le poireau et le thym et cuire, en brassant de temps à autre, pendant environ 3 minutes ou jusqu'à ce que le poireau ait ramolli. Mettre la préparation au poireau dans un bol. Ajouter le gouda fumé, les tomates séchées et le persil et mélanger.

2. À l'aide d'un couteau bien aiguisé, couper les poitrines de poulet en deux horizontalement jusqu'à environ 1/2 po (1 cm) du bord (ne pas couper complètement). Ouvrir les poitrines de poulet à la manière d'un livre. À l'aide d'une cuillère, étendre uniformément 2 cuillerées à table (30 ml) de la farce au gouda fumé et au poireau sur l'une des moitiés de chaque poitrine en laissant une bordure intacte d'environ 1/2 po (1 cm). Rabattre l'autre moitié sur la farce. Fixer chaque poitrine à l'aide de cure-dents. (Vous pouvez préparer les poitrines de poulet jusqu'à cette étape et les envelopper d'une pellicule de plastique. Elles se conserveront jusqu'à 4 heures au réfrigérateur.)

3. Dans un petit bol, mélanger l'huile, le sel et le poivre. Badigeonner chaque côté des poitrines de poulet du mélange d'huile. Dans le poêlon, cuire les poitrines de poulet à feu moyen-vif de 2 à 3 minutes de chaque côté ou jusqu'à ce qu'elles soient dorées. Poursuivre la cuisson au four préchauffé à 425°F (220°C) pendant environ 15 minutes ou jusqu'à ce que le poulet ait perdu sa teinte rosée à l'intérieur.

4. Au moment de servir, retirer les cure-dents des poitrines. À l'aide d'un couteau bien aiguisé, couper chaque poitrine de poulet en six tranches sur le biais.

VARIANTES

Poitrines de poulet farcies aux champignons et au poivron rouge

Omettre la farce au gouda fumé et au poireau. Dans un grand poêlon à surface antiadhésive allant au four, faire fondre 2 cuillerées à table (30 ml) de beurre à feu moyen. Ajouter 2 tasses (500 ml) de champignons de Paris café ou blancs, ou de champignons shiitake, les pieds enlevés, coupés en tranches, 1/2 tasse (125 ml) d'oignon haché, 1 poivron rouge épépiné et coupé en tranches fines, 1 gousse d'ail hachée finement, 1 cuillerée à thé (5 ml) de romarin séché, 1/4 de cuillerée à thé (1 ml) de sel et 1/4 de cuillerée à thé (1 ml) de poivre noir du moulin. Cuire, en brassant souvent, pendant environ 5 minutes ou jusqu'à ce que l'oignon ait ramolli. Mettre la préparation aux champignons dans un bol. Ajouter 1/4 de tasse (60 ml) de parmesan fraîchement râpé et 2 cuillerées à table (30 ml) de persil frais, haché, et mélanger. Poursuivre la recette tel qu'indiqué dans les étapes 2 à 4.

Poitrines de poulet farcies aux épinards et au crabe

Omettre la farce au gouda fumé et au poireau. Dans un grand poêlon à surface antiadhésive allant au four, chauffer 1 cuillerée à table (15 ml) d'huile végétale à feu moyen. Ajouter un paquet (10 oz/ 284 g) d'épinards frais, les tiges enlevées, 1/2 cuillerée à thé (2 ml) de sel et 1/2 cuillerée à thé (2 ml) de poivre noir du moulin. Cuire, en brassant de temps à autre, pendant environ 4 minutes ou jusqu'à ce que les épinards aient ramolli. Égoutter les épinards dans une passoire fine placée dans l'évier et laisser refroidir légèrement. Presser les épinards pour enlever l'excédent d'eau. Hacher grossièrement les épinards et les mettre dans un grand bol. Ajouter 1 paquet (7 oz/200 g) de chair de crabe surgelée, décongelée et égouttée, 2 oignons verts coupés en tranches fines, 2 cuillerées à thé (10 ml) de zeste de citron râpé, 1 cuillerée à table (15 ml) de jus de citron fraîchement pressé, 2 cuillerées à thé (10 ml) de gingembre frais, pelé et haché finement et 2 cuillerées à thé (10 ml) d'huile de sésame et mélanger. Poursuivre la recette tel qu'indiqué dans les étapes 2 à 4.

Haricots verts aux tomates, beurre aux fines herbes

6 PORTIONS

🕐 **Préparation :** 10 minutes
🕐 **Cuisson :** 6 à 10 minutes
■ **Coût :** moyen ■ **Calories :** 74/portion
■ **Protéines :** 2 g/portion
■ **Matières grasses :** 4 g/portion
■ **Glucides :** 9 g/portion
■ **Fibres :** 3 g/portion

1 1/2 lb	haricots verts parés	750 g
2 c. à tab	beurre	30 ml
1 c. à tab	persil frais, haché	15 ml
1/2 c. à thé	thym séché	2 ml
3	tomates italiennes épépinées et hachées finement	3

1. Dans le panier d'une marmite à vapeur ou dans une marguerite déposée dans une casserole d'eau bouillante, cuire les haricots verts de 6 à 10 minutes ou jusqu'à ce qu'ils soient tendres mais encore croquants. Mettre les haricots dans un bol. Ajouter le beurre, le persil et le thym et mélanger délicatement pour bien enrober les haricots verts.

2. Au moment de servir, parsemer des tomates italiennes.

VARIANTES

Haricots verts aux tomates, beurre au vinaigre balsamique
Omettre le persil et le thym. Ajouter 2 cuillerées à thé (10 ml) de vinaigre balsamique, 1/2 cuillerée à thé (2 ml) de basilic séché et 1/4 de cuillerée à thé (1 ml) de poivre noir du moulin et mélanger délicatement pour bien enrober les haricots verts. Poursuivre la recette tel qu'indiqué à l'étape 2.

Haricots verts aux tomates, beurre au piment jalapeño
Omettre le persil et le thym. Ajouter 1 cuillerée à thé (5 ml) de zeste de lime râpé, 1 cuillerée à table (15 ml) de coriandre fraîche, hachée ou de persil frais, haché, 1 cuillerée à thé (5 ml) de piment chili frais (de type jalapeño) épépiné et haché finement et 1 cuillerée à table (15 ml) de jus de lime fraîchement pressé, et mélanger délicatement pour bien enrober les haricots verts. Poursuivre la recette tel qu'indiqué à l'étape 2.

Riz pilaf aux amandes

6 PORTIONS

🕐 **Préparation :** 15 minutes
🕐 **Cuisson :** 25 minutes
■ **Coût :** moyen ■ **Calories :** 271/portion
■ **Protéines :** 7 g/portion
■ **Matières grasses :** 9 g/portion
■ **Glucides :** 41 g/portion
■ **Fibres :** 2 g/portion

1 c. à tab	huile végétale	15 ml
1 t	carottes (ou panais) pelées et coupées en dés	250 ml
2	échalotes françaises coupées en tranches fines ou	2
1	petit oignon, coupé en tranches fines	1
1	gousse d'ail hachée finement	1
1 c. à thé	graines de carvi	5 ml
1	pincée de sel	1
1	pincée de poivre noir du moulin	1
1 1/2 t	riz à grain long	375 ml
1 1/2 t	bouillon de poulet	375 ml
1 1/2 t	eau	375 ml
1/2 t	amandes effilées, grillées	125 ml
1/4 t	persil frais, haché	60 ml

1. Dans une casserole, chauffer l'huile à feu moyen. Ajouter les carottes, les échalotes, l'ail, les graines de carvi, le sel et le poivre et cuire, en brassant souvent, pendant environ 4 minutes ou jusqu'à ce que les carottes aient ramolli.

2. Ajouter le riz et mélanger pour bien l'enrober. Ajouter le bouillon de poulet et l'eau et porter à ébullition. Réduire le feu, couvrir et laisser mijoter pendant environ 20 minutes ou jusqu'à ce que le liquide soit absorbé et que le riz soit tendre. Ajouter les amandes grillées et le persil et mélanger.

3. Au moment de servir, à l'aide d'une fourchette, séparer les grains de riz.

VARIANTES

Riz pilaf aux pignons

Omettre les carottes et les graines de carvi. Ajouter 1/4 de tasse (60 ml) de raisins de Corinthe et 1 cuillerée à thé (5 ml) de cannelle moulue à la préparation aux échalotes françaises et mélanger. Cuire pendant 3 minutes. Poursuivre la recette tel qu'indiqué dans les étapes 2 et 3, en remplaçant les amandes grillées par des pignons grillés.

Riz pilaf aux arachides

Omettre les carottes et les graines de carvi. Ajouter 3 anis étoilés entiers et 1 bâton de cannelle à la préparation aux échalotes françaises. Cuire pendant 3 minutes. Poursuivre la recette tel qu'indiqué dans les étapes 2 et 3, en remplaçant les amandes grillées par des arachides grillées et hachées, et le persil par 2 oignons verts coupés en tranches fines.

Coup de pouce
Amandes grillées

Pour faire griller les amandes, les mettre dans un poêlon à surface antiadhésive et cuire à feu moyen-vif, en brassant sans arrêt, pendant environ 5 minutes ou jusqu'à ce qu'elles soient dorées et dégagent leur arôme.

Bœuf Wellington

Un grand classique de la cuisine française, ce filet de bœuf en croûte est un plat de réception raffiné, mais facile à réussir. Le secret : choisir un pâté de foie gras de bonne qualité (dans les charcuteries fines) pour le garnir, en plus de la duxelles traditionnelle. La duxelles est un hachis très fin d'échalotes françaises et de champignons cuits dans le beurre.

6 À 8 PORTIONS

🕐 **Préparation :** 40 minutes
🕐 **Cuisson :** 51 minutes
🕐 **Repos :** 45 à 55 minutes
■ **Coût :** élevé ■ **Calories :** 800/portion
■ **Protéines :** 47 g/portion
■ **Matières grasses :** 58 g/portion
■ **Glucides :** 24 g/portion
■ **Fibres :** 2 g/portion

FILET DE BŒUF EN CROÛTE

3 1/2 lb	filet de bœuf ficelé	1,75 kg
2 c. à tab	huile végétale	30 ml
2 c. à tab	beurre non salé	30 ml
1	jaune d'œuf	1
1 c. à tab	lait	15 ml
1 lb	pâte feuilletée fraîche ou surgelée, décongelée	500 g
8 oz	pâté de foie gras à la température ambiante	250 g
	sel et poivre noir du moulin	

DUXELLES

3 c. à tab	beurre non salé	45 ml
3	échalotes françaises hachées très finement	3
1 lb	champignons frais, hachés très finement	500 g
1 c. à thé	persil frais, haché finement ou	5 ml
1/4 c. à thé	persil séché	1 ml
	sel et poivre noir du moulin	

Préparation du filet de bœuf en croûte

1. Préchauffer le four à 450°F (230°C). Saler et poivrer le filet de bœuf. Dans un poêlon à fond épais allant au four, chauffer l'huile et le beurre à feu moyen-vif jusqu'à ce que le beurre ait fondu. Ajouter le filet de bœuf et cuire, en le retournant de temps à autre, de 3 à 4 minutes ou jusqu'à ce qu'il soit doré de tous les côtés (retourner délicatement le filet pour ne pas le déformer). Rectifier l'assaisonnement, au besoin. Réduire la température du four à 375°F (190°C). Mettre le poêlon au four et poursuivre la cuisson pendant 8 minutes ou jusqu'à ce qu'un thermomètre inséré dans la partie la plus charnue du filet atteigne 130°F (55°C). Retirer le filet du four, le mettre sur une grille posée sur une assiette et laisser reposer de 30 à 40 minutes ou jusqu'à ce qu'il soit à la température ambiante. Retirer la ficelle qui entoure le filet.

Préparation de la duxelles

2. Dans un grand poêlon à fond épais, faire fondre le beurre à feu moyen. Ajouter les échalotes et cuire, en brassant de temps à autre, pendant environ 5 minutes ou jusqu'à ce qu'elles aient ramolli. Augmenter à feu vif. Ajouter les champignons. Saler et poivrer. Poursuivre la cuisson, en brassant souvent, pendant environ 5 minutes ou jusqu'à ce que l'eau des champignons soit complètement évaporée (la préparation ne doit pas être sèche, mais légèrement humide). Ajouter le persil et mélanger. Retirer le poêlon du feu et laisser refroidir complètement. (Vous pouvez préparer la duxelles à l'avance et la couvrir. Elle se conservera jusqu'au lendemain au réfrigérateur.)

Assemblage du bœuf Wellington

3. Dans un petit bol, mélanger le jaune d'œuf et le lait. Réserver. Couper la pâte feuilletée en deux portions, au besoin. Sur une surface légèrement farinée, à l'aide d'un rouleau à pâtisserie, abaisser une portion de la pâte feuilletée en un rectangle d'environ 20 po x 12 po (50 cm x 30 cm) (l'abaisse doit être légèrement plus longue et plus large que le filet de bœuf). Déposer l'abaisse sur une plaque de cuisson tapissée de papier-parchemin. À l'aide d'une cuillère, déposer la duxelles refroidie au centre de l'abaisse et l'étaler en un rectangle correspondant à la taille du filet de bœuf. Déposer le filet de bœuf sur la duxelles. Étaler uniformément le pâté de foie gras sur le dessus du filet de bœuf (**photo a**). À l'aide d'un pinceau à pâtisserie, badigeonner légèrement le pourtour de l'abaisse du mélange de jaune d'œuf réservé (ne pas badigeonner jusqu'au bord). Abaisser le reste de la pâte feuilletée en un rectangle suffisamment grand pour couvrir le filet de bœuf et l'abaisse du dessous. Déposer la deuxième abaisse sur le filet en prenant soin de bien la centrer. Sceller les bords en appuyant légèrement avec les doigts. À l'aide d'un couteau bien aiguisé, couper l'excédent de pâte en laissant une bordure d'environ 2 po (5 cm) (réserver les retailles de pâte). Avec la pointe du couteau, faire un motif en dents arrondies sur le pourtour de la bordure (**photo b**). Si désiré, assembler les retailles de pâte réservées, les abaisser de nouveau et, à l'aide d'un emporte-pièce de la forme souhaitée, découper des motifs dans la pâte. Coller les motifs sur le dessus et les côtés de l'enveloppe de pâte avec un peu du mélange de jaune d'œuf. (Vous pouvez préparer le bœuf Wellington jusqu'à cette étape et le couvrir d'une pellicule de plastique. Il se conservera jusqu'à 2 heures au réfrigérateur.)

4. Percer deux trous d'environ 1/2 po (1 cm) de diamètre sur le dessus de l'enveloppe de pâte, à chaque extrémité du filet, et piquer dans chacun un petit tube de papier-parchemin roulé. Badigeonner la pâte du mélange de jaune d'œuf (ne pas badigeonner les bords). Cuire au four préchauffé à 400°F (200°C) pendant 10 minutes. Réduire la température du four à 350°F (180°C) et poursuivre la cuisson pendant 20 minutes ou jusqu'à ce que la pâte soit bien dorée. Retirer le filet de bœuf du four et laisser reposer 15 minutes. Retirer les cheminées de papier-parchemin. Passer une spatule sous le bœuf en croûte et le déposer délicatement dans une assiette de service. À l'aide d'un couteau bien aiguisé, couper en tranches d'environ 3/4 po (4 cm) d'épaisseur.

Légumes rôtis au romarin

6 À 8 PORTIONS

⏱ **Préparation :** 30 minutes
⏱ **Cuisson :** 30 à 45 minutes
■ **Coût :** moyen ■ **Calories :** 195/portion
■ **Protéines :** 2 g/portion
■ **Matières grasses :** 7 g/portion
■ **Glucides :** 32 g/portion
■ **Fibres :** 5 g/portion

2	patates douces moyennes, pelées et coupées en morceaux de 1 po (2,5 cm)	2
6	panais pelés et coupés en morceaux de 1 po (2,5 cm)	6
6	carottes pelées et coupées en morceaux de 1 po (2,5 cm)	6
6	échalotes françaises coupées en deux	6
1	oignon rouge coupé en six	1
1	gros bulbe d'ail, les gousses séparées et pelées	1
2 c. à tab	romarin frais, haché finement ou	30 ml
2 c. à thé	romarin séché	10 ml
2 c. à tab	thym frais, haché finement ou	30 ml
2 c. à thé	thym séché	10 ml
4 c. à tab	huile végétale	60 ml
	sel et poivre noir du moulin	

1. Dans un grand bol, mettre les patates douces, les panais, les carottes, les échalotes, l'oignon rouge et l'ail. Parsemer du romarin et du thym. Ajouter l'huile végétale et mélanger pour bien enrober les légumes. (Vous pouvez préparer les légumes jusqu'à cette étape et les couvrir. Ils se conserveront jusqu'à 4 heures à la température ambiante.)

2. Étaler les légumes en couche uniforme sur une plaque de cuisson légèrement huilée. Saler et poivrer. Cuire au four préchauffé à 375°F (190°C) de 30 à 45 minutes ou jusqu'à ce que les légumes soient tendres et dorés (les retourner souvent en cours de cuisson).

3. Au moment de servir, disposer les légumes cuits dans une assiette de service chaude. Rectifier l'assaisonnement, au besoin.

Dindon rôti, farce aux pacanes et à l'orange

12 À 18 PORTIONS

🕐 **Préparation :** 50 minutes
🕐 **Cuisson :** 4 heures 45 minutes
🕐 **Repos :** 30 minutes
■ **Coût :** élevé ■ **Calories :** 358/portion
■ **Protéines :** 54 g/portion
■ **Matières grasses :** 14 g/portion
■ **Glucides :** 24 g/portion
■ **Fibres :** 2 g/portion

1/4 t	beurre	60 ml
3 t	oignons hachés	750 ml
3 t	céleri haché	750 ml
4 c. à thé	sarriette séchée	20 ml
2 c. à thé	thym séché	10 ml
3/4 c. à thé	sel	4 ml
3/4 c. à thé	poivre	4 ml
14 t	cubes de pain au levain, rassis	3,5 L
1 t	pacanes grillées, hachées	250 ml
1 t	canneberges séchées	250 ml
2 c. à thé	zeste d'orange râpé	10 ml
1/3 t	bouillon de poulet	80 ml
1/3 t	jus d'orange	80 ml
1	dindon frais ou surgelé, décongelé (environ 15 lb/7,5 kg)	1

1. Dans un grand poêlon, faire fondre le beurre à feu moyen. Ajouter les oignons, le céleri, la sarriette, le thym, le sel et le poivre et cuire, en brassant souvent, pendant 15 minutes ou jusqu'à ce que les légumes aient ramolli. Retirer le poêlon du feu et mettre la préparation à l'oignon dans un grand bol. Ajouter les cubes de pain, les pacanes grillées, les canneberges séchées et le zeste d'orange et mélanger. Arroser du bouillon de poulet et du jus d'orange et mélanger jusqu'à ce que la préparation soit humide.

2. Préparer le dindon, le farcir et le cuire tel qu'expliqué ci-contre (Dindon rôti à la perfection). Lorsque le dindon est cuit, à l'aide d'une cuillère, enlever la farce et la déposer dans un bol (réserver au chaud). Déposer le dindon sur une planche à découper et le couvrir de papier d'aluminium, sans serrer. Laisser reposer pendant 30 minutes avant de découper.

Dindon rôti à la perfection

Retirer les abats et le cou d'un dindon de 15 lb/7,5 kg (les réserver pour un usage ultérieur) et enlever l'excédent de gras. Rincer l'intérieur et l'extérieur du dindon sous l'eau froide et bien l'éponger à l'aide d'essuie-tout. Mettre un peu de farce dans l'orifice du cou, sans tasser. Rabattre la peau du cou sur la farce et la fixer au dos à l'aide d'une brochette. Replier les ailes sous le dos. Farcir la cavité ventrale sans tasser et fermer l'ouverture à l'aide de brochettes. Déposer le reste de la farce sur une grande feuille de papier d'aluminium en relevant les côtés et l'arroser de 1/4 de tasse (60 ml) de bouillon ou d'eau. Réserver.

Attacher les cuisses ensemble à l'aide d'une ficelle à rôti. Mettre le dindon, la poitrine vers le haut, sur la grille huilée d'une rôtissoire. Badigeonner de 2 cuillerées à table (30 ml) de beurre fondu. Saler et poivrer. Couvrir le dindon d'une feuille de papier d'aluminium, le côté mat sur le dessus, en repliant les côtés sous la rôtissoire (laisser les deux extrémités ouvertes). Cuire au four préchauffé à 325°F (160°C) pendant 3 1/2 heures (arroser le dindon du jus de cuisson toutes les 30 minutes). Retirer le papier d'aluminium. À l'aide d'une louche, verser 1/4 de tasse (60 ml) du jus de cuisson du dindon dans une tasse à mesurer et en arroser la farce réservée. Replier le papier d'aluminium contenant la farce et le fermer de manière à former une papillote.

Mettre la papillote au four. Poursuivre la cuisson du dindon à découvert pendant environ 1 heure ou jusqu'à ce qu'un thermomètre à viande inséré dans la cuisse indique 180°F (82°C) et que le jus qui s'écoule du dindon lorsqu'on le pique à la fourchette soit clair.

Le dindon en bref

• L'achat

Compter environ 1 lb (500 g) de dindon par personne. Par exemple, avec un dindon de 15 lb (7,5 kg), on peut servir environ 15 personnes (ou de 8 à 10 personnes et avoir des restes pour préparer de savoureux petits repas).

• La décongélation

La méthode la plus courante : garder le dindon dans son emballage d'origine et le laisser décongeler au réfrigérateur sur un plateau ; compter environ 5 heures par livre (500 g). La méthode accélérée : couvrir le dindon d'eau froide (changer l'eau de temps à autre) ; compter environ 1 heure par livre (500 g).

• L'étape de la farce

Ne farcir la volaille qu'au moment de la mettre au four. Éviter de tasser la farce : elle se gonfle pendant la cuisson et pourrait déborder. Pour éviter tout risque de contamination, retirer la farce du dindon une fois la cuisson terminée. Pendant le découpage du dindon, réserver la farce dans un plat couvert, au four préchauffé à 200°F (95°C). Servir ensuite la farce dans un bol, en accompagnement. À noter que la température s'élève plus lentement dans le cas d'une volaille farcie ; on doit donc augmenter le temps de cuisson en conséquence.

• La cuisson

Plusieurs facteurs influencent la cuisson du dindon (température initiale de la volaille, sa taille par rapport à celle du four, le fait qu'elle soit fraîche ou surgelée, etc.) : il est préférable de vérifier la cuisson du dindon environ 45 minutes avant le temps prévu pour éviter qu'il ne cuise trop. L'utilisation d'un thermomètre à viande est presque indispensable pour une cuisson parfaite. On doit prendre la température dans la partie la plus charnue de la cuisse ainsi que dans la farce, si le dindon est farci.

TEMPS DE CUISSON POUR LES DINDONS ENTIERS

Les temps de cuisson sont donnés ici pour la cuisson au four préchauffé à 325°F (160°C) d'un dindon frais ou décongelé. Le dindon est cuit lorsqu'un thermomètre à viande indique 180°F (82°C) lorsqu'il est inséré dans la cuisse.

Poids	Temps de cuisson	Temps de cuisson
	(dindon farci)	(dindon non farci)
6 à 8 lb (3 à 3,5 kg)	3 à 3 1/4 heures	2 1/2 à 2 3/4 heures
8 à 10 lb (3,5 à 4,5 kg)	3 1/4 à 3 1/2 heures	2 3/4 à 3 heures
10 à 12 lb (4,5 à 5,5 kg)	3 1/2 à 3 3/4 heures	3 à 3 1/4 heures
12 à 16 lb (5,5 à 7 kg)	3 3/4 à 4 heures	3 1/4 à 3 1/2 heures
16 à 22 lb (7 à 10 kg)	4 à 4 1/2 heures	3 1/2 à 4 heures

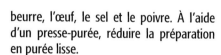

Purée de pommes de terre jaunes gratinée

8 À 10 PORTIONS

⏱ **Préparation :** 15 minutes
⏱ **Cuisson :** 1 heure
■ **Coût :** moyen ■ **Calories :** 190/portion
■ **Protéines :** 5 g/portion
■ **Matières grasses :** 8 g/portion
■ **Glucides :** 24 g/portion
■ **Fibres :** 2 g/portion

10	pommes de terre jaunes (de type Yukon Gold), pelées et coupées en morceaux (environ 3 1/2 lb/1,75 kg en tout)	10
1/2 t	ciboulette (ou oignon vert) fraîche, hachée	125 ml
1/2 t	lait chaud	125 ml
1/2 t	fromage à la crème aux fines herbes	125 ml
2 c. à tab	beurre	30 ml
1	œuf légèrement battu	1
1/2 c. à thé	sel	2 ml
1/2 c. à thé	poivre	2 ml
1/3 t	cheddar fort râpé	80 ml

1. Dans une grande casserole d'eau bouillante salée, cuire les pommes de terre pendant environ 20 minutes ou jusqu'à ce qu'elles soient tendres. Égoutter et remettre les pommes de terre dans la casserole. Ajouter 1/3 de tasse (80 ml) de la ciboulette, le lait chaud, le fromage à la crème, le beurre, l'œuf, le sel et le poivre. À l'aide d'un presse-purée, réduire la préparation en purée lisse.

2. À l'aide d'une cuillère, mettre la purée de pommes de terre dans un plat en verre carré allant au four de 8 po (20 cm) de côté, graissé. Parsemer du cheddar et du reste de la ciboulette. (Vous pouvez préparer la purée de pommes de terre jusqu'à cette étape, la laisser refroidir pendant 30 minutes, puis la réfrigérer jusqu'à ce qu'elle soit froide et la couvrir d'une pellicule de plastique. Elle se conservera jusqu'au lendemain au réfrigérateur. Augmenter le temps de cuisson à 55 minutes.)

3. Cuire au four préchauffé à 375°F (190°C) pendant environ 40 minutes ou jusqu'à ce que le dessus de la préparation soit doré et qu'un couteau inséré au centre en ressorte chaud.

Haricots verts braisés au bacon

12 PORTIONS

🕐 **Préparation :** 15 minutes
🕐 **Cuisson :** 50 à 70 minutes
■ **Coût :** moyen ■ **Calories :** 100/portion
■ **Protéines :** 5 g/portion
■ **Matières grasses :** 3 g/portion
■ **Glucides :** 15 g/portion
■ **Fibres :** 6 g/portion

6	tranches de bacon	6
1 c. à tab	huile d'olive	15 ml
2	gros oignons, hachés finement	2
6	gousses d'ail hachées finement	6
4 lb	haricots verts parés	2 kg
3 3/4 t	bouillon de poulet	930 ml
1 c. à tab	vinaigre de vin rouge	15 ml
	sel et poivre noir du moulin	

1. Dans un poêlon, cuire le bacon à feu doux pendant environ 8 minutes ou jusqu'à ce qu'il soit croustillant. Égoutter le bacon sur un essuie-tout. Émietter le bacon et réserver.

2. Dans une grosse cocotte en métal, chauffer l'huile à feu doux. Ajouter les oignons et cuire, en brassant, de 10 à 20 minutes ou jusqu'à ce qu'ils soient dorés. Ajouter l'ail et cuire pendant 1 minute ou jusqu'à ce qu'il dégage son arôme. Ajouter les haricots verts, le bouillon de poulet et le bacon réservé. Porter à ébullition. Réduire à feu doux, couvrir partiellement et laisser mijoter de 30 à 40 minutes ou jusqu'à ce que les haricots verts soient tendres.

3. Retirer la cocotte du feu, ajouter le vinaigre de vin rouge et mélanger. Saler et poivrer. (Vous pouvez préparer les haricots verts à l'avance et les couvrir. Ils se conserveront jusqu'à 2 jours au réfrigérateur. Réchauffer avant de servir.)

Sauce aux canneberges et à l'orange

DONNE 4 TASSES (1 L)

🕐 **Préparation :** 15 minutes
🕐 **Cuisson :** 15 à 20 minutes
■ **Coût :** moyen ■ **Calories :** 25/portion de 1 c. à table (15 ml)
■ **Protéines :** traces
■ **Matières grasses :** 1 g/portion de 1 c. à table (15 ml)
■ **Glucides :** 4 g/portion de 1 c. à table (15 ml)
■ **Fibres :** traces

4 t	canneberges fraîches ou surgelées	1 L
1 t	jus d'orange fraîchement pressé	250 ml
3/4 t	cassonade tassée	180 ml
1/2 t + 1 c. à tab	eau	140 ml
1/2 t	raisins secs dorés	125 ml
2 c. à thé	fécule de maïs	10 ml
1/2 t	pacanes hachées	125 ml
1 c. à tab	zeste d'orange râpé	15 ml
1 c. à thé	jus de citron fraîchement pressé	5 ml
1/4 c. à thé	gingembre moulu	1 ml

1. Dans une casserole, mélanger les canneberges, le jus d'orange, la cassonade et 1/2 tasse (125 ml) de l'eau. Porter à ébullition à feu moyen-vif. Cuire, en brassant de temps à autre, pendant environ 5 minutes ou jusqu'à ce que les canneberges aient ramolli et qu'elles commencent à éclater. Réduire à feu doux. Ajouter les raisins secs et laisser mijoter, en brassant de temps à autre, pendant environ 10 minutes ou jusqu'à ce qu'ils soient tendres.

2. Dans un petit bol, à l'aide d'un fouet, mélanger la fécule de maïs et le reste de l'eau. Ajouter petit à petit le mélange de fécule à la préparation aux canneberges, en brassant sans arrêt, jusqu'à ce que la préparation ait légèrement épaissi. Retirer la casserole du feu et laisser refroidir légèrement.

3. Ajouter les pacanes, le zeste d'orange, le jus de citron et le gingembre et mélanger. Laisser refroidir jusqu'à ce que la sauce soit à la température ambiante, puis couvrir et réfrigérer jusqu'à ce qu'elle soit froide. (Vous pouvez préparer la sauce aux canneberges à l'avance et la couvrir. Elle se conservera jusqu'à 3 jours au réfrigérateur.)

Temps des **Fêtes**

▸ *Desserts*

Bûche de Noël au chocolat et à la crème au beurre

10 À 12 PORTIONS

🕙 **Préparation :** 1 heure
🕙 **Cuisson :** 24 à 30 minutes
🕙 **Repos :** 2 heures
🕙 **Réfrigération :** 1 heure 50 minutes à 2 heures 50 minutes
■ **Coût :** moyen ■ **Calories :** 670/portion
■ **Protéines :** 8 g/portion
■ **Matières grasses :** 46 g/portion
■ **Glucides :** 57 g/portion
■ **Fibres :** 4 g/portion

GÂTEAU ROULÉ AU CHOCOLAT

1 1/2 t	farine	375 ml
1/2 t + 2 c. à tab	poudre de cacao non sucrée	155 ml
1 1/2 c. à thé	poudre à pâte	7 ml
1	pincée de sel	1
1/2 t	beurre non salé ramolli	125 ml
1 1/2 t	sucre	375 ml
8	œufs	8
1 1/2 c. à thé	vanille	7 ml

GANACHE

6 oz	chocolat mi-amer haché	180 g
1/3 t	crème à 35 %	80 ml
1 c. à tab	beurre	15 ml

CRÈME AU BEURRE À LA VANILLE

3/4 t	sucre	180 ml
1/3 t	eau	80 ml
3	blancs d'œufs	3
1 c. à thé	vanille	5 ml
1 1/2 t	beurre non salé ramolli	375 ml

Préparation du gâteau roulé au chocolat

1. Beurrer un moule à gâteau roulé de 12 po x 17 po (30 cm x 43 cm) et le tapisser de papier-parchemin. Beurrer le papier (**photo a**). Réserver.

2. Dans un bol, tamiser la farine, 1/2 tasse (125 ml) de la poudre de cacao, la poudre à pâte et le sel. Dans un autre bol, à l'aide d'un batteur électrique, battre le beurre et le sucre. Ajouter les œufs, un à un, en battant bien après chaque addition, jusqu'à ce que le mélange soit homogène. Incorporer la vanille. En battant à faible vitesse, incorporer petit à petit les ingrédients secs jusqu'à ce que la pâte soit homogène, sans plus (ne pas trop mélanger).

3. Étendre uniformément la pâte dans le moule à gâteau réservé en lissant le dessus à l'aide d'une spatule de métal (**photo b**). Cuire au centre du four préchauffé à 375°F (190°C) pendant environ 15 minutes ou jusqu'à ce qu'un cure-dents inséré au centre du gâteau en ressorte propre. Mettre le moule à gâteau sur une grille et laisser refroidir pendant 10 minutes. Passer la lame d'un couteau le long des côtés du gâteau pour le détacher du moule.

4. Saupoudrer uniformément un linge propre de 1 cuillerée à table (15 ml) du reste de la poudre de cacao. Retourner le moule à gâteau sur le linge. Démouler le gâteau et retirer délicatement le papier-parchemin. Rouler le gâteau dans le linge en commençant par l'un des côtés courts (**photo c**). Laisser refroidir sur une grille.

Préparation de la ganache

5. Mettre le chocolat dans un bol en métal. Dans une petite casserole, cuire la crème et le beurre à feu moyen, en brassant de temps à autre, jusqu'à ce que la préparation soit bouillante. Verser la préparation à la crème sur le chocolat et mélanger jusqu'à ce que le chocolat ait fondu et que le mélange soit lisse. Réfrigérer la ganache pendant environ 30 minutes ou jusqu'à ce qu'elle ait refroidi (ne pas couvrir et brasser de temps à autre).

Préparation de la crème au beurre à la vanille

6. Entre-temps, dans une casserole à fond épais, mélanger le sucre et l'eau. Cuire à feu moyen-doux, en brassant, jusqu'à ce que le sucre soit dissous. Porter à ébullition et laisser bouillir, sans brasser, de 5 à 10 minutes ou jusqu'à ce qu'un thermomètre à bonbons indique 248°F (120°C).

7. Dans un bol, à l'aide du batteur électrique (utiliser des fouets propres), battre les blancs d'œufs jusqu'à ce qu'ils forment des pics fermes. En continuant de battre, ajouter petit à petit le sirop bouillant en un mince filet (prendre garde aux éclaboussures et éviter de verser le sirop directement sur les fouets ou sur la paroi du bol). Battre pendant environ 5 minutes ou jusqu'à ce que la préparation aux blancs d'œufs soit très ferme et ait refroidi. Incorporer la vanille.

8. Dans un autre bol, à l'aide du batteur électrique, défaire le beurre en crème. Ajouter petit à petit la préparation aux blancs d'œufs refroidie et mélanger jusqu'à ce que la crème au beurre soit lisse et onctueuse (**photo d**).

Assemblage de la bûche

9. Dérouler délicatement le gâteau refroidi sur le linge. À l'aide d'une spatule de métal, étendre uniformément la ganache refroidie sur le gâteau en laissant une bordure de 1 po (2,5 cm) de largeur sur les côtés. Réfrigérer

pendant environ 10 minutes ou jusqu'à ce que la ganache ait légèrement durci. Couvrir de la crème au beurre (**photo e**). Réfrigérer pendant environ 10 minutes ou jusqu'à ce que la crème au beurre ait légèrement refroidi (le gâteau sera plus facile à rouler).

10. En commençant par un côté court et en utilisant le linge comme guide, rouler le gâteau (sans le linge) en serrant bien. Envelopper le gâteau roulé dans du papier d'aluminium et bien sceller les extrémités en les tournant comme pour une papillote. Réfrigérer de 1 à 2 heures ou jusqu'à ce que le gâteau roulé soit suffisamment ferme pour être tranché. (Vous pouvez préparer la bûche jusqu'à cette étape et la couvrir de papier d'aluminium. Elle se conservera jusqu'au lendemain au réfrigérateur.) Laisser revenir la bûche à la température ambiante pendant 2 heures avant de servir.

11. Au moment de servir, retirer la bûche du papier d'aluminium. À l'aide d'un petit tamis, saupoudrer la bûche du reste de la poudre de cacao (**photo f**). À l'aide d'un couteau bien aiguisé, couper les bouts de la bûche pour les égaliser, au besoin. Couper la bûche en tranches.

Crème au beurre : d'exquises variantes !
Envie de renouveler la tradition ? Voici comment aromatiser différemment la crème au beurre. Il suffit de remplacer la vanille par les ingrédients suivants :

• Au café : 3 cuillerées à table (45 ml) de café instantané dissous dans 3 cuillerées à table (45 ml) d'eau chaude, puis légèrement refroidi.

• À l'orange : le zeste râpé de 2 oranges, 6 cuillerées à table (90 ml) de jus d'orange fraîchement pressé et 3 cuillerées à table (45 ml) de liqueur à l'orange (de type Grand Marnier), si désiré.

• Aux framboises : 8 oz (250 g) de framboises fraîches ou surgelées, décongelées, réduites en purée et filtrées.

• Au chocolat : 9 oz (270 g) de chocolat mi-amer haché et fondu, légèrement refroidi.

Coup de pouce

Étoiles en chocolat
On peut réaliser ces étoiles en chocolat même sans poche à douille. Il suffit de verser un peu de chocolat mi-amer fondu (environ 2 oz/60 g) dans un petit sac de plastique (de type Ziploc). À l'aide de ciseaux, faire un petit trou dans l'un des coins inférieurs du sac, puis tracer des étoiles sur une plaque de cuisson tapissée de papier-parchemin ou de papier ciré en pressant délicatement sur le sac. Au besoin, si on n'a pas la main très sûre, on peut dessiner nos étoiles à l'endos du papier et suivre le tracé. Il ne reste plus qu'à saupoudrer nos étoiles de sucre glace et à les laisser durcir.

Tiramisu classique

Un grand dessert italien à base de mascarpone, super facile à préparer, qui fera divinement changement à Noël! Le mascarpone est un fromage riche et onctueux qu'on trouve dans les épiceries italiennes et certaines fromageries. Pour gagner du temps, on peut se procurer des biscuits à la cuillère (doigts de dame) du commerce (cela en prendra environ 40 gros).

12 À 14 PORTIONS

🕐 **Préparation :** 1 heure
🕐 **Cuisson :** 25 minutes
🕐 **Réfrigération :** 2 heures
■ **Coût :** élevé ■ **Calories :** 395/portion
■ **Protéines :** 12 g/portion
■ **Matières grasses :** 16 g/portion
■ **Glucides :** 37 g/portion ■ **Fibres :** traces

BISCUITS À LA CUILLÈRE

4	gros œufs, blancs et jaunes séparés, à la température ambiante	4
2/3 t	sucre ordinaire	160 ml
3/4 c. à thé	vanille	4 ml
3/4 t	farine	160 ml
1/4 t	sucre glace	60 ml

SIROP AU CAFÉ

1 t	café noir liquide (de type espresso), chaud	250 ml
1/4 t	sucre ordinaire	60 ml
2 c. à tab	rhum	30 ml
1/4 t	liqueur au café (de type Tia Maria ou Kahlùa)	60 ml

CRÈME AU MASCARPONE

4	gros œufs	4
1 t	sucre ordinaire	250 ml
1/2 t	rhum	125 ml
1 c. à thé	vanille	5 ml
1	contenant de fromage mascarpone, à la température ambiante (500 g)	1
1	sachet de gélatine sans saveur (7 g)	1
1/4 t	eau	60 ml
1 c. à tab	poudre de cacao non sucrée	15 ml

Préparation des biscuits à la cuillère

1. Dans un bol, à l'aide d'un batteur électrique, battre les jaunes d'œufs avec 1/3 de tasse (80 ml) du sucre ordinaire pendant environ 5 minutes ou jusqu'à ce que la préparation soit jaune pâle. Dans un autre bol, à l'aide du batteur électrique (utiliser des fouets propres), battre les blancs d'œufs jusqu'à ce qu'ils forment des pics mous. Ajouter le reste du sucre ordinaire et mélanger jusqu'à ce que la préparation forme des pics fermes et luisants.

2. À l'aide d'une grosse spatule en caoutchouc, incorporer environ le tiers de la préparation aux blancs d'œufs à la préparation aux jaunes d'œufs. Incorporer le reste des blancs d'œufs, jusqu'à ce que le mélange soit homogène, sans plus. Tamiser la farine sur le mélange aux œufs et mélanger en soulevant délicatement la masse. À l'aide d'une grosse cuillère, mettre la pâte dans une grosse poche à douille munie d'un embout rond de 1 po (2,5 cm) de diamètre.

3. Tapisser deux plaques de cuisson de papier-parchemin ou de papier ciré. Beurrer légèrement le papier et le fariner.

À l'aide de la poche à douille, étendre la pâte à biscuits sur les plaques de cuisson, en formant des biscuits d'environ 4 po (10 cm) de longueur et de 1 1/2 po (7 cm) de largeur, en laissant un espace de 1 po (2,5 cm) entre chaque biscuit. À l'aide d'un tamis, saupoudrer le sucre glace sur les biscuits.

4. Cuire sur la grille du centre au four préchauffé à 375°F (190°C) pendant 15 minutes ou jusqu'à ce que les biscuits soient dorés et qu'ils reprennent leur forme sous une légère pression du doigt. (Si on a tapissé les plaques de papier ciré, il est possible que cela fume légèrement pendant la cuisson.) Glisser les feuilles de papier-parchemin avec les biscuits sur des grilles et laisser refroidir. À l'aide d'une spatule en métal, décoller délicatement les biscuits du papier. Réserver. (Vous pouvez préparer les biscuits à l'avance, les laisser refroidir et les mettre dans un contenant hermétique. Ils se conserveront jusqu'à 3 jours à la température ambiante.)

Préparation du sirop au café

5. Dans un petit bol, mélanger le café chaud et le sucre jusqu'à ce que le sucre soit dissous. Laisser refroidir à la température ambiante. Incorporer le rhum et la liqueur de café. Réserver. (Vous pouvez préparer le sirop au café à l'avance et le couvrir. Il se conservera jusqu'au lendemain à la température ambiante.)

Préparation de la crème au mascarpone

6. Dans un bol à l'épreuve de la chaleur, à l'aide d'un batteur électrique, mélanger les œufs, le sucre, 1/4 de tasse (60 ml) du rhum et la vanille. Déposer le bol dans une casserole contenant de l'eau chaude (le bol doit toucher à l'eau). Cuire à feu moyen-vif, en battant sans arrêt, de 5 à 7 minutes ou jusqu'à ce que la préparation soit mousseuse

et légère, et qu'un thermomètre à bonbons indique environ 160°F (75°C). Retirer le bol de la casserole et continuer de battre pendant environ 8 minutes ou jusqu'à ce que la préparation ait refroidi et qu'elle soit pâle et épaisse.

7. Dans un autre bol, à l'aide du batteur électrique (utiliser des fouets propres), battre le fromage mascarpone et le reste du rhum de 20 à 30 secondes ou jusqu'à ce que le mélange soit lisse. Ajouter environ 1 tasse (250 ml) de la préparation aux œufs refroidie et mélanger de 20 à 30 secondes (au besoin, racler les parois du bol à l'aide d'une spatule). À l'aide d'une spatule, incorporer le reste de la préparation aux œufs en soulevant délicatement la masse.

8. Dans une petite casserole, saupoudrer la gélatine sur l'eau. Laisser ramollir pendant 5 minutes. Chauffer à feu doux en brassant délicatement jusqu'à ce que la gélatine soit dissoute. À l'aide d'une spatule, incorporer la préparation à la gélatine à la préparation au fromage en soulevant délicatement la masse.

Assemblage du tiramisu

9. Tremper la moitié des biscuits, un à un, dans le sirop au café réservé. Étendre les biscuits trempés dans le fond d'un plat en verre de 13 po x 9 po (33 cm x 23 cm), en les faisant se chevaucher légèrement, de manière à couvrir entièrement le fond du plat. À l'aide d'une spatule, étendre uniformément environ la moitié de la préparation

au fromage sur les biscuits. Répéter ces opérations avec le reste des biscuits, du sirop au café et de la préparation au fromage, de manière à faire un autre étage de tiramisu. Couvrir le plat d'une pellicule de plastique et réfrigérer pendant au moins 2 heures. (Vous pouvez préparer le tiramisu jusqu'à cette étape et le couvrir d'une pellicule de plastique. Il se conservera jusqu'à 2 jours au réfrigérateur.)

10. Au moment de servir, à l'aide d'un tamis fin, saupoudrer la poudre de cacao sur le dessus du tiramisu.

Gâteau-mousse au chocolat et aux amandes

Souvent appelée massepain (en anglais, *marzipan*), la pâte d'amandes parfume à merveille les gâteaux et autres pâtisseries. On la trouve en tube de 7 oz (200 g) dans les épiceries fines et dans la plupart des supermarchés. Autre détail : les gâteaux cuits sont minces et fragiles. S'ils se brisent pendant l'assemblage, on n'a qu'à remettre les morceaux ensemble : rien n'y paraîtra lorsqu'on les couvrira de la mousse au chocolat.

12 À 16 PORTIONS

- ◷ **Préparation :** 1 heure
- ◷ **Cuisson :** 28 à 34 minutes
- ◷ **Réfrigération :** 50 minutes
- ■ **Coût :** élevé ■ **Calories :** 405/portion
- ■ **Protéines :** 5 g/portion
- ■ **Matières grasses :** 30 g/portion
- ■ **Glucides :** 33 g/portion
- ■ **Fibres :** 2 g/portion

GÂTEAU AU CHOCOLAT ET À LA PÂTE D'AMANDES

6 c. à tab	poudre de cacao non sucrée	90 ml
2 c. à tab	farine	30 ml
6 oz	pâte d'amandes coupée en petits morceaux, à la température ambiante	180 g
1/2 t	sucre	125 ml
1/3 t + 2 c. à tab	eau	110 ml
6	blancs d'œufs à la température ambiante	6
1/8 c. à thé	crème de tartre	0,5 ml
	sucre glace	
	copeaux de chocolat mi-amer (facultatif)	
	fruits givrés (facultatif)	

MOUSSE AU CHOCOLAT

5 oz	chocolat mi-amer haché grossièrement	150 g
1/3 t	eau	80 ml
1 t	sucre	250 ml
6	blancs d'œufs à la température ambiante	6
1 1/2 t	beurre non salé ramolli	375 ml

Préparation du gâteau au chocolat et à la pâte d'amandes

1. Dans un petit bol, à l'aide d'un fouet, mélanger le cacao et la farine. Réserver. Au robot culinaire, mélanger la pâte d'amandes et 1/4 de tasse (60 ml) du sucre jusqu'à ce que le mélange ait la texture d'une chapelure grossière. Verser l'eau petit à petit par l'orifice du couvercle et mélanger jusqu'à ce que la préparation soit homogène. À l'aide d'une spatule, verser la préparation à la pâte d'amandes dans un grand bol. Ajouter les ingrédients secs réservés et bien mélanger à l'aide d'une cuillère de bois. Réserver.

2. Dans un autre grand bol, à l'aide d'un batteur électrique, battre les blancs d'œufs et la crème de tartre jusqu'à ce que la préparation forme des pics mous. Ajouter petit à petit le reste du sucre en battant jusqu'à ce que la préparation forme des pics fermes. À l'aide de la spatule, incorporer environ le quart de la préparation aux blancs d'œufs au mélange au cacao réservé en soulevant délicatement la masse (**photo a**). Incorporer le reste des blancs d'œufs de la même manière.

3. Graisser généreusement deux moules à charnière de 10 po (25 cm) de diamètre et en tapisser le fond de papier-parchemin ou de papier ciré. Graisser le papier, puis enfariner les moules. À l'aide de la spatule, répartir la pâte à gâteau dans les deux moules et lisser le dessus. Cuire sur la grille du centre du four préchauffé à 325°F (160°C) de 18 à 20 minutes ou jusqu'à ce que les gâteaux soient fermes sous une légère pression du doigt. Déposer les moules sur des grilles et laisser refroidir complètement.

4. Parsemer une surface de travail tapissée de papier-parchemin ou de papier ciré d'un peu de sucre glace. Démouler les gâteaux refroidis sur le sucre glace et retirer délicatement les fonds de papier-parchemin. Réserver. (Vous pouvez préparer les gâteaux à l'avance, les laisser refroidir, puis les envelopper d'une pellicule de plastique. Ils se conserveront jusqu'au lendemain à la température ambiante.)

Préparation de la mousse au chocolat
5. Dans la partie supérieure d'un bain-marie contenant de l'eau chaude mais non bouillante, faire fondre le chocolat en brassant de temps à autre. Réserver au chaud.

6. Dans une petite casserole à fond épais, mélanger l'eau et 3/4 de tasse (180 ml) du sucre. Cuire à feu doux, en brassant à l'aide d'une cuillère de métal, de 3 à 4 minutes ou jusqu'à ce que le sucre soit dissous. Augmenter à feu moyen et porter à ébullition. Cuire, sans brasser, de 5 à 8 minutes ou jusqu'à ce qu'un thermomètre à bonbons placé dans le sirop indique 240°F (115°C) (au besoin, à l'aide d'un pinceau à pâtisserie trempé dans l'eau froide, essuyer les cristaux de sucre qui se forment sur la paroi de la casserole) (**photo b**).

7. Dans un grand bol, à l'aide d'un batteur électrique, battre les blancs d'œufs jusqu'à ce qu'ils forment des pics mous. Ajouter petit à petit le reste du sucre en battant jusqu'à ce que la préparation forme des pics fermes. Verser le sirop chaud en un mince filet sur la préparation aux blancs d'œufs en battant à faible vitesse (attention de ne pas verser le sirop bouillant sur les fouets) (**photo c**). Continuer de battre à vitesse moyenne-élevée de 5 à 8 minutes, jusqu'à ce que la meringue ait refroidi.

8. Mettre le beurre dans un autre grand bol. Incorporer le chocolat fondu réservé, en plusieurs fois, en brassant à l'aide d'une spatule. Ajouter la meringue refroidie, en

trois fois, et mélanger en soulevant délicatement la masse. Réserver 1 tasse (250 ml) de la mousse au chocolat et réfrigérer.

Assemblage du gâteau
9. Laver un moule à gâteau. Huiler le fond et la paroi du moule. Mettre un des gâteaux refroidis dans le fond du moule. À l'aide de la spatule, étendre uniformément le reste de la mousse au chocolat sur le gâteau (**photo d**). Couvrir de l'autre gâteau. Réfrigérer pendant environ 20 minutes ou jusqu'à ce que la mousse soit ferme. Retirer la paroi du moule et déposer le gâteau sur une assiette de service. À l'aide de la spatule, étendre uniformément la mousse réservée sur le dessus et les côtés du gâteau. Réfrigérer pendant environ 30 minutes ou jusqu'à ce que la mousse soit ferme. (Vous pouvez préparer le gâteau à l'avance et le couvrir. Il se conservera jusqu'au lendemain au réfrigérateur ou jusqu'à 2 semaines au congélateur.)

10. Laisser reposer le gâteau à la température ambiante pendant 15 minutes avant de le couper en pointes. Si désiré, garnir le dessus de copeaux de chocolat et de fruits givrés.

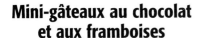
Mini-gâteaux au chocolat et aux framboises

Avec leur centre fondant et mou qui s'affaisse après la cuisson, ces jolis petits gâteaux sont coiffés de sorbet aux framboises. Simple et sublime !

8 PORTIONS

🕐 **Préparation :** 30 minutes
🕐 **Cuisson :** 30 minutes
■ **Coût :** moyen ■ **Calories :** 331/portion
■ **Protéines :** 5 g/portion
■ **Matières grasses :** 22 g/portion
■ **Glucides :** 35 g/portion
■ **Fibres :** 2 g/portion

6 oz	chocolat mi-amer, haché	180 g
1/3 t	beurre	80 ml
4	œufs, jaunes et blancs séparés	4
2/3 t	sucre	160 ml
2 c. à tab	poudre de cacao non sucrée, tamisée	30 ml
	coulis de framboises (voir recette)	
1 t	sorbet aux framboises du commerce	250 ml
	framboises fraîches (facultatif)	

1. Graisser huit ramequins d'une capacité de 3/4 de tasse (180 ml) chacun. Tapisser le fond des ramequins de papier-parchemin. Réserver.

2. Dans un grand bol à l'épreuve de la chaleur placé sur une casserole d'eau chaude mais non bouillante, faire fondre le chocolat et le beurre jusqu'à ce que la préparation soit lisse. Dans un autre bol à l'épreuve de la chaleur placé sur une casserole d'eau frémissante, à l'aide d'un fouet, battre les jaunes d'œufs avec 1/2 tasse (125 ml) du sucre. Cuire, en fouettant sans arrêt, pendant environ 8 minutes ou jusqu'à ce que le mélange soit léger et qu'il ait épaissi. Incorporer le quart de la préparation aux jaunes d'œufs à la préparation au chocolat fondu en soulevant délicatement la masse. Incorporer le reste de la préparation aux jaunes d'œufs de la même manière. Réserver.

3. Dans un grand bol, à l'aide d'un batteur électrique, battre les blancs d'œufs jusqu'à ce qu'ils forment des pics mous. Ajouter petit à petit le reste du sucre, environ 2 cuillerées à table (30 ml) à la fois, en battant jusqu'à ce que la préparation forme des pics fermes. Incorporer la poudre de cacao et le tiers de la préparation aux blancs d'œufs à la préparation au chocolat réservée en soulevant délicatement la masse. Incorporer le reste de la préparation aux blancs d'œufs de la même manière.

4. À l'aide d'une cuillère, répartir la pâte dans les ramequins réservés. Cuire au centre du four préchauffé à 350°F (180°C) pendant environ 20 minutes ou jusqu'à ce que les gâteaux soient gonflés et que le pourtour soit ferme. (Vous pouvez préparer les mini-gâteaux à l'avance, les laisser refroidir et les couvrir d'une pellicule de plastique. Ils se conserveront jusqu'au lendemain au réfrigérateur.)

5. Démouler les mini-gâteaux dans des assiettes à dessert. Retirer le papier-parchemin. Garnir chaque assiette de coulis de framboises. Répartir le sorbet aux framboises sur les mini-gâteaux. Garnir de framboises fraîches, si désiré. Servir aussitôt.

Coulis de framboises

DONNE 1 1/2 TASSE (375 ML)

1	paquet de framboises surgelées, décongelées (300 g)	1
1/3 t	eau	80 ml
2 c. à tab	sucre	30 ml
1 c. à thé	jus de citron fraîchement pressé	5 ml

1. Au robot culinaire ou au mélangeur, réduire en purée lisse les framboises, l'eau, le sucre et le jus de citron. Dans une passoire fine placée sur un bol, filtrer la préparation aux framboises pour enlever les graines. (Vous pouvez préparer le coulis à l'avance et le mettre dans un contenant hermétique. Il se conservera jusqu'à 1 semaine au réfrigérateur.)

Petits diplomates
au chocolat et au café

6 PORTIONS

🕐 **Préparation :** 1 heure
🕐 **Cuisson :** 20 à 25 minutes
🕐 **Réfrigération :** 4 à 24 heures
■ **Coût :** moyen ■ **Calories :** 370/portion
■ **Protéines :** 6 g/portion
■ **Matières grasses :** 18 g/portion
■ **Glucides :** 44 g/portion
■ **Fibres :** 1 g/portion

GÂTEAU AU CHOCOLAT

1/2 t	farine	125 ml
2 c. à tab	poudre de cacao non sucrée	30 ml
1 c. à thé	poudre à pâte	5 ml
1	pincée de sel	1
2	jaunes d'œufs	2
2/3 t	sucre	160 ml
3 c. à tab	eau bouillante	45 ml
1/2 c. à thé	vanille	2 ml
2	blancs d'œufs	2

SABAYON

4	jaunes d'œufs	4
1/4 t	sucre	60 ml
1/3 t	marsala ou autre vin doux	80 ml
1	pincée de sel	1
3/4 t	crème à 35 %	180 ml

GARNITURES AU CAFÉ ET AU CHOCOLAT

1/2 t	café espresso liquide ou autre café très fort, froid	125 ml
1 oz	chocolat mi-sucré râpé en copeaux	30 g

Préparation du gâteau au chocolat

1. Dans un bol, mélanger la farine, la poudre de cacao, la poudre à pâte et le sel. Réserver. Dans un autre bol, à l'aide d'un batteur électrique, battre les jaunes d'œufs et le sucre à vitesse maximum de 3 à 4 minutes ou jusqu'à ce que la préparation ait épaissi et soit jaune pâle. Réduire à vitesse moyenne et ajouter petit à petit l'eau bouillante et la vanille en battant. Augmenter à vitesse maximum et battre pendant 5 minutes ou jusqu'à ce que la préparation ait épaissi et tombe en rubans lorsqu'on soulève les fouets. À l'aide d'une cuillère de bois, incorporer les ingrédients secs réservés.

2. Dans un autre bol, à l'aide du batteur électrique (utiliser des fouets propres), battre les blancs d'œufs jusqu'à ce qu'ils forment des pics mous. Incorporer la moitié des blancs d'œufs battus à la préparation au chocolat en soulevant délicatement la masse. Incorporer le reste des blancs d'œufs de la même manière.

3. À l'aide d'une spatule, étendre uniformément la pâte dans un moule à gâteau carré de 8 ou 9 po (20 ou 23 cm) de côté, graissé. Cuire au four préchauffé à 350°F (180°C) de 20 à 25 minutes ou jusqu'à ce que le dessus du gâteau reprenne sa forme sous une légère pression du doigt. Déposer le moule sur une grille et laisser refroidir pendant 10 minutes. Démouler le gâteau sur la grille et laisser refroidir complètement. À l'aide d'un couteau dentelé, couper le gâteau en cubes de 1 po (2,5 cm). Couvrir et réserver.

Préparation du sabayon

4. Dans la partie supérieure d'un bain-marie, à l'aide du batteur électrique (utiliser des fouets propres), battre les jaunes d'œufs, le sucre, le marsala et le sel. Placer au-dessus d'une eau bouillante (la partie supérieure du bain-marie ne doit pas toucher l'eau). À l'aide du batteur électrique, battre à vitesse moyenne pendant environ 3 1/2 minutes ou jusqu'à ce que la préparation ait environ triplé de volume et qu'un thermomètre à bonbons indique 145°F (63°C). Mettre la partie supérieure du bain-marie dans un grand bol rempli d'eau glacée et continuer de battre jusqu'à ce que le sabayon ait refroidi.

5. Dans un autre bol, à l'aide du batteur électrique, fouetter la crème jusqu'à ce qu'elle forme des pics mous. À l'aide d'une cuillère, incorporer la crème fouettée au sabayon refroidi en soulevant délicatement la masse.

Assemblage des petits diplomates

6. Répartir environ le tiers du sabayon dans six coupes à dessert. Couvrir de la moitié des cubes de gâteau réservés. Arroser chaque coupe d'environ 2 cuillerées à thé (10 ml) du café. Couvrir d'un autre tiers du sabayon et du reste des cubes de gâteau. Arroser du reste du café et couvrir du reste du sabayon. Garnir des copeaux de chocolat. Couvrir chaque diplomate d'une pellicule de plastique et réfrigérer pendant au moins 4 heures. Servir froid. (Vous pouvez préparer les petits diplomates à l'avance et les couvrir d'une pellicule de plastique. Ils se conserveront jusqu'au lendemain au réfrigérateur.)

Coup de pouce

Qu'est-ce qu'un sabayon ?
Cet entremets d'origine italienne s'utilise de toutes les manières. Divinement onctueux, il a la texture d'une sauce épaisse. On peut le déguster nature, en coupe, ou s'en servir comme d'une crème anglaise pour napper poudings, diplomates, fruits pochés, etc.

Gâteau glacé choco-moka

Un truc pour étendre facilement la couche de crème glacée : la laisser ramollir de 10 à 15 minutes à la température ambiante, puis la battre pour obtenir une consistance crémeuse uniforme. Pour la décoration, on trouve les grains de café enrobés de chocolat et la feuille d'or dans certaines pâtisseries, épiceries fines ou boutiques spécialisées en accessoires de cuisine. Quant aux feuilles en chocolat, elles sont plus faciles à réussir qu'il n'y paraît ; nous vous en donnons d'ailleurs ici la méthode. On peut aussi tout simplement garnir le gâteau de rosettes de crème fouettée et de copeaux de chocolat.

ENVIRON 12 PORTIONS

🕐 **Préparation :** 1 heure
🕐 **Cuisson :** 45 minutes
🕐 **Congélation :** 2 heures 30 minutes
🕐 **Repos :** 30 minutes
■ **Coût :** élevé ■ **Calories :** 650/portion
■ **Protéines :** 7 g/portion
■ **Matières grasses :** 59 g/portion
■ **Glucides :** 40 g/portion
■ **Fibres :** 8 g/portion

GÂTEAU-BROWNIE AUX AMANDES ET GARNITURE À LA CRÈME GLACÉE

3 oz	chocolat mi-sucré, haché grossièrement	90 g
1/2 t	beurre non salé, coupé en morceaux	125 ml
2	œufs	2
2/3 t	sucre	160 ml
1/2 t	farine	125 ml
1 t	amandes coupées en bâtonnets ou hachées grossièrement	250 ml
2 t	crème glacée au café, ramollie (de type Häagen-Dazs)	500 ml

MOUSSE AU CHOCOLAT

1/3 t	lait	80 ml
2 c. à tab	sucre	30 ml
1	pincée de sel	1
7 oz	chocolat mi-sucré, haché finement	200 g
1 t	crème à 35 %	250 ml

GANACHE FONDANTE AU CHOCOLAT

3/4 t	crème à 35 %	180 ml
2 c. à tab	sirop de maïs	30 ml
1 c. à tab	beurre non salé	15 ml
9 oz	chocolat mi-amer, haché finement	270 g
1 c. à tab	liqueur de café (de type Tia Maria)	15 ml
	grains de café enrobés de chocolat, feuille d'or émiettée et feuilles en chocolat (facultatif)	

Préparation du gâteau-brownie aux amandes et de la garniture à la crème glacée

1. Dans une casserole à fond épais, faire fondre le chocolat et le beurre à feu doux en brassant de temps à autre. (Ou encore, mettre le chocolat et le beurre dans un grand bol allant au micro-ondes et faire fondre au micro-ondes, à intensité moyennement faible/50 %, pendant environ 2 minutes ou jusqu'à ce que le chocolat commence à fondre. Brasser à l'aide d'une cuillère de bois jusqu'à ce que le chocolat ait complètement fondu.)

2. Dans un autre bol, à l'aide d'un batteur électrique, battre les œufs et le sucre pendant environ 3 minutes ou jusqu'à ce que le mélange soit jaune pâle et ait doublé de volume. Incorporer la préparation au chocolat fondu en battant à faible vitesse (**photo a**). Ajouter la farine et les amandes et mélanger jusqu'à ce que la pâte soit homogène, sans plus (ne pas trop mélanger). À l'aide d'une spatule, étendre la pâte à gâteau dans un moule à charnière de 8 1/2 ou 9 po (21 ou 23 cm) de diamètre, légèrement beurré (**photo b**).

3. Cuire au centre du four préchauffé à 350°F (180°C) pendant environ 35 minutes ou jusqu'à ce qu'un cure-dents inséré à 2 po (5 cm) du centre du gâteau en ressorte propre (ne pas trop cuire). Mettre le moule sur une grille et laisser refroidir pendant environ 10 minutes. Passer la lame d'un couteau bien aiguisé le long de la paroi interne pour détacher le gâteau du moule. Retirer la paroi du moule (mais laisser le gâteau sur sa base) et laisser refroidir le gâteau complètement.

4. Remettre la paroi du moule propre autour de la base du gâteau refroidi. Étendre la crème glacée au café sur le gâteau et bien lisser la surface à l'aide d'une petite spatule. Couvrir le moule de papier d'aluminium et congeler pendant au moins 1 heure ou jusqu'à ce que la crème glacée soit ferme.

Préparation de la mousse au chocolat

5. Entre-temps, dans une petite casserole à fond épais, mélanger le lait, le sucre et le sel. Cuire à feu moyen, en brassant à l'aide d'une cuillère de bois, jusqu'à ce que le sucre soit dissous et que des bulles commencent à se former sur la paroi de la casserole. Retirer la casserole du feu. Mettre le chocolat dans un bol de métal. Verser la préparation au lait bouillante sur le chocolat et laisser reposer pendant 10 secondes. À l'aide d'une cuillère de bois, mélanger

jusqu'à ce que la préparation au chocolat soit lisse. Laisser refroidir complètement à la température ambiante.

6. Dans un grand bol froid, à l'aide du batteur électrique (utiliser des fouets propres), battre la crème jusqu'à ce qu'elle forme des pics mous (ne pas trop battre). Incorporer environ le tiers de la crème fouettée à la préparation au chocolat refroidie en soulevant délicatement la masse (**photo c**). Incorporer le reste de la crème fouettée de la même manière (ne pas trop mélanger, sinon la texture de la mousse sera granuleuse).

7. Retirer le moule du congélateur. Étendre la mousse au chocolat sur la crème glacée et bien lisser la surface à l'aide d'une petite spatule. Couvrir le moule de papier d'aluminium et congeler pendant au moins 1 heure ou jusqu'à ce que la mousse soit ferme. (Vous pouvez préparer le gâteau glacé jusqu'à cette étape et bien l'envelopper de papier d'aluminium, puis le mettre dans un sac de plastique résistant. Il se conservera jusqu'à 1 mois au congélateur.)

Préparation de la ganache fondante au chocolat

8. Dans une petite casserole à fond épais, mélanger la crème, le sirop de maïs et le beurre. Cuire à feu moyen, en brassant à l'aide d'une cuillère de bois, jusqu'à ce que des bulles commencent à se former sur la paroi de la casserole. Retirer la casserole du feu. Mettre le chocolat dans un bol de métal. Verser la préparation à la crème

bouillante sur le chocolat et laisser reposer pendant 1 minute. À l'aide d'une spatule, mélanger délicatement jusqu'à ce que la préparation au chocolat soit lisse. Incorporer la liqueur de café (mélanger délicatement pour éviter la formation de bulles). Laisser refroidir à la température ambiante pendant environ 30 minutes ou jusqu'à ce que la ganache ait légèrement épaissi.

9. Retirer le moule du congélateur. Démouler le gâteau glacé et le mettre sur une grille, puis déposer la grille et le gâteau sur une plaque de cuisson. Verser la ganache fondante sur le dessus, de manière à couvrir complètement le gâteau (réserver l'excédent de ganache pour un usage ultérieur). Remettre le gâteau au congélateur pendant environ 30 minutes ou jusqu'à ce que la glace ait pris.

10. Au moment de servir, garnir le gâteau glacé de grains de café, de la feuille d'or émiettée et de feuilles en chocolat, si désiré.

Charlotte glacée au caramel

10 À 12 PORTIONS

🕐 **Préparation :** 45 minutes
🕐 **Cuisson :** 15 minutes
🕐 **Réfrigération :** 30 minutes
🕐 **Congélation :** 6 heures
■ **Coût :** moyen ■ **Calories :** 264/portion
■ **Protéines :** 4 g/portion
■ **Matières grasses :** 17 g/portion
■ **Glucides :** 27 g/portion
■ **Fibres :** 1 g/portion

1 t	sucre	250 ml
3/4 t	eau	180 ml
1/2 t	eau bouillante	125 ml
4	jaunes d'œufs	4
2 t	crème à 35 %	500 ml
1 c. à thé	vanille	5 ml
25	biscuits à la cuillère (doigts de dame)	25

1. Préparer le caramel avec le sucre et l'eau en suivant les indications présentées ci-contre (Du caramel parfait). Laisser bouillir pendant 9 minutes ou jusqu'à ce que le caramel soit ambre foncé. Retirer la casserole du feu. En se protégeant les mains de mitaines isolantes, à l'aide d'une mesure en métal beurrée, verser 1/4 de tasse (60 ml) du caramel chaud sur une plaque de cuisson beurrée, en faisant rapidement des zigzags de manière à former des motifs d'environ 6 po (15 cm) de hauteur. Laisser refroidir jusqu'à ce que le caramel soit figé et croquant. Réserver. (Vous pouvez préparer le caramel croquant à l'avance et le mettre dans un contenant hermétique. Il se conservera jusqu'à 3 jours au réfrigérateur.)

2. En tenant la casserole le plus loin possible de soi et en détournant le visage pour éviter les éclaboussures, ajouter l'eau bouillante au reste du caramel et mélanger jusqu'à ce que la préparation soit lisse. Laisser refroidir jusqu'à ce que le caramel soit à la température ambiante.

3. Dans un grand bol résistant à la chaleur, à l'aide d'un batteur électrique, battre les jaunes d'œufs pendant 2 minutes ou jusqu'à ce qu'ils soient jaune pâle. Ajouter en battant le caramel refroidi en un mince filet. Mettre le bol sur une casserole contenant de l'eau chaude mais non bouillante et cuire, en brassant, pendant 5 minutes ou jusqu'à ce que la préparation ait suffisamment épaissi pour napper le dos d'une cuillère. Réfrigérer pendant environ 30 minutes ou jusqu'à ce que la préparation ait complètement refroidi. Dans un autre bol, à l'aide du batteur électrique (utiliser des fouets propres), fouetter la crème et la vanille à vitesse maximum jusqu'à ce qu'elle forme des pics fermes. Incorporer un quart de la crème fouettée à la préparation au caramel refroidie en soulevant délicatement la masse, puis incorporer le reste de la crème fouettée de la même manière.

4. Couper l'un des bouts des biscuits à la cuillère de manière à ce qu'ils mesurent 2 1/2 po (6 cm) de longueur (réserver les bouts coupés). Disposer les biscuits à la verticale sur la paroi intérieure d'un moule à charnière de 9 po (23 cm) de diamètre, le côté coupé vers le bas. Répartir les bouts de biscuits réservés dans le fond du moule. Émietter le reste des biscuits et les parsemer dans le fond du moule pour remplir les espaces entre les biscuits. Verser la garniture au caramel dans le moule et lisser le dessus. Congeler pendant au moins 6 heures ou jusqu'à ce que la garniture soit ferme. (Vous pouvez préparer la charlotte à l'avance, la couvrir d'une pellicule de plastique et la mettre dans un contenant hermétique. Elle se conservera jusqu'à 2 semaines au congélateur.)

5. Au moment de servir, briser le caramel croquant réservé en morceaux et les piquer sur le dessus de la charlotte.

Coup de pouce

Du caramel parfait

Dans une casserole profonde à fond épais d'une capacité de 16 tasses (4 L), mélanger le sucre et l'eau. Cuire à feu moyen, en brassant, pendant environ 4 minutes ou jusqu'à ce que le sucre soit dissous. Augmenter à feu moyen-vif, couvrir et porter à ébullition. Laisser bouillir pendant environ 1 minute sans brasser (la condensation qui se crée sur les parois de la casserole permet de réduire le risque de cristallisation). Découvrir et laisser bouillir, sans brasser, le nombre de minutes indiqué dans la recette ou jusqu'à ce que le caramel soit de couleur ambre foncé (attention, le caramel peut changer de couleur par endroits seulement ; il faut alors tourner la casserole en l'inclinant si on veut qu'il se colore uniformément). À noter que le temps de cuisson du caramel varie en fonction du type de recette et des quantités de sucre et d'eau utilisées.

Gâteau praliné
au fromage et aux noisettes

8 À 10 PORTIONS

🕑 **Préparation :** 40 minutes
🕑 **Cuisson :** 1 heure 40 minutes
🕑 **Repos :** 1 heure 30 minutes
🕑 **Réfrigération :** 6 heures
■ **Coût :** élevé ■ **Calories :** 830/portion
■ **Protéines :** 12 g/portion
■ **Matières grasses :** 61 g/portion
■ **Glucides :** 62 g/portion
■ **Fibres :** 3 g/portion

CARAMEL CROQUANT AUX NOISETTES

3 t	noisettes	750 ml
1/3 t	eau	80 ml
1 1/2 t	sucre	375 ml

GARNITURE AU MASCARPONE

1/2	gousse de vanille	1/2
1	contenant de mascarpone à la température ambiante (454 g ou 500 g)	1
1	paquet de fromage à la crème à la température ambiante (250 g)	1
1/2 t	crème sure	125 ml
1 t	sucre	250 ml
4	œufs à la température ambiante	4
1/4 c. à thé	sel	1 ml

Préparation du caramel croquant aux noisettes

1. Étaler les noisettes sur une plaque de cuisson. Cuire au four préchauffé à 350°F (180°C) pendant environ 10 minutes ou jusqu'à ce qu'elles soient dorées et dégagent leur arôme. Étendre les noisettes sur un linge. Replier le linge sur les noisettes et frotter vigoureusement pour enlever la peau. Laisser refroidir complètement les noisettes, puis les hacher grossièrement (réserver quelques noisettes entières pour la décoration). Réserver.

2. Dans une casserole, mélanger l'eau et le sucre. Cuire à feu moyen-vif, sans brasser, de 15 à 20 minutes ou jusqu'à ce que le sucre soit dissous et que le sirop soit légèrement ambré (surveiller le sirop de près, car il se colore très vite). Retirer aussitôt du feu et ajouter les noisettes réservées (entières et hachées) en brassant (prendre garde aux éclaboussures). Verser rapidement la préparation au caramel et aux noisettes sur une plaque de cuisson tapissée de papier-parchemin, de manière à obtenir une fine couche de caramel croquant (**photo a**). Laisser refroidir complètement.

3. Briser le caramel croquant refroidi en petits morceaux (réserver quelques morceaux de caramel avec des noisettes entières pour la décoration). Au robot culinaire, hacher le reste des morceaux de caramel, en deux ou trois fois, en actionnant et en arrêtant successivement l'appareil, jusqu'à ce que le caramel ait la texture d'une chapelure grossière (**photo b**). Réserver 1 tasse (250 ml) du caramel croquant haché. Presser le reste du caramel croquant haché dans le fond d'un moule à charnière de 9 po (23 cm) de diamètre. Cuire au four préchauffé à 350°F (180°C) pendant 10 minutes. Mettre le moule sur une grille et laisser refroidir complètement.

**Préparation de la garniture
au mascarpone**

4. Sur une surface de travail, à l'aide d'un petit couteau bien aiguisé, couper la demi-gousse de vanille en deux sur la longueur, puis racler l'intérieur de chaque moitié pour en retirer les graines (**photo c**) (réserver les demi-gousses de vanille pour un usage ultérieur).

5. Au robot culinaire, défaire le mascarpone en crème en activant et en arrêtant successivement l'appareil deux ou trois fois. Ajouter le fromage à la crème, la crème sure, le sucre et les graines de vanille et mélanger jusqu'à ce que la préparation soit homogène, sans plus (ne pas trop mélanger pour ne pas introduire trop d'air dans la garniture). Incorporer les œufs, un à un, en raclant la paroi du récipient avec une spatule en caoutchouc après chaque addition (ne pas trop mélanger). Incorporer le sel.

6. Verser environ les deux tiers de la garniture au fromage sur la croûte refroidie dans le moule. À l'aide d'une petite cuillère, saupoudrer le caramel croquant haché réservé sur la garniture de manière à former une spirale. Passer la lame d'un couteau dans la garniture pour créer des volutes de caramel croquant (**photo d**). Couvrir du reste de la garniture au fromage et lisser le dessus.

7. Cuire au centre du four préchauffé à 350°F (180°C) pendant 1 heure ou jusqu'à ce que le pourtour du gâteau ait pris, mais que le centre soit encore légèrement gélatineux. Éteindre le four et ouvrir légèrement la porte. Laisser le gâteau dans le four pendant 1 heure ou jusqu'à ce qu'il soit ferme. Mettre le moule sur une grille et laisser refroidir complètement. Couvrir le moule d'une pellicule de plastique et réfrigérer pendant au moins 6 heures ou jusqu'à ce que le gâteau soit froid. (Vous pouvez préparer le gâteau au fromage à l'avance et le couvrir. Il se conservera jusqu'à 2 jours au réfrigérateur.)

8. Retirer le gâteau au fromage du réfrigérateur environ 30 minutes avant de servir. Passer la lame d'un couteau le long de la paroi interne du moule pour détacher le gâteau et démouler. À l'aide d'un long couteau bien aiguisé, couper le gâteau en pointes, en prenant soin d'appuyer fermement à la base pour couper la croûte pralinée (au besoin, tremper la lame dans un verre d'eau chaude, puis l'essuyer entre chaque pointe). Garnir chaque portion de morceaux de caramel croquant réservés.

Gâteau au fromage au chocolat et aux noisettes

Pour préparer ce gâteau au fromage merveilleusement onctueux, on doit se procurer du mascarpone, un fromage frais vraiment crémeux (dans les épiceries italiennes et certaines fromageries).

12 PORTIONS

🕐 **Préparation :** 1 heure
🕐 **Cuisson :** 1 heure 50 minutes
🕐 **Réfrigération :** 6 heures
■ **Coût :** élevé ■ **Calories :** 773/portion
■ **Protéines :** 20 g/portion
■ **Matières grasses :** 62 g/portion
■ **Glucides :** 47 g/portion
■ **Fibres :** 2 g/portion

NOISETTES ÉPICÉES

1 1/2 t	noisettes (environ 7 oz/200 g)	375 ml
1	blanc d'œuf	1
1/4 t	sucre	60 ml
1/2 c. à thé	cannelle moulue	2 ml
1/4 c. à thé	gingembre moulu	1 ml
1/4 c. à thé	muscade fraîchement râpée	1 ml

CROÛTE PRALINÉE AU CHOCOLAT

20	gaufrettes au chocolat	20
1/4 t	sucre	60 ml
1/4 t	beurre non salé fondu et refroidi	60 ml

GARNITURE AU FROMAGE ET À LA VANILLE

3	paquets de fromage à la crème, ramolli (250 g chacun)	3
8 oz	fromage mascarpone ramolli	250 g
1 1/4 t	sucre	310 ml
5	œufs	5
1 1/2 c. à thé	vanille	7 ml

GARNITURE AU FROMAGE ET AU CHOCOLAT

3 oz	chocolat mi-amer, haché	90 g
8 oz	fromage mascarpone ramolli	250 g
1/4 t	sucre	60 ml
2	jaunes d'œufs	2
1/2 c. à thé	vanille	2 ml
1/4 c. à thé	poudre de cacao non sucrée	1 ml

Préparation des noisettes épicées

1. Étaler les noisettes sur une plaque de cuisson et les faire griller au four préchauffé à 325°F (160°C) pendant environ 5 minutes ou jusqu'à ce qu'elles dégagent leur arôme. Mettre les noisettes dans un linge. Replier le linge sur les noisettes et les frotter vigoureusement pour enlever la peau. Laisser refroidir.

2. Dans un bol, à l'aide d'une fourchette, battre légèrement le blanc d'œuf (réserver la moitié du blanc d'œuf pour un usage ultérieur). Ajouter les noisettes grillées au reste du blanc d'œuf et mélanger pour bien les enrober. Dans un petit bol, à l'aide d'un fouet, mélanger le sucre, la cannelle, le gingembre et la muscade. Ajouter le mélange d'épices à la préparation aux noisettes et mélanger pour bien enrober les noisettes. Étendre la préparation aux noisettes sur une plaque de cuisson non graissée. Cuire au four préchauffé à 300°F (150°C) pendant 30 minutes, en brassant de temps à autre pour éviter que les noisettes ne collent. Laisser refroidir. Dans un bol, mettre les noisettes avec les cristaux de sucre qui se sont formés sur la plaque. Réserver. (Vous pouvez préparer les noisettes épicées à l'avance et les mettre dans un contenant hermétique. Elles se conserveront jusqu'à 4 jours à la température ambiante.)

Préparation de la croûte pralinée au chocolat

3. Graisser un moule à charnière de 9 po (23 cm) de diamètre et tapisser le fond et les parois de papier-parchemin. Mettre le moule au centre d'un grand carré de papier d'aluminium résistant. Replier le papier d'aluminium sur les parois externes du moule de manière à bien l'envelopper. Réserver.

4. Mettre 3/4 de tasse (180 ml) des noisettes épicées réservées dans le récipient du robot culinaire (réserver le reste des noisettes pour décorer le gâteau). Ajouter les gaufrettes au chocolat et le sucre et mélanger jusqu'à ce que les gaufrettes et les noisettes soient moulues finement. Ajouter le beurre et mélanger jusqu'à ce que la préparation soit homogène. Presser uniformément la préparation au chocolat dans le fond et sur les parois du moule réservé jusqu'à une hauteur de 1 po (2,5 cm). Réserver.

Préparation de la garniture au fromage et à la vanille

5. Dans un grand bol, à l'aide d'un batteur électrique, battre le fromage à la crème jusqu'à ce qu'il soit lisse. Ajouter le fromage mascarpone et le sucre en battant. Ajouter les œufs, un à un, en battant bien après chaque addition et en raclant les parois du bol. Ajouter la vanille en battant. À l'aide d'une spatule, étendre 2 1/2 tasses (625 ml) de la garniture au fromage sur la croûte réservée. Réserver le reste de la garniture au fromage et à la vanille.

Préparation de la garniture au fromage et au chocolat

6. Dans un bol à l'épreuve de la chaleur placé sur une casserole d'eau chaude mais non bouillante, faire fondre le chocolat. Réserver. Dans un autre bol, à l'aide du batteur électrique (utiliser des fouets propres), battre le fromage mascarpone jusqu'à ce qu'il ait ramolli. Ajouter le sucre, puis les jaunes d'œufs en battant. Incorporer la vanille. Incorporer le chocolat fondu réservé et mélanger jusqu'à ce que la préparation soit homogène, sans plus (ne pas trop mélanger).

7. Laisser tomber la garniture au fromage et au chocolat, 1 cuillerée à table (15 ml) à la fois, sur la garniture au fromage et à la

vanille, à au moins 1/4 po (5 mm) du bord du moule et en laissant un espace entre chaque cuillerée. À l'aide d'une cuillère, étendre le reste de la garniture au fromage et à la vanille réservée sur le dessus du gâteau de manière à le couvrir complètement. Frapper le moule sur le comptoir une ou deux fois pour éliminer les bulles d'air.

8. Mettre le moule dans un plat plus grand. Verser suffisamment d'eau chaude dans le plat pour couvrir les parois du moule jusqu'à une hauteur de 1 po (2,5 cm). Cuire au centre du four préchauffé à 300°F (150°C) de 70 à 75 minutes ou jusqu'à ce

que le centre du gâteau soit brillant et encore légèrement gélatineux. Retirer le moule du plat d'eau et le déposer sur une grille. Retirer le papier d'aluminium qui recouvre le moule et laisser refroidir complètement. Couvrir le moule d'une pellicule de plastique et réfrigérer pendant au moins 6 heures ou jusqu'à ce que le gâteau soit froid. (Vous pouvez préparer le gâteau jusqu'à cette étape et le couvrir d'une pellicule de plastique. Il se conservera jusqu'à 2 jours au réfrigérateur.)

9. Retirer les parois du moule, puis le papier-parchemin. Mettre une planche ou une plaque de cuisson tapissée d'une pel-

licule de plastique sur le gâteau. Retourner le gâteau sur la planche. Retirer le fond du moule et le papier-parchemin et retourner le gâteau dans une assiette de service.

10. À l'aide d'une passoire fine, saupoudrer la poudre de cacao sur le dessus du gâteau, en laissant une bordure intacte de 3/4 po (2 cm) de largeur sur le pourtour. Disposer les noisettes épicées réservées sur la bordure du gâteau, en les tassant au besoin. Parsemer de 2 cuillerées à table (30 ml) des cristaux de sucre épicé. (Vous pouvez préparer le gâteau à l'avance et le couvrir d'une pellicule de plastique. Il se conservera jusqu'à 3 jours au réfrigérateur.)

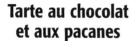
Tarte au chocolat et aux pacanes

Pour préparer une belle tarte qui sort de l'ordinaire, vous pouvez utiliser un moule à flan (moule à tarte à fond amovible) de forme rectangulaire de 11 po x 8 po (28 cm x 20 cm), comme nous l'avons fait pour la photo, ou de forme plus allongée, c'est-à-dire de 14 po x 4 1/2 po (35 cm x 11 cm). Sinon, vous pouvez très bien prendre un moule à tarte rond de 10 po (25 cm) de diamètre. Servir ce délice accompagné de crème glacée à la vanille ou de crème chantilly (crème à 35 % légèrement fouettée, à laquelle on ajoute un soupçon de sucre et de vanille).

ENVIRON 10 PORTIONS

🕐 **Préparation :** 45 minutes
🕐 **Réfrigération :** 1 heure
30 minutes (croûte)
🕐 **Cuisson :** 50 à 55 minutes
■ **Coût :** élevé ■ **Calories :** 685/portion
■ **Protéines :** 8 g/portion
■ **Matières grasses :** 45 g/portion
■ **Glucides :** 72 g/portion
■ **Fibres :** 3 g/portion

CROÛTE AU CHOCOLAT

1 2/3 t	farine	410 ml
1/4 t	sucre	60 ml
3 c. à tab	poudre de cacao non sucrée	45 ml
1	pincée de sel	1
2/3 t	beurre non salé froid, coupé en dés de 1/2 po (1 cm)	160 ml
1	jaune d'œuf	1
1/4 t	eau glacée (environ)	60 ml

GARNITURE AU CHOCOLAT ET AUX PACANES

4 c. à tab	beurre non salé	60 ml
1 t	sucre	250 ml
1/3 t	sirop de maïs	80 ml
3	œufs	3
3 c. à tab	whisky ou brandy (facultatif)	45 ml
2/3 t + 3/4 t	chocolat mi-amer, haché grossièrement ou brisures de chocolat mi-amer	340 ml
2 1/2 t	pacanes grillées	625 ml

Préparation de la croûte au chocolat

1. Dans un bol, à l'aide d'un fouet, mélanger la farine, le sucre, la poudre de cacao et le sel. Ajouter le beurre et, à l'aide d'un coupe-pâte ou de deux couteaux, travailler la préparation jusqu'à ce qu'elle ait la texture d'une chapelure grossière. Dans un petit bol, à l'aide d'une fourchette, mélanger le jaune d'œuf et l'eau. Verser le mélange au jaune d'œuf sur la préparation à la farine et, à l'aide d'une cuillère de bois, mélanger jusqu'à ce que la pâte se tienne (au besoin, ajouter de l'eau, 1 cuillerée à thé/ 5 ml à la fois si la pâte est trop sèche). Façonner la pâte en boule, l'aplatir légèrement et l'envelopper d'une pellicule de plastique. Réfrigérer pendant environ 1 heure ou jusqu'à ce que la pâte soit ferme.

2. Retirer la pâte à tarte du réfrigérateur et la mettre sur une surface de travail entre deux pellicules de plastique légèrement farinées. À l'aide d'un rouleau à pâtisserie, abaisser la pâte en un rectangle d'environ 12 po x 9 po (30 cm x 23 cm) ou en un cercle d'environ 11 po (28 cm) de diamètre. Retirer la pellicule de plastique du dessus et retourner délicatement l'abaisse dans un moule à flan de 11 po x 8 po (28 cm x 20 cm), ou dans une assiette à tarte de 10 po (25 cm) de diamètre, en pressant délicatement l'abaisse dans le fond et sur les côtés du moule (**photo a**). À l'aide d'un couteau bien aiguisé, couper l'excédent de pâte et canneler le pourtour. Réfrigérer la croûte à tarte de 20 à 30 minutes ou jusqu'à ce qu'elle soit ferme.

3. Tapisser la croûte à tarte de papier d'aluminium en laissant dépasser un excédent d'environ 1 po (2,5 cm) de chaque côté et la remplir de haricots secs ou de riz non cuit (**photo b**). Cuire dans le tiers inférieur du four préchauffé à 400°F (200°C) pendant 5 minutes. Réduire la température du four à 350°F (180°C) et cuire pendant 10 minutes. Retirer la croûte à tarte du four. En s'aidant du papier d'aluminium qui dépasse sur les côtés, retirer délicatement le papier d'aluminium et les haricots secs de la croûte à tarte. Poursuivre la cuisson de 8 à 10 minutes ou jusqu'à ce que la croûte soit fer-me. Retirer du four. Déposer la croûte à tarte sur une grille et laisser refroidir complètement.

Préparation de la garniture au chocolat et aux pacanes

4. Entre-temps, dans une casserole à fond épais, faire fondre le beurre à feu doux. Incorporer le sucre et le sirop de maïs, et porter à ébullition en brassant sans arrêt. Retirer du feu. Dans un bol, à l'aide d'un fouet, battre les œufs jusqu'à ce qu'ils soient mousseux. Incorporer les œufs à la préparation au sirop de maïs en fouettant vigoureusement jusqu'à ce que le mélange soit homogène. Incorporer le whisky, si désiré.

5. Parsemer uniformément la croûte à tarte refroidie de 2/3 de tasse (160 ml) du chocolat et des pacanes (**photo c**). Mettre la croûte à tarte sur une plaque de cuisson. Verser le mélange aux œufs et lisser le dessus à l'aide d'une spatule en caoutchouc. Cuire au four préchauffé à 350°F (180°C) de 25 à 30 minutes, ou jusqu'à ce que la garniture soit bouillonnante. Déposer la tarte sur une grille et laisser refroidir complètement. (Vous pouvez préparer la tarte à l'avance, la laisser refroidir et la couvrir de papier d'aluminium. Elle se conservera jusqu'à 2 jours au réfrigérateur. Laisser revenir à la température ambiante avant de servir.)

6. Au moment de servir, mettre le reste du chocolat dans un plat allant au micro-ondes. Chauffer au micro-ondes, à intensité moyennement faible (50 %), pendant 2 minutes. À l'aide d'une cuillère de bois, remuer le chocolat jusqu'à ce qu'il ait fondu. Arroser le dessus de la tarte refroidie du chocolat fondu de manière à former des zigzags (voir Déco en choco, ci-dessous). Démouler la tarte et la déposer délicatement dans une assiette de service.

Coup de pouce

Déco en choco

Pour étendre du chocolat fondu en un mince filet, verser le chocolat fondu dans un petit sac de plastique (de type Ziploc) et fermer hermétiquement. À l'aide de ciseaux, faire un petit trou dans l'un des coins inférieurs du sac. Puis étendre le chocolat en pressant délicatement sur le sac (**photo d**).

Parfum de pacanes grillées

Pour donner aux pacanes un parfum irrésistible, on peut les faire griller avant de les ajouter à nos recettes (tartes, biscuits, gâteaux, etc.). Les étaler sur une plaque de cuisson et les cuire au four préchauffé à 350°F (180°C) de 8 à 10 minutes ou jusqu'à ce qu'elles soient dorées et dégagent leur arôme (remuer les pacanes deux ou trois fois en cours de cuisson).

Temps des **Fêtes**

▶ *Biscuits*

Biscuits tendres
à la noix de coco

Biscuits aux noix
et à la framboise

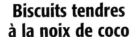
Biscuits tendres
à la noix de coco

**DONNE ENVIRON
32 BISCUITS**

🕐 **Préparation :** 20 minutes
🕐 **Cuisson :** 10 minutes
■ **Coût :** élevé ■ **Calories :** 147/biscuit
■ **Protéines :** 2 g/biscuit
■ **Matières grasses :** 8 g/biscuit
■ **Glucides :** 18 g/biscuit
■ **Fibres :** 1 g/biscuit

1	paquet de gaufrettes Graham (200 g)	1
3/4 t	farine	180 ml
2 c. à thé	bicarbonate de sodium	10 ml
1/2 t	beurre non salé, ramolli	125 ml
1	boîte de lait condensé (de type Eagle Brand/ 300 ml)	1
1 1/3 t	flocons de noix de coco sucrés	330 ml
1 t	noix de Grenoble hachées finement	250 ml
1 t	canneberges séchées ou raisins secs	250 ml

1. Mettre les gaufrettes Graham dans un grand sac hermétique (de type Ziploc). À l'aide d'un rouleau à pâtisserie ou d'un poêlon à fond épais, réduire les gaufrettes en chapelure. Ajouter la farine et le bicarbonate de sodium dans le sac, fermer hermétiquement le sac et le secouer pour mélanger. Réserver.

2. Dans un grand bol, à l'aide d'un batteur électrique, battre le beurre à vitesse moyenne pendant environ 1 minute ou jusqu'à ce qu'il soit crémeux. Ajouter le lait condensé en battant jusqu'à ce que la préparation soit homogène (racler les parois du bol de temps à autre). Incorporer la préparation aux gaufrettes réservée en

soulevant délicatement la masse. Ajouter les flocons de noix de coco, les noix de Grenoble et les canneberges séchées et mélanger à l'aide d'une cuillère de bois pour bien les répartir.

3. Laisser tomber la pâte, 1 cuillerée à table (15 ml) à la fois, sur deux plaques à biscuits vaporisées d'un enduit végétal antiadhésif (de type Pam) ou légèrement huilées, en laissant un espace de 2 po (5 cm) entre chaque biscuit. Cuire au four préchauffé à 375°F (190°C) de 10 à 12 minutes ou jusqu'à ce que les biscuits soient légèrement dorés. Mettre les plaques à biscuits sur des grilles et laisser refroidir pendant 5 minutes. À l'aide d'une spatule, déposer les biscuits sur les grilles et les laisser refroidir complètement.

Biscuits aux noix
et à la framboise

**DONNE ENVIRON
24 BISCUITS**

🕐 **Préparation :** 25 minutes
🕐 **Réfrigération :** 1 heure
🕐 **Cuisson :** 17 à 20 minutes
■ **Coût :** moyen ■ **Calories :** 99/biscuit
■ **Protéines :** 2 g/biscuit
■ **Matières grasses :** 6 g/biscuit
■ **Glucides :** 9 g/biscuit
■ **Fibres :** traces

1/2 t	beurre non salé, ramolli	125 ml
1/4 t	cassonade tassée	60 ml
1	œuf, le blanc et le jaune séparés	1
1 1/4 t	farine	310 ml
1/4 c. à thé	sel	1 ml
3/4 t	noix de Grenoble, pacanes, noisettes ou amandes, hachées finement	180 ml
1/4 t	confiture de framboises	60 ml

1. Dans un bol, à l'aide d'un batteur électrique, battre le beurre et la cassonade à vitesse moyenne pendant environ 1 minute ou jusqu'à ce que le mélange soit crémeux. Ajouter le jaune d'œuf en battant à faible vitesse. Incorporer petit à petit la farine et le sel en battant jusqu'à ce que la préparation soit lisse. Envelopper la pâte d'une pellicule de plastique et réfrigérer pendant environ 1 heure ou jusqu'à ce que la pâte soit ferme.

2. Façonner la pâte en 24 petites boules d'environ 1 1/4 po (3 cm) de diamètre. Dans un petit bol, à l'aide d'un fouet, battre légèrement le blanc d'œuf. Mettre les noix dans un autre petit bol. Tremper les boules de pâte dans le blanc d'œuf, puis les rouler dans les noix pour bien les enrober. Déposer les boules enrobées sur des plaques à biscuits vaporisées d'un enduit végétal antiadhésif (de type Pam) ou légèrement huilées, en laissant un espace de 2 po (5 cm) entre chaque boule.

3. Avec le pouce ou le bout du manche d'une cuillère de bois, aplatir légèrement chaque boule au centre de manière à faire une petite cavité. Cuire au four préchauffé à 350°F (180°C) de 17 à 20 minutes ou jusqu'à ce que les biscuits soient bien dorés (intervertir les plaques à la mi-cuisson). Mettre les plaques à biscuits sur des grilles et laisser refroidir pendant 2 minutes. À l'aide d'une spatule, déposer les biscuits sur les grilles et les laisser refroidir complètement.

4. À l'aide d'une petite cuillère, mettre environ 1/2 cuillerée à thé (2 ml) de confiture de framboises dans la cavité de chaque biscuit.

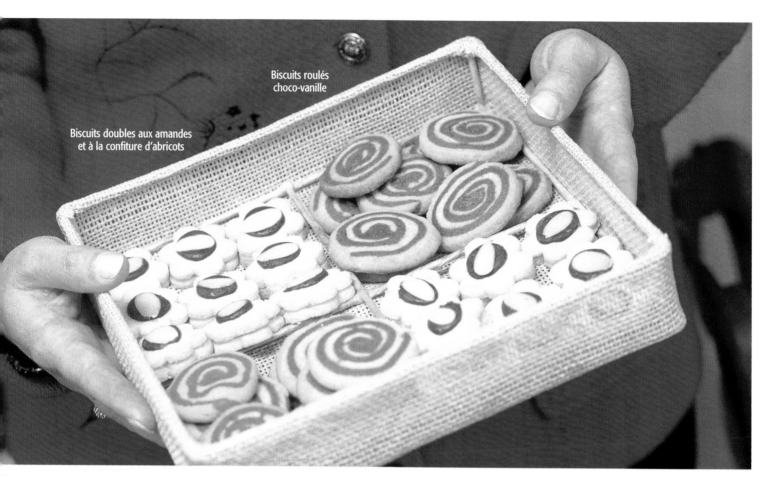

Biscuits roulés
choco-vanille

Biscuits doubles aux amandes
et à la confiture d'abricots

Biscuits roulés choco-vanille

DONNE ENVIRON
120 BISCUITS

🕐 **Préparation :** 35 minutes
🕐 **Réfrigération :** 2 heures 10 minutes
🕐 **Cuisson :** 30 minutes
■ **Coût :** moyen
■ **Calories :** 46/biscuit
■ **Protéines :** 1 g/biscuit
■ **Matières grasses :** 2 g/biscuit
■ **Glucides :** 7 g/biscuit ■ **Fibres :** traces

PÂTE À BISCUITS À LA VANILLE

1/2 t	beurre ramolli	125 ml
1 t	cassonade tassée	250 ml
1	œuf	1
1 c. à thé	vanille	5 ml
2 t	farine	500 ml
1/2 c. à thé	poudre à pâte	2 ml
1/2 c. à thé	sel	2 ml

PÂTE À BISCUITS AU CHOCOLAT

1/2 t	beurre ramolli	125 ml
1 t	sucre	250 ml
1	œuf	1
1 c. à thé	vanille	5 ml
2 oz	chocolat non sucré, fondu et refroidi	60 g
2 t	farine	500 ml
1/2 c. à thé	poudre à pâte	2 ml
1/2 c. à thé	sel	2 ml
1	blanc d'œuf légèrement battu	1

Préparation de la pâte à biscuits à la vanille

1. Dans un bol, à l'aide d'un batteur électrique, battre le beurre et la cassonade jusqu'à ce que le mélange soit gonflé. Incorporer l'œuf et la vanille en battant. Dans un autre bol, à l'aide d'un fouet, mélanger la farine, la poudre à pâte et le sel. Ajouter les ingrédients secs à la préparation au beurre et bien mélanger à l'aide d'une cuillère de bois.

Préparation de la pâte à biscuits au chocolat

2. Dans un bol, à l'aide d'un batteur électrique, battre le beurre et le sucre jusqu'à ce que le mélange soit gonflé. Incorporer l'œuf, la vanille et le chocolat en battant. Dans un autre bol, à l'aide d'un fouet, mélanger la farine, la poudre à pâte et le sel. Ajouter les ingrédients secs à la préparation au chocolat et bien mélanger à l'aide d'une cuillère de bois.

Assemblage des biscuits

3. Diviser chaque pâte à biscuits en deux portions. Aplatir chaque portion en un disque. Envelopper chaque disque de pâte d'une pellicule de plastique. Réfrigérer pendant 1 heure ou jusqu'à ce que la pâte soit ferme.

4. Sur une surface de travail, mettre les disques de pâte entre deux feuilles de papier ciré légèrement farinées. Abaisser chaque disque de pâte en un rectangle de 15 po x 9 po (38 cm x 23 cm). Retirer la feuille de papier ciré du dessus et glisser chaque rectangle de pâte sur une plaque de cuisson. Réfrigérer pendant environ 10 minutes ou jusqu'à ce que la pâte soit ferme.

5. Badigeonner les rectangles de pâte à la vanille d'un peu de blanc d'œuf. En s'aidant de la feuille de papier ciré du dessous, retourner les rectangles de pâte au chocolat sur les rectangles badigeonnés. À l'aide d'un couteau bien aiguisé, couper les côtés pour les égaliser. En commençant par un côté long, rouler les rectangles de pâte ensemble en serrant bien (sceller le joint en roulant dans un mouvement de va-et-vient). Envelopper chaque rouleau de pâte d'une pellicule de plastique. Réfrigérer pendant 1 heure ou jusqu'à ce que les rouleaux soient très fermes (au besoin, les rouler de nouveau trois ou quatre fois pour leur donner une forme bien ronde).

6. Mettre les rouleaux de pâte sur une surface de travail et retirer la pellicule de plastique. À l'aide d'un couteau bien aiguisé, couper les rouleaux en tranches de 1/4 po (5 mm) d'épaisseur. Mettre les biscuits sur des plaques à biscuits tapissées de papier-parchemin ou légèrement beurrées, en laissant un espace de 1 po (2,5 cm) entre chaque biscuit.

7. Cuire au centre du four préchauffé à 375°F (190°C) de 7 à 8 minutes ou jusqu'à ce que les biscuits soient fermes et qu'ils commencent à dorer. Déposer les plaques à biscuits sur des grilles et laisser refroidir pendant 1 minute. À l'aide d'une spatule, déposer les biscuits sur les grilles et laisser refroidir complètement. Cuire le reste des biscuits de la même manière.

Biscuits doubles aux amandes et à la confiture d'abricots

Une bonne idée pour préparer ces jolis biscuits étagés en un tourne-main : il suffit de les cuire et de les congeler, puis de les assembler plus tard, avant de les offrir.

DONNE ENVIRON 42 BISCUITS

🕐 **Préparation :** 30 minutes
🕐 **Réfrigération :** 1 à 2 heures
🕐 **Cuisson :** 12 à 14 minutes
🕐 **Repos :** 20 minutes
■ **Coût :** moyen
■ **Calories :** 110/biscuit
■ **Protéines :** 1 g/biscuit
■ **Matières grasses :** 6 g/biscuit
■ **Glucides :** 12 g/biscuit
■ **Fibres :** traces

2 t	farine	500 ml
1/2 c. à thé	poudre à pâte	2 ml
1 t + 1 c. à tab	beurre froid, coupé en dés	265 ml
1 t	amandes moulues	250 ml
3/4 t	sucre	180 ml
1 c. à thé	zeste de citron râpé finement	5 ml
1 c. à tab	jus de citron	15 ml
1/4 t	confiture d'abricots fondue et filtrée	60 ml
4 oz	chocolat mi-sucré, haché	125 g
1/4 t	amandes coupées en tranches	60 ml

1. Dans un bol, à l'aide d'un fouet, mélanger la farine et la poudre à pâte. Ajouter 1 tasse (250 ml) du beurre et, à l'aide d'un coupe-pâte ou de deux couteaux, travailler la préparation jusqu'à ce qu'elle ait la texture d'une chapelure grossière. Ajouter les amandes moulues, le sucre, le zeste et le jus de citron et mélanger jusqu'à ce que la pâte se tienne (au besoin, mélanger à l'aide d'une cuillère de bois ou avec les mains). Diviser la pâte en deux portions. Aplatir chaque portion en un disque. Envelopper chaque disque de pâte d'une pellicule de plastique. Réfrigérer de 1 à 2 heures ou jusqu'à ce que la pâte soit ferme.

2. Sur une surface de travail, mettre les disques de pâte entre deux feuilles de papier ciré ou entre deux pellicules de plastique. Abaisser chaque disque de pâte jusqu'à environ 1/8 po (3 mm) d'épaisseur. À l'aide d'un emporte-pièce rond de 1 po (2,5 cm) de diamètre, découper des biscuits dans l'abaisse (au besoin, abaisser de nouveau les retailles). Mettre les biscuits sur des plaques à biscuits tapissées de papier-parchemin ou légèrement beurrées, en laissant un espace de 1 po (2,5 cm) entre chaque biscuit.

3. Cuire au centre du four préchauffé à 350°F (180°C) de 6 à 7 minutes ou jusqu'à ce que les biscuits commencent à dorer. Déposer les plaques à biscuits sur des grilles et laisser refroidir pendant 1 minute. À l'aide d'une spatule, déposer les biscuits sur les grilles et laisser refroidir complètement. Cuire le reste des biscuits de la même manière.

4. À l'aide d'une petite spatule en métal, étendre la confiture d'abricots en une fine couche sur la moitié des biscuits refroidis. Couvrir du reste des biscuits. Dans une petite casserole, faire fondre le chocolat et le reste du beurre à feu moyen-doux en brassant jusqu'à ce que la préparation soit lisse. Laisser refroidir légèrement. Étendre la préparation de chocolat fondu sur le dessus des biscuits doubles. Garnir aussitôt chaque biscuit d'une tranche d'amande. Laisser reposer pendant environ 20 minutes ou jusqu'à ce que le chocolat ait pris.

Étoiles
aux amandes

**DONNE ENVIRON
7 1/2 DOUZAINES D'ÉTOILES**

🕐 **Préparation :** 30 minutes
🕐 **Réfrigération :** 1 heure
🕐 **Cuisson :** 45 minutes
■ **Coût :** moyen ■ **Calories :** 30/étoile
■ **Protéines :** aucune
■ **Matières grasses :** 2 g/étoile
■ **Glucides :** 3 g/étoile
■ **Fibres :** aucune

1/2 t	amandes hachées	125 ml
1 1/2 c. à tab + 1/3 t	sucre	102 ml
3/4 t	beurre ramolli	180 ml
1 c. à thé	vanille	5 ml
1/4 c. à thé	sel	1 ml
1 3/4 t	farine	430 ml
1	blanc d'œuf légèrement battu	1

1. Dans un petit bol, mélanger les amandes et 1 1/2 cuillerée à table (22 ml) du sucre. Réserver. Dans un grand bol, à l'aide d'un batteur électrique, battre le beurre, le reste du sucre, la vanille et le sel à vitesse moyenne pendant 2 minutes ou jusqu'à ce que le mélange soit crémeux et lisse. Incorporer petit à petit la farine en battant à faible vitesse jusqu'à ce que la pâte soit homogène, sans plus. Façonner la pâte en une boule, l'aplatir légèrement et l'envelopper d'une pellicule de plastique. Réfrigérer pendant 1 heure.

2. Sur une surface légèrement farinée, abaisser la pâte jusqu'à 1/4 po (5 mm) d'épaisseur. À l'aide d'un petit emporte-pièce en forme d'étoile de 1 3/4 po à 2 po (4,5 cm à 5 cm) de largeur, découper des étoiles dans l'abaisse et les mettre sur des plaques à biscuits non graissées, en laissant un espace de 1 po (2,5 cm) entre chacune (au besoin, abaisser de nouveau les retailles de pâte). Badigeonner légèrement les biscuits du blanc d'œuf et les parsemer de la préparation aux amandes et au sucre réservée.

3. Déposer une plaque à biscuits sur la grille supérieure du four préchauffé à 350°F (180°C) et une autre sur la grille inférieure. Cuire pendant 15 minutes ou jusqu'à ce que les biscuits soient légèrement dorés (intervertir et tourner les plaques à la mi-cuisson). Retirer les plaques du four et laisser refroidir sur des grilles pendant 2 minutes. À l'aide d'une spatule, déposer les biscuits sur les grilles et les laisser refroidir complètement. Cuire le reste des biscuits de la même manière.

Biscuits géants au gingembre

**DONNE ENVIRON
10 BISCUITS**

🕐 **Préparation :** 20 minutes
🕐 **Cuisson :** 15 minutes
■ **Coût :** moyen **Calories :** 356/biscuit
■ **Protéines :** 4 g/biscuit
■ **Matières grasses :** 17 g/biscuit
■ **Glucides :** 48 g/biscuit
■ **Fibres :** 1 g/biscuit

2 1/4 t	farine	510 ml
2 c. à thé	bicarbonate de sodium	10 ml
1 c. à thé	gingembre moulu	5 ml
1/2 c. à thé	cannelle moulue	2 ml
1/4 c. à thé	sel	1 ml
3/4 t	huile végétale	180 ml
3/4 t	sucre	180 ml
1	œuf	1
1/4 t	mélasse	60 ml
1/4 t	sirop d'érable	60 ml

1. Dans un bol, à l'aide d'un fouet, mélanger la farine, le bicarbonate de sodium, le gingembre, la cannelle et le sel. Réserver. Dans un grand bol, à l'aide d'un batteur électrique, mélanger à faible vitesse l'huile végétale, 1/2 tasse (125 ml) du sucre, l'œuf, la mélasse et le sirop d'érable jusqu'à ce que le mélange soit lisse. Incorporer petit à petit les ingrédients secs réservés en battant jusqu'à ce que la préparation soit homogène.

2. Avec les mains, façonner environ 1/4 de tasse (60 ml) de la pâte en boule. Mettre le reste du sucre dans un bol. Rouler la boule de pâte dans le sucre pour l'enrober. Répéter ces opérations avec le reste de la pâte et du sucre, de manière à obtenir 10 gros biscuits.

3. Mettre les biscuits sur des plaques à biscuits non graissées en laissant un espace de 3 po (8 cm) entre chacun. Cuire au four préchauffé à 350°F (180°C) pendant 15 minutes ou jusqu'à ce qu'ils soient dorés. Mettre les plaques à biscuits sur des grilles et laisser refroidir pendant 5 minutes. À l'aide d'une spatule, déposer les biscuits sur les grilles et les laisser refroidir complètement.

Truffes aux cerises

Nous vous proposons quatre enro-bages pour recouvrir ces truffes exquises. Roulez-les dans l'une de ces garnitures ou, mieux encore, offrez-les dans toutes les versions pour un assortiment varié et coloré. À noter que la quantité donnée pour chacune de ces garnitures suffit pour enrober toutes les truffes.

DONNE ENVIRON
48 TRUFFES

⏱ **Préparation :** 45 minutes
⏱ **Macération :** 12 heures (cerises)
⏱ **Cuisson :** 4 minutes
⏱ **Réfrigération :** 3 heures
■ **Coût :** élevé
■ **Calories :** 80/truffe
(sans enrobage)
■ **Protéines :** traces
■ **Matières grasses :** 5 g/truffe
(sans enrobage)
■ **Glucides :** 8 g/truffe (sans enrobage)
■ **Fibres :** 1 g/truffe (sans enrobage)

48	cerises rouges confites (environ 8 oz/250 g ou 1 1/3 tasse/330 ml)	48
2 c. à thé + 2 c. à tab	brandy ou rhum brun	40 ml
4 c. à thé	vanille	20 ml
12 oz	chocolat mi-amer ou mi-sucré, haché grossièrement	375 g
1 t	crème à 35 %	250 ml
2 c. à tab	beurre ramolli	30 ml

1/2 t	poudre de cacao non sucrée ou	125 ml
1/2 t	sucre glace ou	125 ml
2 t	noix (pacanes, noix de Grenoble, noisettes, noix de macadam), hachées finement ou	500 ml
2 t	flocons de noix de coco	500 ml

1. Dans un sac de plastique résistant (de type Ziploc), mettre les cerises rouges, 2 cuillerées à thé (10 ml) du brandy et 2 cuillerées à thé (10 ml) de la vanille. Fermer hermétiquement et remuer le sac pour bien enrober les cerises. Laisser ma-cérer à la température ambiante pendant au moins 12 heures. (Vous pouvez préparer les cerises macérées à l'avance et les met-tre dans un sac hermétique. Elles se conser-veront jusqu'à 2 jours à la température ambiante.)

2. Mettre le chocolat dans le récipient d'un robot culinaire. Dans une petite casserole, chauffer la crème à feu moyen-vif pendant environ 4 minutes ou jusqu'à ce que des bulles se forment sur la paroi. Verser la crème chaude sur le chocolat et laisser reposer pendant 10 secondes. Mélanger jusqu'à ce que la préparation au chocolat soit homogène. Ajouter le beurre, le reste du brandy et de la vanille et mélanger jusqu'à ce que la préparation soit lisse. (Ou encore, hacher finement le chocolat et le mettre dans un bol en métal. Verser la crème chaude sur le chocolat et laisser reposer pendant 1 minute. Ajouter le beur-re, le reste du brandy et de la vanille et, à l'aide d'un fouet, mélanger jusqu'à ce que la préparation soit lisse.)

3. Tapisser de papier d'aluminium un moule à gâteau carré de 8 po (20 cm) de côté, en laissant dépasser un excédent sur les côtés. Verser la préparation au choco-lat dans le moule (lisser le dessus). Réfri-gérer pendant au moins 1 heure ou jus-qu'à ce que la préparation au chocolat soit ferme.

4. En soulevant le papier d'aluminium sur les côtés, démouler la préparation au chocolat refroidie et la mettre sur une planche à découper. À l'aide d'un couteau bien aiguisé, couper la préparation en 48 morceaux égaux. Égoutter les cerises macérées. En travaillant rapidement avec les doigts, envelopper chaque cerise d'un morceau de préparation au chocolat (ré-server le reste de la préparation au choco-lat au réfrigérateur). Façonner rapidement les truffes en boules (elles seront très molles).

5. Dans quatre plats peu profonds, mettre la poudre de cacao, le sucre glace, les noix et les flocons de noix de coco. Rouler les truffes, quelques-unes à la fois, dans la poudre de cacao de manière à bien les enrober. À l'aide de deux cuillères, mettre les truffes côte à côte sur des plaques de cuisson tapissées de papier ciré. Réfrigérer les truffes pendant au moins 2 heures ou jusqu'à ce qu'elles soient fermes. (Vous pouvez préparer les truffes à l'avance et les mettre côte à côte dans un contenant her-métique. Elles se conserveront jusqu'à 2 semaines au réfrigérateur.)

Saint-**Valentin**

Petits gâteaux au chocolat fondant

Eh oui! À peine deux petites cuillerées de farine dans cette pâte à gâteau! C'est le secret de sa texture coulante au centre. On peut faire la pâte quelques heures à l'avance, mais il est important de cuire les petits gâteaux à la dernière minute pour qu'ils soient chauds et fondants, comme sur la photo.

4 PORTIONS

⊘ **Préparation :** 25 minutes
⊘ **Cuisson :** 13 à 15 minutes
■ **Coût :** moyen ■ **Calories :** 465/portion
■ **Protéines :** 8 g/portion
■ **Matières grasses :** 42 g/portion
■ **Glucides :** 17 g/portion
■ **Fibres :** 4 g/portion

1/2 t	beurre non salé	125 ml
4 oz	chocolat mi-amer haché	125 g
2	œufs	2
2	jaunes d'œufs	2
1/4 t	sucre glace	60 ml
2 c. à thé	farine	10 ml

1. Dans un bol de métal placé sur une casserole d'eau chaude mais non bouillante, chauffer le beurre et le chocolat en brassant jusqu'à ce que le chocolat ait fondu (**photo a**). Retirer le bol de la casserole et laisser refroidir à la température ambiante.

2. Dans un autre bol, à l'aide d'un batteur électrique, battre les œufs, les jaunes d'œufs et le sucre glace de 5 à 10 minutes

ou jusqu'à ce que le mélange soit épais et jaune pâle (**photo b**). Verser la préparation au chocolat fondu dans le mélange aux œufs en brassant à l'aide d'une cuillère de bois. Ajouter la farine en brassant jusqu'à ce que la pâte soit homogène, sans plus (ne pas trop mélanger).

3. À l'aide d'une cuillère, répartir la pâte à gâteau dans quatre ramequins ou petits plats en verre allant au four d'une capacité de 1/2 tasse (125 ml), beurrés (**photo c**). (Vous pouvez préparer les petits gâteaux jusqu'à cette étape et couvrir les ramequins d'une pellicule de plastique. Ils se conserveront jusqu'à 4 heures au réfrigérateur. Laisser revenir à la température ambiante avant de cuire.)

4. Mettre les ramequins sur une plaque de cuisson et cuire au centre du four préchauffé à 450°F (230°C) de 8 à 10 minutes ou jusqu'à ce que les petits gâteaux commencent à prendre sur le pourtour, mais que leur centre soit encore assez mou.

5. Retirer les ramequins du four et laisser refroidir de 5 à 10 minutes. Passer la lame d'un couteau le long de la paroi interne des ramequins et démouler délicatement les petits gâteaux dans des assiettes (**photo d**). Servir aussitôt.

Crème au chocolat

Ce dessert sera encore plus savoureux couronné d'une cuillerée de crème fouettée.

8 PORTIONS

🕐 **Préparation :** 15 minutes
🕐 **Cuisson :** 35 à 40 minutes
🕐 **Réfrigération :** 2 à 3 heures
■ **Coût :** élevé ■ **Calories :** 430/portion
■ **Protéines :** 5 g/portion
■ **Matières grasses :** 41 g/portion
■ **Glucides :** 18 g/portion
■ **Fibres :** 2 g/portion

8 oz	chocolat mi-amer	250 g
2 t	crème à 35 %	500 ml
6	jaunes d'œufs	6
1/3 t	sucre	80 ml
1	pincée de sel	1
1 c. à thé	vanille	5 ml

1. Dans la partie supérieure d'un bain-marie ou dans un bol à l'épreuve de la chaleur placé sur une casserole d'eau chaude mais non bouillante, faire fondre le chocolat à feu doux, en brassant à l'aide d'une spatule en caoutchouc. Remuer jusqu'à ce que le chocolat ait fondu et soit lisse. Retirer du feu.

2. Entre-temps, dans une casserole, chauffer la crème jusqu'à ce qu'elle commence à bouillir. Dans un bol à l'épreuve de la chaleur, à l'aide d'un fouet, battre les jaunes d'œufs, le sucre, le sel et la vanille jusqu'à ce que le sucre soit dissous. Ajouter petit à petit la crème chaude en fouettant. Verser la préparation de crème chaude dans une passoire fine placée sur le bol de chocolat fondu. Mélanger jusqu'à ce que la préparation soit lisse et homogène.

3. À l'aide d'une louche, répartir la préparation dans huit ramequins d'une capacité de 3/4 de tasse (180 ml) chacun. Mettre les ramequins dans un grand plat allant au four et verser suffisamment d'eau bouillante dans le plat pour couvrir les parois des ramequins à demi. Couvrir le plat de papier d'aluminium, sans serrer. Cuire au four préchauffé à 325°F (160°C) de 35 à 40 minutes ou jusqu'à ce que les crèmes soient fermes au toucher, mais que le centre soit encore légèrement gélatineux.

4. Retirer les ramequins du plat rempli d'eau, les essuyer et les déposer sur une plaque de cuisson. Couvrir de papier d'alu-minium, sans serrer, et réfrigérer de 2 à 3 heures ou jusqu'à ce que les crèmes aient pris. (Vous pouvez préparer les crèmes à l'avance et les couvrir d'une pellicule de plastique. Elles se conserveront jusqu'à 24 heures au réfrigérateur.)

Petits soufflés au chocolat, sauce au chocolat

Tout chauds sortis du four, ces petits soufflés ne peuvent évidemment pas attendre... et nous non plus d'ailleurs ! Il faut les cuire à la dernière minute pour éviter qu'ils ne se dégonflent. Et les deux soufflés restants (puisque cette recette en compte quatre) ? Ils seront tout aussi délicieux le lendemain, sauf qu'ils auront perdu de leur volume.

4 PORTIONS

🕐 **Préparation :** 30 minutes
🕐 **Cuisson :** 17 à 20 minutes
■ **Coût :** élevé ■ **Calories :** 545/portion
■ **Protéines :** 8 g/portion
■ **Matières grasses :** 46 g/portion
■ **Glucides :** 36 g/portion
■ **Fibres :** 3 g/portion

PETITS SOUFFLÉS AU CHOCOLAT

2 c. à tab	poudre de cacao non sucrée	30 ml
1/4 t	farine	60 ml
1	pincée de sel	1
1/2 t	lait	125 ml
2 c. à tab	beurre non salé	30 ml
1/4 t	sucre	60 ml
2 oz	chocolat mi-amer, haché grossièrement	60 g
1/2 c. à thé	vanille	2 ml
2	jaunes d'œufs	2
3	blancs d'œufs	3

SAUCE AU CHOCOLAT

1/2 t	crème à 35 %	125 ml
4 oz	chocolat mi-amer, haché finement	125 g
1 c. à tab	beurre non salé	15 ml

Préparation des petits soufflés au chocolat

1. Beurrer légèrement quatre ramequins d'une capacité de 3/4 de tasse (180 ml) chacun. Couvrir le fond des ramequins d'une fine couche de farine ou de sucre en secouant pour enlever l'excédent (**photo a**). Réserver.

2. Dans un petit bol, tamiser la poudre de cacao, la farine et le sel. Réserver. Dans une petite casserole, à l'aide d'une cuillère de bois, mélanger le lait, le beurre et 2 cuillerées à table (30 ml) du sucre. Cuire à feu moyen, en brassant souvent, pendant environ 5 minutes ou jusqu'à ce que la préparation commence à bouillir. Retirer du feu et ajouter le chocolat mi-amer en brassant jusqu'à ce qu'il ait fondu et que la préparation soit lisse. Ajouter la vanille et mélanger.

3. Ajouter les ingrédients secs réservés dans la casserole en brassant jusqu'à ce qu'ils soient bien mélangés. Ajouter les jaunes d'œufs, un à un, en battant bien après chaque addition. À l'aide d'une spatule, verser la préparation au chocolat dans un grand bol et réserver.

4. Dans un autre bol, à l'aide d'un batteur électrique, battre les blancs d'œufs à vitesse moyenne jusqu'à ce qu'ils soient mousseux. Ajouter le reste du sucre, 1/2 cuillerée à table (7 ml) à la fois, en battant à vitesse maximum jusqu'à ce que le mélange forme des pics fermes mais pas secs. Incorporer le tiers du mélange aux blancs d'œufs à la préparation au chocolat réservée en soulevant délicatement la masse (**photo b**).

Incorporer le reste du mélange aux blancs d'œufs de la même manière (ne pas trop mélanger). (Vous pouvez préparer les soufflés jusqu'à cette étape et couvrir le bol. La préparation se conservera jusqu'à 1 heure au réfrigérateur. Augmenter le temps de cuisson de 2 ou 3 minutes.)

5. Verser le mélange dans les ramequins réservés en les remplissant jusqu'à 1/2 po (1 cm) du bord (**photo c**). Cuire les soufflés au four préchauffé à 400°F (200°C) de 12 à 15 minutes ou jusqu'à ce qu'ils soient gonflés et que leur centre ait légèrement pris.

Préparation de la sauce au chocolat

6. Entre-temps, dans une petite casserole, chauffer la crème à feu moyen pendant environ 5 minutes ou jusqu'à ce que des bulles se forment sur la paroi. Mettre le chocolat mi-amer dans un bol résistant à la chaleur et verser la crème chaude sur le chocolat (**photo d**). Laisser reposer pendant 30 secondes ou jusqu'à ce que le chocolat ait fondu. Brasser délicatement la préparation au chocolat jusqu'à ce qu'elle soit lisse. Ajouter le beurre et mélanger. (Vous pouvez préparer la sauce au chocolat à l'avance et la couvrir. Elle se conservera jusqu'à 3 jours au réfrigérateur. Réchauffer la sauce au moment de servir.)

7. Retirer délicatement les petits soufflés du four. Servir aussitôt, accompagnés de la sauce au chocolat.

Mini-gâteaux
moelleux au chocolat

Avec leur centre mou et fondant, ces petits gâteaux sont divins nature. Mais, pour une touche encore plus gourmande, on peut les coiffer de crème fouettée et les arroser de coulis de framboises.

8 PORTIONS

🕐 **Préparation :** 20 minutes

🕐 **Cuisson :** 11 à 13 minutes

■ **Coût :** moyen

■ **Calories :** 497/portion (avec le coulis)

■ **Protéines :** 7 g/portion (avec le coulis)

■ **Matières grasses :** 39 g/portion
(avec le coulis)

■ **Glucides :** 34 g/portion (avec le coulis)

■ **Fibres :** 2 g/portion (avec le coulis)

1 t	beurre non salé, coupé en dés	250 ml
8 oz	chocolat mi-amer, haché ou	250 g
1 1/3 t	brisures de chocolat mi-sucré	330 ml
4	œufs	4
4	jaunes d'œufs	4
1/2 t	sucre	125 ml
1/2 t	farine	125 ml
1 c. à thé	vanille	5 ml
1/8 c. à thé	sel	0,5 ml
	coulis de framboises (voir recette, p. 53)	
	crème fouettée (facultatif)	
	framboises fraîches (facultatif)	

1. Beurrer légèrement huit ramequins ou petits moules à soufflé d'une capacité de 1 tasse (250 ml) chacun. Tapisser le fond de papier-parchemin ou de papier ciré. Déposer les ramequins dans un plat peu profond allant au four ou sur une grande plaque de cuisson. Réserver.

2. Dans une casserole à fond épais, faire fondre le beurre et le chocolat à feu doux en brassant sans arrêt jusqu'à ce que la préparation soit lisse. Retirer la casserole du feu et laisser refroidir légèrement. (Ou encore, dans un bol à l'épreuve de la chaleur, mélanger le beurre et le chocolat. Placer le bol sur une casserole d'eau frémissante et faire fondre le beurre et le chocolat en brassant de temps à autre jusqu'à ce que la préparation soit lisse. Retirer le bol du bain-marie et laisser refroidir légèrement.)

3. Dans un grand bol, à l'aide d'un batteur électrique, battre les œufs et les jaunes d'œufs à vitesse maximum pendant 5 minutes ou jusqu'à ce que la préparation soit pâle et ait épaissi. Incorporer une grosse cuillerée du mélange d'œufs à la préparation au chocolat refroidie en soulevant délicatement la masse. Incorporer la préparation au chocolat au reste du mélange d'œufs de la même manière, en alternant avec le sucre et la farine. Ajouter la vanille et le sel et mélanger en soulevant la masse jusqu'à ce que la préparation soit homogène.

4. À l'aide d'une cuillère, répartir rapidement la pâte dans les ramequins réservés. Cuire au four préchauffé à 350°F (180°C) de 9 à 11 minutes ou jusqu'à ce que le pourtour des mini-gâteaux soit ferme, mais que le centre soit encore mou sous une légère pression du doigt. Déposer les ramequins sur une grille et laisser refroidir complètement.

5. Tapisser une plaque de cuisson de papier-parchemin ou de papier ciré. Passer la lame d'une petite spatule de métal sur le pourtour des mini-gâteaux pour les détacher des ramequins. Retourner les mini-gâteaux sur la plaque de cuisson et les démouler (l'intérieur des gâteaux devrait être mou). (Vous pouvez préparer les mini-gâteaux à l'avance et les couvrir d'une pellicule de plastique. Ils se conserveront au réfrigérateur jusqu'au lendemain. Les réchauffer à intensité maximum au micro-ondes de 1 1/2 à 2 minutes avant de servir.)

6. Au moment de servir, mettre les mini-gâteaux dans des assiettes à dessert. Arroser de coulis de framboises. Garnir de crème fouettée et de framboises fraîches, si désiré.

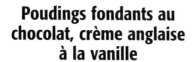
Poudings fondants au chocolat, crème anglaise à la vanille

Le secret de ces poudings ultra-moelleux ? La cuisson au bain-marie, au four. On trouve le pain brioché dans certaines boulangeries et certains supermarchés. Sinon, on peut facilement le remplacer par un pain aux œufs, un pannetone ou un gâteau de type quatre-quarts.

6 À 8 PORTIONS

🕐 **Préparation :** 45 minutes
🕐 **Cuisson :** 40 minutes
■ **Coût :** moyen ■ **Calories :** 607/portion
■ **Protéines :** 13 g/portion
■ **Matières grasses :** 40 g/portion
■ **Glucides :** 50 g/portion
■ **Fibres :** 6 g/portion

PETITS POUDINGS AU CHOCOLAT

1	pain brioché (environ 11 oz/350 g)	1
6 oz	chocolat mi-amer haché finement	180 g
1/2 t + 3/4 t	crème à 35 %	305 ml
1 c. à tab	liqueur à l'orange (de type Grand Marnier) (facultatif)	15 ml
1 c. à thé	vanille	5 ml
3	œufs	3
1/4 t	sucre	60 ml
1/2 t	chocolat mi-amer coupé en morceaux	125 ml
	framboises fraîches, mini-kiwis coupés en tranches ou autres petits fruits (facultatif)	

CRÈME ANGLAISE À LA VANILLE

4	jaunes d'œufs	4
1/4 t	sucre	60 ml
1 t	lait	250 ml
3/4 t	crème à 35 %	180 ml
1/2	gousse de vanille coupée en deux sur la longueur et raclée (voir méthode, p. 61)	1/2

**Préparation des petits
poudings au chocolat**

1. À l'aide d'un couteau à pain, couper le pain brioché en tranches d'environ 1/2 po (1 cm) d'épaisseur (**photo a**). Couper les tranches de pain en cubes de 1/2 po (1 cm) de manière à obtenir 8 tasses (2 l) de pain (au besoin, réserver le reste du pain brioché pour un usage ultérieur). Étendre les cubes de pain sur une plaque de cuisson. Cuire au four préchauffé à 325°F (160°C) de 8 à 10 minutes ou jusqu'à ce que le pain soit légèrement doré. Mettre la plaque de cuisson sur une grille et laisser refroidir.

2. Entre-temps, mettre le chocolat haché dans un bol en métal. Dans une petite casserole à fond épais, chauffer 1/2 tasse (125 ml) de la crème à feu moyen jusqu'à ce que des bulles se forment sur la paroi. Verser la crème bouillante sur le chocolat dans le bol et laisser reposer pendant 1 minute. À l'aide d'une cuillère de bois, mélanger jusqu'à ce que le chocolat ait fondu et que la préparation soit lisse. Incorporer la liqueur à l'orange, si désiré, et la vanille.

3. Dans un grand bol, à l'aide d'un batteur électrique, battre les œufs, le reste de la crème, le sucre et la préparation au chocolat fondu. Mettre les cubes de pain refroidis dans un autre grand bol. Ajouter environ 1 tasse (250 ml) du mélange au chocolat et mélanger pour bien enrober les cubes de pain (**photo b**).

4. Répartir la moitié des cubes de pain enrobés de chocolat dans six ramequins d'une capacité de 1 tasse (250 ml) chacun ou huit ramequins d'une capacité de 3/4 de tasse (180 ml) chacun, beurrés (bien presser les cubes au fond des ramequins avec le dos d'une cuillère) (**photo c**). Couvrir des morceaux de chocolat, puis répartir le reste des cubes de pain par-dessus en pressant légèrement pour les tasser. À l'aide d'une cuillère, répartir le reste du mélange au chocolat sur les cubes de pain (au besoin, retirer quelques cubes de pain des ramequins s'ils sont trop remplis).

5. Mettre les ramequins dans un plat allant au four de 13 po x 9 po (33 cm x 23 cm). Verser suffisamment d'eau bouillante dans le plat pour couvrir les ramequins de moitié (**photo d**). Cuire au four préchauffé à 325°F (160°C) pendant environ 30 minutes ou jusqu'à ce qu'un couteau inséré au centre des poudings en ressorte propre. Retirer les ramequins du plat et les mettre sur une grille. Laisser refroidir pendant 30 minutes. (Vous pouvez préparer les petits poudings à l'avance, les laisser refroidir et les couvrir. Ils se conserveront jusqu'au lendemain au réfrigérateur.)

**Préparation de la crème
anglaise à la vanille**

6. Entre-temps, dans un bol, à l'aide d'un batteur électrique, battre les jaunes d'œufs et le sucre pendant environ 2 minutes ou jusqu'à ce que le mélange soit léger. Dans une petite casserole à fond épais, mélanger le lait, la crème, la gousse et les graines de vanille. Chauffer à feu moyen jusqu'à ce que des bulles se forment sur la paroi. Verser environ 1/2 tasse (125 ml) de la préparation au lait bouillant dans le mélange aux jaunes d'œufs et bien mélanger à l'aide d'un fouet. Verser le mélange dans la casserole et cuire à feu moyen, en brassant sans arrêt à l'aide d'une cuillère de bois, de 5 à 6 minutes ou jusqu'à ce que la crème anglaise ait épaissi. Retirer du feu. À l'aide d'une passoire fine placée sur un bol en métal, filtrer la crème anglaise (jeter la gousse de vanille). Laisser refroidir. (Vous pouvez préparer la crème anglaise à l'avance, la laisser refroidir et la mettre dans un contenant hermétique. Elle se conservera jusqu'à 4 jours au réfrigérateur.)

7. Au moment de servir, démouler les petits poudings dans des assiettes à dessert. Verser la crème anglaise refroidie sur chaque portion et garnir de framboises et de tranches de kiwis, si désiré.

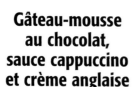
Gâteau-mousse au chocolat, sauce cappuccino et crème anglaise

Original, ce petit gâteau hyper-choco séduira à coup sûr votre douce moitié. Avec ses deux sauces, il est un peu long à préparer mais facile à réussir. (Rien ne vous empêche, d'ailleurs, d'omettre la crème anglaise.) Pour l'assembler, vous aurez besoin d'une grande assiette d'au moins 14 po (35 cm) de longueur, car ce gâteau est vraiment fait sur le long. Une solution : le monter sur une plaque à pâtisserie sans rebord (pour faciliter le découpage) ou un grand carton recouvert de papier d'aluminium. Évidemment, pour faire sensation, il est préférable alors de présenter le gâteau en portions individuelles.

10 PORTIONS

⏱ **Préparation :** 1 heure
⏱ **Cuisson :** 1 heure
⏱ **Refroidissement :**
4 heures 20 minutes

■ **Coût :** élevé ■ **Calories :** 550/portion
■ **Protéines :** 11 g/portion
■ **Matières grasses :** 40 g/portion
■ **Glucides :** 50 g/portion
■ **Fibres :** 2 g/portion

GÂTEAU AU CHOCOLAT ET AUX NOIX

1/2 t	farine	125 ml
2 c. à tab	poudre de cacao non sucrée	30 ml
1/3 t	noix de Grenoble hachées	80 ml
3 c. à tab	amandes blanchies moulues	45 ml
3	gros œufs à la température ambiante	3
1/2 t	sucre	125 ml
3	gros blancs d'œufs à la température ambiante	3
2 c. à tab	beurre non salé, fondu et tiède	30 ml

MOUSSE AU CHOCOLAT

7 oz	chocolat mi-amer haché finement	200 g
1 t	crème à 35 %	250 ml
3 c. à tab	liqueur de café (de type Tia Maria ou Kahlùa)	45 ml
2	blancs d'œufs	2

CAFÉ À BADIGEONNER

2/3 t	café liquide très fort (environ)	160 ml

SAUCE CAPPUCCINO

1 t	crème à 35 %	250 ml
1/2 t	lait	125 ml
2 c. à thé	café instantané	10 ml
2	gros jaunes d'œufs	2
1/4 t	sucre	60 ml
3 oz	chocolat mi-amer haché finement	90 g

CRÈME ANGLAISE

1 t	crème à 15 %	250 ml
1 t	lait	250 ml
6	jaunes d'œufs	6
1/4 t	sucre	60 ml

Préparation du gâteau au chocolat et aux noix

1. À l'aide d'un tamis placé au-dessus d'un bol, tamiser la farine et le cacao. Ajouter les noix de Grenoble et les amandes et mélanger. Réserver.

2. Dans un bol en métal, à l'aide d'un fouet ou d'un batteur électrique, battre les œufs et 1/4 de tasse plus 2 cuillerées à table (90 ml) du sucre. Mettre le bol au-dessus d'une casserole contenant de l'eau chaude mais non bouillante. Chauffer la préparation aux œufs en battant sans arrêt de 3 à 5 minutes ou jusqu'à ce que le sucre soit complètement dissous. Retirer le bol de la casserole. À l'aide du batteur électrique, battre la préparation aux œufs de 5 à 7 minutes ou jusqu'à ce qu'elle soit jaune pâle et qu'elle ait épaissi. Réserver.

3. Dans un autre bol, à l'aide du batteur électrique (utiliser des fouets propres), battre les blancs d'œufs jusqu'à ce qu'ils forment des pics mous. Ajouter petit à petit le reste du sucre en battant jusqu'à ce que le mélange forme des pics fermes.

4. À l'aide d'une spatule, incorporer le tiers du mélange aux blancs d'œufs et le tiers des ingrédients secs réservés à la préparation aux œufs réservée en soulevant délicatement la masse. Incorporer le reste du mélange aux blancs d'œufs et des ingrédients secs de la même manière, un tiers à la fois. Incorporer le beurre fondu en soulevant délicatement la masse. Étendre la pâte dans un moule à gâteau roulé de 15 po x 10 po (38 cm x 25 cm) tapissé de papier-parchemin ou de papier ciré beurré.

5. Cuire au centre du four préchauffé à 350°F (180°C) de 15 à 17 minutes ou jusqu'à ce que le gâteau reprenne sa forme sous une légère pression du doigt. Mettre le gâteau sur une grille et laisser refroidir dans son moule pendant 20 minutes. Démouler le gâteau sur la grille et retirer délicatement le papier-parchemin. Laisser refroidir complètement. (Vous pouvez préparer le gâteau à l'avance, le laisser refroidir et l'envelopper d'une pellicule de plastique. Il se conservera jusqu'au lendemain à la température ambiante.)

Préparation de la mousse au chocolat

6. Dans la partie supérieure d'un bain-marie contenant de l'eau chaude mais non bouillante, faire fondre le chocolat en brassant de temps à autre à l'aide d'une cuillère de bois. Retirer le chocolat du bain-marie et laisser refroidir à la température ambiante jusqu'à ce qu'il soit tiède.

7. Dans un grand bol, à l'aide d'un batteur électrique, battre la crème et la liqueur de café jusqu'à ce que la préparation forme des pics mous. Dans un autre bol, à l'aide du batteur électrique (utiliser des fouets propres), battre les blancs d'œufs jusqu'à ce qu'ils forment des pics mous. À l'aide d'une spatule, incorporer la moitié des blancs d'œufs au chocolat tiède en soule-

vant délicatement la masse. Incorporer la préparation à la crème, puis le reste des blancs d'œufs de la même manière.

Assemblage du gâteau-mousse

8. Mettre le gâteau refroidi sur une surface de travail. À l'aide d'un couteau bien aiguisé, enlever une lanière d'environ 1 po (2,5 cm) sur les côtés du gâteau pour l'égaliser. Couper le gâteau en trois sur la longueur, de manière à obtenir trois bandes d'environ 2 1/2 po (6 cm) de largeur. Déposer une bande de gâteau sur une assiette ou un plateau. À l'aide d'un pinceau à pâtisserie, badigeonner la bande de gâteau d'environ 1/3 de tasse (80 ml) du café. Couvrir d'environ la moitié de la mousse au chocolat et bien lisser le dessus à l'aide d'une spatule en métal. Déposer une autre bande de gâteau par-dessus et badigeonner du reste du café. Couvrir du reste de la mousse au chocolat et bien lisser le dessus. Déposer la dernière bande de gâteau par-dessus, en pressant légèrement pour la faire adhérer à la mousse.

9. Couvrir le gâteau d'une pellicule de plastique et réfrigérer de 2 à 4 heures ou jusqu'à ce que la mousse soit ferme.

Préparation de la sauce cappuccino

10. Entre-temps, dans une casserole à fond épais, mélanger la crème, le lait et le café instantané. Chauffer à feu moyen-doux, en brassant à l'aide d'un fouet, de 5 à 8 minutes ou jusqu'à ce que le café soit dissous et que des bulles se forment sur les parois de la casserole. Retirer du feu.

11. Dans un bol, à l'aide d'un fouet, mélanger les jaunes d'œufs et le sucre. Verser petit à petit la préparation à la crème bouillante sur le mélange aux jaunes d'œufs en fouettant. Verser la préparation dans la casserole et cuire à feu moyen-doux, en brassant sans arrêt à l'aide d'une cuillère de

bois, de 3 à 5 minutes ou jusqu'à ce que la sauce ait épaissi (ne pas faire bouillir). Retirer la casserole du feu. Ajouter le chocolat et brasser jusqu'à ce qu'il ait fondu.

12. Verser la sauce dans un bol. Couvrir directement la surface d'une pellicule de plastique. Réfrigérer jusqu'à ce que la sauce ait refroidi. (Vous pouvez préparer la sauce à l'avance et la couvrir. Elle se conservera jusqu'à 2 jours au réfrigérateur.)

Préparation de la crème anglaise

13. Dans une casserole à fond épais, mélanger la crème et le lait. Chauffer à feu moyen-doux, en brassant de temps à autre, de 5 à 8 minutes ou jusqu'à ce que des bulles se forment sur les parois de la casserole. Retirer du feu.

14. Dans un bol, à l'aide d'un fouet, mélanger les jaunes d'œufs et le sucre. Verser petit à petit la préparation à la crème bouillante, 1/4 de tasse (60 ml) à la fois, sur le mélange aux jaunes d'œufs en fouettant. Verser la préparation dans la casserole et cuire à feu moyen-doux, en brassant sans arrêt à l'aide d'une cuillère de bois, de 10 à 15 minutes ou jusqu'à ce qu'elle ait épaissi (ne pas faire bouillir).

15. Verser la crème anglaise dans un bol. Couvrir directement la surface d'une pellicule de plastique. Réfrigérer jusqu'à ce que la crème ait refroidi. (Vous pouvez préparer la crème anglaise à l'avance et la couvrir. Elle se conservera jusqu'à 2 jours au réfrigérateur.)

16. Retirer le gâteau du réfrigérateur environ 30 minutes avant de servir. À l'aide d'un couteau bien aiguisé, couper le gâteau en tranches. Étendre un peu de crème anglaise dans chaque assiette. Déposer une tranche de gâteau sur la crème anglaise, puis napper de sauce cappuccino.

Gâteau au chocolat, aux pacanes et au caramel

16 PORTIONS

🕐 **Préparation :** 35 minutes
🕐 **Cuisson :** 25 minutes
◼ **Coût :** moyen ◼ **Calories :** 530/portion
◼ **Protéines :** 6 g/portion
◼ **Matières grasses :** 29 g/portion
◼ **Glucides :** 68 g/portion
◼ **Fibres :** 3 g/portion

GÂTEAU AU CHOCOLAT

2 t	farine	500 ml
1 1/2 t	sucre	375 ml
1/2 t	poudre de cacao non sucrée	125 ml
1 c. à thé	sel	5 ml
1 c. à thé	bicarbonate de sodium	5 ml
1/2 c. à thé	poudre à pâte	2 ml
1 t	babeurre	250 ml
1/2 t	graisse végétale ramollie	125 ml
1/4 t	beurre ramolli	60 ml
1/2 t	eau	125 ml
2	œufs	2
1 1/2 c. à thé	vanille	7 ml

GARNITURE AU CARAMEL, AUX PACANES ET AU CHOCOLAT

1 1/2 t	sucre	375 ml
1/2 t	crème à 35 %	125 ml
1/3 t	lait condensé (de type Eagle Brand)	80 ml
2 t	pacanes hachées grossièrement	500 ml
1 t	chocolat mi-amer, haché grossièrement	250 ml

Préparation du gâteau au chocolat

1. Dans un grand bol, à l'aide d'un fouet, mélanger la farine, le sucre, la poudre de cacao, le sel, le bicarbonate de sodium et la poudre à pâte. Ajouter le babeurre, la graisse végétale, le beurre, l'eau, les œufs et la vanille et, à l'aide d'un batteur électrique, battre à faible vitesse jusqu'à ce que les ingrédients soient mélangés. Augmenter à vitesse moyenne et battre pendant environ 3 minutes ou jusqu'à ce que la pâte soit lisse et crémeuse (racler les parois du bol de temps à autre).

2. Graisser deux moules à gâteau ronds de 9 po (23 cm) de diamètre et tapisser le fond de papier ciré. Graisser le papier ciré et le fariner légèrement. À l'aide d'une spatule, verser la pâte dans les moules (lisser le dessus de la pâte).

3. Cuire au four préchauffé à 350°F (180°C) pendant 25 minutes ou jusqu'à ce qu'un cure-dents inséré au centre des gâteaux en ressorte propre. Mettre les moules sur une grille et les laisser refroidir pendant 10 minutes. Démouler les gâteaux sur la grille et retirer le papier ciré. Retourner les gâteaux et les laisser refroidir complètement. (Vous pouvez préparer les gâteaux à l'avance, les laisser refroidir et les envelopper d'une pellicule de plastique. Ils se conserveront jusqu'à 2 jours à la température ambiante ou jusqu'à 2 mois au congélateur.)

Préparation de la garniture au chocolat, aux pacanes et au caramel

4. Entre-temps, dans une casserole moyenne à fond épais (ne pas utiliser une casserole trop petite), faire fondre le sucre à feu moyen. Cuire, sans brasser, pendant environ 5 minutes ou jusqu'à ce que le sucre ait entièrement fondu et soit légèrement caramélisé (s'il reste quelques cristaux de sucre non fondus, vous pouvez secouer un peu la casserole en cours de cuisson ou brasser très délicatement à l'aide d'une cuillère de bois en fin de cuisson). Retirer la casserole du feu.

5. Verser la crème petit à petit en brassant délicatement à l'aide d'une cuillère de bois (attention aux éclaboussures quand vous commencez à verser la crème). La préparation peut devenir granuleuse. Chauffer à feu doux de 2 à 3 minutes ou jusqu'à ce que la préparation soit homogène. Verser dans un bol de verre ou de métal. Ajouter le lait condensé et mélanger. Laisser refroidir la sauce au caramel à la température ambiante. (Vous pouvez préparer la sauce au caramel à l'avance, la laisser refroidir et la couvrir. Elle se conservera jusqu'au lendemain au réfrigérateur. Laisser revenir à la température ambiante avant d'assembler le gâteau.)

Assemblage du gâteau

6. Mettre l'un des gâteaux refroidis dans une assiette de service. Verser la moitié de la sauce au caramel sur le dessus du gâteau. Parsemer de la moitié des pacanes et de la moitié du chocolat haché, en laissant une bordure de 1/4 po (5 mm) sur le pourtour du gâteau. Couvrir de l'autre gâteau. Ajouter le reste des pacanes et du chocolat au reste de la sauce au caramel et mélanger. Étendre le mélange au caramel sur le dessus du gâteau. (Pour faciliter le découpage du gâteau refroidi et du caramel durci, utiliser un couteau dentelé vaporisé d'un enduit végétal antiadhésif de type Pam.)

Gâteau aux bananes et au chocolat

10 PORTIONS

🕐 **Préparation :** 15 minutes
🕐 **Cuisson :** 50 à 60 minutes
■ **Coût :** moyen ■ **Calories :** 583/portion
■ **Protéines :** 8 g/portion
■ **Matières grasses :** 25 g/portion
■ **Glucides :** 88 g/portion
■ **Fibres :** 4 g/portion

3/4 t	beurre ramolli	180 ml
2 t	sucre	500 ml
2	œufs	2
3/4 t	crème sure ou yogourt nature	180 ml
3	bananes très mûres	3
1/2 t	lait	125 ml
1 c. à thé	vanille	5 ml
2 3/4 t	farine	680 ml
1/2 t	poudre de cacao	125 ml
1 c. à tab	poudre à pâte	15 ml
1 c. à thé	bicarbonate de sodium	5 ml
1/2 c. à thé	sel	2 ml
1 t	brisures de chocolat mi-sucré	250 ml

1. Dans un grand bol, à l'aide d'un batteur électrique, battre le beurre et le sucre jusqu'à ce que le mélange soit léger et gonflé. Ajouter les œufs, un à un, en battant bien après chaque addition. Ajouter la crème sure en battant. Dans un autre bol, à l'aide d'une fourchette, écraser les bananes. Ajouter le lait et la vanille et mélanger.

2. Dans un troisième bol, à l'aide d'un fouet, mélanger la farine, la poudre de cacao, la poudre à pâte, le bicarbonate de sodium et le sel. Incorporer les ingrédients secs à la préparation au beurre en trois fois, en alternant deux fois avec le mélange de bananes. Ajouter les brisures de chocolat et mélanger. À l'aide d'une spatule, verser la pâte dans un moule à cheminée (de type Bundt) de 10 po (25 cm) de diamètre, graissé et saupoudré de sucre. Lisser le dessus.

3. Cuire au centre du four préchauffé à 350°F (180°C) de 50 à 60 minutes ou jusqu'à ce qu'un cure-dents inséré au centre du gâteau en ressorte propre. Déposer le moule sur une grille et laisser refroidir pendant 10 minutes. Démouler le gâteau sur la grille et laisser refroidir complètement.

Gâteau-pouding au chocolat

8 PORTIONS

🕐 **Préparation :** 20 minutes
🕐 **Cuisson :** 25 minutes
■ **Coût :** moyen ■ **Calories :** 240/portion
■ **Protéines :** 3 g/portion
■ **Matières grasses :** 1 g/portion
■ **Glucides :** 50 g/portion
■ **Fibres :** 2 g/portion

1 t	farine	250 ml
1 t	sucre	250 ml
1/2 t	poudre de cacao non sucrée	125 ml
2 c. à thé	poudre à pâte	10 ml
1/2 c. à thé	bicarbonate de sodium	2 ml
1/4 c. à thé	gingembre moulu	1 ml
1/4 c. à thé	sel	1 ml
1/2 t	lait	125 ml
1/4 t	huile végétale	60 ml
1 c. à thé	vanille	5 ml
1/2 t	cassonade tassée	125 ml
1 1/2 t	eau bouillante	375 ml
	crème fouettée et gingembre confit, haché (facultatif)	

1. Dans un bol, mélanger la farine, 3/4 de tasse (180 ml) du sucre, 1/4 de tasse (60 ml) de la poudre de cacao, la poudre à pâte, le bicarbonate de sodium, le gingembre et le sel. Ajouter le lait, l'huile et la vanille et mélanger jusqu'à ce que la préparation forme une pâte épaisse. À l'aide d'une spatule, étendre la pâte dans un moule rond de 9 po (23 cm) de diamètre ou un moule ovale d'une capacité de 5 1/2 tasses (1,375 L), graissé.

2. Parsemer la pâte du reste du sucre et de la poudre de cacao et de la cassonade. Verser l'eau bouillante sur la pâte. Cuire au four préchauffé à 350°F (180°C) pendant 25 minutes ou jusqu'à ce que le gâteau ait pris sur le pourtour, mais soit encore mou et légèrement bouillonnant sur le dessus. Mettre le moule sur une grille et laisser refroidir le pouding pendant au moins 10 minutes. Servir chaud ou à la température ambiante, accompagné de crème fouettée et de gingembre confit, si désiré.

Carrés au caramel et au chocolat

DONNE ENVIRON 16 CARRÉS

🕐 **Préparation :** 20 minutes
🕐 **Cuisson :** 35 minutes
■ **Coût :** élevé ■ **Calories :** 236/carré
■ **Protéines :** 2 g/carré
■ **Matières grasses :** 15 g/carré
■ **Glucides :** 26 g/carré
■ **Fibres :** 1 g/carré

1	rouleau de chocolats au caramel (de type Rolo) (52 g) ou	1
1	tablette de chocolat au caramel (de type Caramilk) (52 g)	1
4 oz	chocolat mi-amer ou mi-sucré, haché	125 g
2 oz	chocolat non sucré, haché	60 g
1/2 t	beurre coupé en dés	125 ml
1 t	sucre	250 ml
1 c. à thé	vanille	5 ml
2	œufs	2
3/4 t	farine	180 ml
1/2 t	pacanes grillées, hachées	125 ml
1/4 c. à thé	poudre à pâte	1 ml
1	pincée de sel	1
2 c. à tab	sauce au caramel (de type butterscotch)	30 ml

1. Couper chaque morceau de chocolat au caramel en quatre. Réserver.

2. Dans une casserole à fond épais, faire fondre les chocolats mi-amer et non sucré et le beurre à feu doux, en brassant. Retirer la casserole du feu et laisser refroidir légèrement. À l'aide d'un fouet, incorporer le sucre et la vanille. Ajouter les œufs, un à un, et fouetter jusqu'à ce que la préparation soit brillante.

3. Dans un bol, mélanger la farine, la moitié des pacanes, la poudre à pâte et le sel. Incorporer délicatement ce mélange à la préparation au chocolat et mélanger jusqu'à ce que les ingrédients soient mélangés, sans plus.

4. Tapisser un moule à gâteau carré de 8 po (20 cm) de côté de papier d'aluminium, en laissant dépasser un excédent sur les côtés. Graisser le papier d'aluminium. À l'aide d'une spatule, étendre la pâte dans le moule. Arroser de la moitié de la sauce au caramel. Parsemer du reste des pacanes et des morceaux de chocolat au caramel réservés, en les pressant légèrement dans la pâte. Arroser du reste de la sauce au caramel.

5. Cuire au four préchauffé à 350°F (180°C) pendant 35 minutes ou jusqu'à ce qu'un cure-dents inséré au centre du gâteau en ressorte propre. Mettre le moule sur une grille et laisser refroidir. En soulevant le papier d'aluminium, démouler le gâteau. Couper en carrés. (Vous pouvez préparer les carrés au caramel et au chocolat à l'avance et les envelopper de papier d'aluminium. Ils se conserveront jusqu'à 5 jours à la température ambiante et jusqu'à 1 mois au congélateur dans un contenant hermétique.)

Biscotti au chocolat

**DONNE ENVIRON 2 1/2 DOUZAINES
DE BISCOTTI**

🕐 **Préparation :** 30 minutes
🕐 **Cuisson :** 35 à 40 minutes
■ **Coût :** moyen ■ **Calories :** 85/biscotti
■ **Protéines :** 1 g/biscotti
■ **Matières grasses :** 2 g/biscotti
■ **Glucides :** 15 g/biscotti
■ **Fibres :** 1 g/biscotti

1/3 t	amandes effilées, hachées	80 ml
2 c. à tab	huile végétale	30 ml
2 t	farine	500 ml
1 3/4 c. à thé	poudre à pâte	9 ml
1/4 c. à thé	sel	1 ml
3/4 t	sucre	180 ml
2 c. à tab	sirop de maïs	30 ml
2	gros blancs d'œufs	2
2 c. à thé	vanille	10 ml
1/2 c. à thé	essence d'amande	2 ml
1/2 t	chocolat mi-amer, haché grossièrement	125 ml

1. Dans une petite casserole, mélanger les amandes et l'huile. Cuire à feu moyen-vif, en brassant sans arrêt, de 1 à 2 minutes ou jusqu'à ce que les amandes soient dorées. Mettre les amandes dans un petit bol et laisser refroidir.

2. Dans un bol, à l'aide d'un fouet, mélanger la farine, la poudre à pâte et le sel. Dans un grand bol, à l'aide d'un batteur électrique, mélanger les amandes refroidies, le sucre et le sirop de maïs. Incorporer les blancs d'œufs, la vanille et l'essence d'amande en battant. Ajouter la moitié des ingrédients secs et mélanger en battant à faible vitesse. Ajouter le chocolat et le reste des ingrédients secs et mélanger jusqu'à ce que la préparation soit homogène, sans plus (ne pas trop mélanger ; la pâte doit rester grumeleuse).

3. Diviser la pâte en deux. Avec les mains légèrement huilées, façonner chaque portion de pâte en un rouleau lisse d'environ 2 po (5 cm) de diamètre x 10 po (25 cm) de longueur. Déposer les rouleaux sur une plaque de cuisson légèrement huilée ou vaporisée d'un enduit végétal antiadhésif (de type Pam), en laissant un espace d'au moins 5 po (13 cm) entre chacun. Aplatir légèrement le dessus des rouleaux.

4. Cuire au four préchauffé à 350°F (180°C) de 20 à 25 minutes ou jusqu'à ce que les rouleaux de pâte soient légèrement dorés et craquelés sur le dessus. Mettre la plaque de cuisson sur une grille et laisser refroidir les rouleaux jusqu'à ce qu'ils soient encore légèrement chauds. Mettre les rouleaux sur une planche à découper. À l'aide d'un couteau bien aiguisé, couper les rouleaux sur le biais en tranches d'environ 3/8 po (9 mm) d'épaisseur. Mettre les biscotti à plat sur la plaque de cuisson.

5. Cuire pendant environ 6 minutes ou jusqu'à ce que la base des biscotti commence à dorer. À l'aide d'une spatule, retourner les biscotti et poursuivre la cuisson de 6 à 9 minutes (les biscotti seront plus croustillants s'ils cuisent plus longtemps). Déposer les biscotti sur une grille et laisser refroidir complètement. (Vous pouvez préparer les biscotti à l'avance, les laisser refroidir et les mettre dans un contenant hermétique. Ils se conserveront jusqu'à 2 semaines à la température ambiante et jusqu'à 2 mois au congélateur.)

Semaine de **relâche**

Fajitas au bifteck et à l'oignon

8 PORTIONS

⏱ **Préparation :** 20 minutes
⏱ **Cuisson :** 7 à 8 minutes
■ **Coût :** moyen ■ **Calories :** 619/portion
■ **Protéines :** 22 g/portion
■ **Matières grasses :** 31 g/portion
■ **Glucides :** 76 g/portion
■ **Fibres :** 3 g/portion

1 c. à tab	moutarde de Dijon	15 ml
1/4 t	jus de lime fraîchement pressé	60 ml
1 c. à thé	assaisonnement au chili	5 ml
3/4 c. à thé	sel	4 ml
1/2 c. à thé	cumin moulu	2 ml
1/4 c. à thé	piment de Cayenne	1 ml
3/4 t	huile d'olive	180 ml
1	bifteck de surlonge désossé d'environ 3/4 po (2 cm) d'épaisseur (environ 1 1/2 lb/750 g)	1
1	grosse laitue romaine, déchiquetée	1
1	gros oignon doux (de type Vidalia ou espagnol), coupé en petits quartiers, puis défait en morceaux	1
1	gros avocat, dénoyauté, pelé et coupé en tranches	1
3/4 t	poivrons rouges grillés (piments doux rôtis) en pot, égouttés et coupés en lanières	180 ml
16	tortillas de farine blanche de 8 po (20 cm) de diamètre, chaudes	16
1/2 t	salsa du commerce	125 ml
1/2 t	crème sure légère	125 ml

1. Dans un bol, à l'aide d'un fouet, mélanger la moutarde de Dijon, le jus de lime, l'assaisonnement au chili, le sel, le cumin et le piment de Cayenne. Ajouter petit à petit l'huile en fouettant jusqu'à ce que la vinaigrette ait épaissi. (Vous pouvez préparer la vinaigrette à l'avance et la couvrir. Elle se conservera jusqu'à 2 jours au réfrigérateur.)

2. À l'aide d'un pinceau, badigeonner chaque côté du bifteck de 2 cuillerées à table (30 ml) de la vinaigrette. Mettre le bifteck sur une plaque de cuisson et cuire sous le gril préchauffé du four pendant 4 minutes. Retourner le bifteck et poursuivre la cuisson de 3 à 4 minutes pour une viande mi-saignante ou jusqu'au degré de cuisson désiré. Mettre le bifteck dans un plat de service et le couvrir de papier d'aluminium, sans serrer. Laisser reposer pendant 10 minutes. À l'aide d'un couteau bien aiguisé, couper le bifteck en tranches fines dans le sens contraire des fibres de la viande. Dans un grand bol, mélanger la laitue romaine, l'oignon, l'avocat, les poivrons rouges grillés, les tranches de bifteck et le reste de la vinaigrette.

3. Au moment de servir, à l'aide d'une cuillère, mettre 1/2 tasse (125 ml) de la garniture au bifteck au centre de chacune des tortillas chaudes. Garnir de la salsa et de la crème sure. Plier les tortillas en deux et servir.

Bouchées de poulet au sésame

Toute la famille appréciera ces belles bouchées de poulet sauté, qui peuvent être accompagnées d'un riz vapeur.

4 PORTIONS

🕐 **Préparation :** 15 minutes
🕐 **Cuisson :** 11 à 15 minutes
■ **Coût :** moyen ■ **Calories :** 257/portion
■ **Protéines :** 26 g/portion
■ **Matières grasses :** 13 g/portion
■ **Glucides :** 8 g/portion
■ **Fibres :** 2 g/portion

1 lb	poitrines de poulet désossées, la peau et le gras enlevés, coupées en cubes de 1 po (2,5 cm)	500 g
1/4 t	graines de sésame grillées	60 ml
2 c. à tab	huile végétale	30 ml
1/2 t	poivron vert épépiné et haché	125 ml
1/2 t	poivron rouge épépiné et haché	125 ml
1/3 t	sauce teriyaki	80 ml
2 c. à thé	gingembre frais, pelé et haché finement	10 ml
1	gousse d'ail hachée	1
1 c. à tab	jus de citron fraîchement pressé	15 ml
2	oignons verts coupés en tranches fines	2

1. Dans un sac de plastique résistant (de type Ziploc), mettre les cubes de poulet et les graines de sésame. Fermer le sac hermétiquement et l'agiter pour bien enrober les cubes de poulet. Dans un grand poêlon à surface antiadhésive, chauffer 1 cuillerée à table (15 ml) de l'huile à feu moyen. Ajouter les poivrons vert et rouge et cuire, en brassant, de 3 à 5 minutes ou jusqu'à ce qu'ils aient légèrement ramolli. Retirer les poivrons du poêlon et les mettre dans un bol à l'épreuve de la chaleur. Réserver au chaud.

2. Dans le poêlon, chauffer le reste de l'huile à feu moyen-vif. Ajouter les cubes de poulet et cuire, en brassant, de 8 à 10 minutes ou jusqu'à ce qu'ils soient dorés et aient perdu leur teinte rosée à l'intérieur. Retirer les cubes de poulet du poêlon et les mettre dans le bol contenant les poivrons. Réserver au chaud. Dans le poêlon, ajouter la sauce teriyaki, le gingembre et l'ail. Porter à ébullition et cuire, en brassant, jusqu'à ce que la sauce ait légèrement épaissi. Remettre les cubes de poulet et les poivrons réservés dans le poêlon et mélanger pour bien les enrober de la sauce. Au moment de servir, arroser du jus de citron et parsemer des oignons verts.

Coup de pouce

Parfum de sésame grillé

On trouve les graines de sésame grillées dans les magasins d'aliments naturels. Sinon, on peut les faire griller dans un poêlon à feu moyen, en brassant sans arrêt, de 3 à 5 minutes ou jusqu'à ce qu'elles soient dorées et dégagent leur arôme.

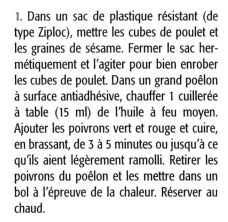

Sauté de poulet à l'orange et aux courgettes

Un délice de saison à servir sur du couscous ou du riz.

4 PORTIONS

🕐 **Préparation :** 15 minutes
🕐 **Cuisson :** 15 minutes
■ **Coût :** moyen ■ **Calories :** 248/portion
■ **Protéines :** 30 g/portion
■ **Matières grasses :** 9 g/portion
■ **Glucides :** 18 g/portion
■ **Fibres :** 3 g/portion

1/2 t	jus d'orange fraîchement pressé	125 ml
1/2 t	bouillon de poulet	125 ml
3 c. à tab	sauce soja	45 ml
1 c. à tab	fécule de maïs	15 ml
2 c. à thé	sucre	10 ml
1 c. à thé	moutarde de Dijon	5 ml
1/2 c. à thé	flocons de piment fort	2 ml
1 c. à tab	huile végétale	15 ml
1 lb	hauts de cuisse de poulet désossés, la peau et le gras enlevés, coupés en lanières de 1/2 po (1 cm) de largeur	500 g
3	branches de céleri coupées en julienne	3
1	courgette jaune coupée en julienne	1
2	courgettes vertes coupées en julienne	2
2 c. à tab	eau	30 ml
1	poivron rouge épépiné et coupé en fines lanières	1

1. Dans un petit bol, à l'aide d'un fouet, mélanger le jus d'orange, le bouillon de poulet, la sauce soja, la fécule de maïs, le sucre, la moutarde de Dijon et les flocons de piment fort. Réserver. Dans un grand poêlon, chauffer l'huile à feu vif. Ajouter le poulet et cuire, en brassant, pendant 4 minutes ou jusqu'à ce qu'il ait perdu sa teinte rosée à l'intérieur. À l'aide d'une écumoire, retirer le poulet du poêlon et le mettre dans une assiette. Réserver.

2. Dans le poêlon, ajouter le céleri et cuire à feu moyen-vif, en brassant, pendant 1 minute. Ajouter les courgettes jaune et verte et l'eau. Cuire, en brassant, pendant environ 6 minutes ou jusqu'à ce que les légumes aient ramolli. Ajouter le poulet réservé et le poivron rouge et cuire, en brassant, pendant 2 minutes. Ajouter la sauce à l'orange réservée et poursuivre la cuisson, en brassant, pendant environ 2 minutes ou jusqu'à ce qu'elle ait légèrement épaissi.

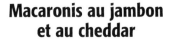

Macaronis au jambon et au cheddar

4 PORTIONS

⏱ **Préparation :** 10 minutes
⏱ **Cuisson :** 7 à 10 minutes
■ **Coût :** faible ■ **Calories :** 672/portion
■ **Protéines :** 36 g/portion
■ **Matières grasses :** 29 g/portion
■ **Glucides :** 77 g/portion
■ **Fibres :** 4 g/portion

12 oz	macaronis	375 g
1	petit brocoli, défait en bouquets (environ 2 tasses/500 ml)	1
2 c. à tab	huile d'olive	30 ml
1	oignon haché	1
6 oz	jambon fumé, coupé en dés	180 g
2	gousses d'ail hachées finement	2
1/2 c. à thé	sel	2 ml
1/8 c. à thé	poivre noir	0,5 ml
2 t	cheddar fort râpé	500 ml

1. Dans une grande casserole d'eau bouillante salée, cuire les pâtes de 7 à 10 minutes ou jusqu'à ce qu'elles soient al dente. Ajouter le brocoli 2 minutes avant la fin de la cuisson.

2. Entre-temps, dans un grand poêlon à surface antiadhésive, chauffer l'huile à feu moyen-vif. Ajouter l'oignon et le jambon et cuire, en brassant, pendant environ 2 minutes ou jusqu'à ce que l'oignon ait ramolli. Ajouter l'ail, le sel et le poivre et mélanger.

3. Égoutter les pâtes et le brocoli en réservant 1/4 de tasse (60 ml) du liquide de cuisson. Dans un grand bol de service, mettre les pâtes, le brocoli, la préparation au jambon et le cheddar et mélanger pour bien enrober tous les ingrédients. Ajouter 3 cuillerées à table (45 ml) de l'eau de cuisson réservée, au besoin. Servir aussitôt.

Pâtes au saumon et aux petits pois

4 PORTIONS

🕐 **Préparation :** 20 minutes
🕐 **Cuisson :** 8 à 10 minutes
■ **Coût :** moyen ■ **Calories :** 646/portion
■ **Protéines :** 35 g/portion
■ **Matières grasses :** 13 g/portion
■ **Glucides :** 100 g/portion
■ **Fibres :** 7 g/portion

16 oz	farfalle ou autres pâtes courtes	500 g
1 c. à thé	huile végétale	5 ml
2	oignons verts hachés	2
2	gousses d'ail hachées finement	2
1 2/3 t	lait	410 ml
2 c. à tab	fécule de maïs	30 ml
2 c. à tab	eau	30 ml
1 t	petits pois surgelés	250 ml
1/2 t	fromage à la crème léger, coupé en cubes	125 ml
2 c. à tab	persil frais, haché	30 ml
2 c. à tab	jus de citron fraîchement pressé	30 ml
1 c. à tab	moutarde de Dijon	15 ml
1 c. à thé	aneth séché	5 ml
1/4 c. à thé	sel	1 ml
1/4 c. à thé	poivre noir du moulin	1 ml
1	boîte de saumon, égoutté et défait en morceaux (7,5 oz/213 g)	1

1. Dans une grande casserole d'eau bouillante salée, cuire les pâtes de 8 à 10 minutes ou jusqu'à ce qu'elles soient al dente. Égoutter les pâtes en réservant 1/2 tasse (125 ml) du liquide de cuisson. Remettre les pâtes dans la casserole. Réserver.

2. Entre-temps, dans une casserole, chauffer l'huile à feu moyen. Ajouter les oignons verts et l'ail et cuire pendant environ 2 minutes ou jusqu'à ce que les oignons verts aient ramolli. Ajouter le lait et cuire jusqu'à ce qu'il soit fumant. Dans un petit bol, à l'aide d'un fouet, mélanger la fécule de maïs et l'eau. Ajouter le mélange de fécule à la préparation au lait et cuire, en brassant sans arrêt, de 2 à 3 minutes ou jusqu'à ce que la sauce ait épaissi.

3. Ajouter les petits pois, le fromage à la crème, le persil, le jus de citron, la moutarde de Dijon, l'aneth, le sel et le poivre et poursuivre la cuisson, en brassant, pendant environ 2 minutes ou jusqu'à ce que le fromage ait fondu et que la sauce soit homogène. Ajouter la sauce aux petits pois aux pâtes réservées et mélanger délicatement pour bien les enrober (ajouter le liquide de cuisson réservé, si désiré). Ajouter le saumon et mélanger délicatement.

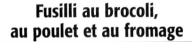

Fusilli au brocoli, au poulet et au fromage

**DONNE ENVIRON
10 TASSES (2,5 L) DE PÂTES**

⏱ **Préparation :** 10 minutes
⏱ **Cuisson :** 25 minutes
■ **Coût :** moyen
■ **Calories :** 289/portion
de 1 tasse (250 ml)
■ **Protéines :** 23 g/portion
■ **Matières grasses :** 9 g/portion
de 1 tasse (250 ml)
■ **Glucides :** 32 g/portion
■ **Fibres :** 1 g/portion

2 c. à tab	beurre	30 ml
2 c. à tab	farine	30 ml
3/4 c. à thé	sel	4 ml
2 t	lait à 1 %	500 ml
1 t	cheddar râpé	250 ml
1/2 c. à thé	paprika moulu	2 ml
1/8 c. à thé	piment de Cayenne	0,5 ml
1/8 c. à thé	muscade moulue	0,5 ml
1 lb	poitrines de poulet désossées, la peau et le gras enlevés	500 g
1/4 c. à thé	poivre	1 ml
2	poivrons rouges épépinés, coupés en deux	2
1 c. à tab	huile d'olive	15 ml
12 oz	fusilli ou autres pâtes courtes	375 g
1 t	brocoli défait en bouquets	250 ml

1. Dans une casserole, faire fondre le beurre à feu moyen. À l'aide d'un fouet, ajouter la farine et 1/2 cuillerée à thé (2 ml) du sel. Cuire, en fouettant de temps à autre, pendant 3 minutes ou jusqu'à ce que le mélange soit légèrement doré. Ajouter petit à petit le lait en fouettant jusqu'à ce que la préparation soit lisse. Cuire de 3 à 4 minutes ou jusqu'à ce que la sauce ait épaissi. Ajouter le cheddar, le paprika, le piment de Cayenne et la muscade et mélanger. Cuire pendant 2 minutes ou jusqu'à ce que le fromage ait fondu. Retirer la casserole du feu. Réserver.

2. Parsemer les poitrines de poulet du reste du sel et du poivre. Mettre le poulet et les poivrons rouges, le côté coupé en dessous, sur une plaque de cuisson et les badigeonner de l'huile. Mettre la plaque de cuisson sous le gril préchauffé du four, à environ 5 à 6 po (13 à 15 cm) de la source de chaleur. Cuire le poulet pendant 4 minutes de chaque côté ou jusqu'à ce qu'il ait perdu sa teinte rosée à l'intérieur. Cuire les poivrons pendant environ 3 minutes ou jusqu'à ce qu'ils aient noirci. Retourner les poivrons et poursuivre la cuisson pendant 2 minutes.

Mettre les poivrons dans un sac de plastique refermable (de type Ziploc) ou dans un pot hermétique, fermer hermétiquement et laisser refroidir jusqu'à ce qu'ils puissent être manipulés.

3. Dans une grande casserole d'eau bouillante salée, cuire les pâtes de 7 à 10 minutes ou jusqu'à ce qu'elles soient al dente. Environ 5 minutes avant la fin de la cuisson, ajouter le brocoli et cuire jusqu'à ce qu'il soit tendre mais encore croquant.

4. Entre-temps, couper le poulet en cubes de 1 po (2,5 cm). Peler les poivrons et les couper en lanières de 1/4 po (5 mm) de largeur. Ajouter le poulet et les poivrons avec le jus de cuisson accumulé à la sauce au fromage réservée. Cuire à feu doux pendant 1 minute ou jusqu'à ce que la sauce soit chaude.

5. Égoutter les pâtes et le brocoli et les remettre dans la casserole. Ajouter la sauce au fromage et mélanger pour bien enrober tous les ingrédients. Servir aussitôt.

Muffins aux pommes et aux dattes

DONNE 12 MUFFINS

🕐 **Préparation :** 15 minutes
🕐 **Cuisson :** 15 à 20 minutes
■ **Coût :** moyen ■ **Calories :** 160/muffin
■ **Protéines :** 4 g/muffin
■ **Matières grasses :** 5 g/muffin
■ **Glucides :** 29 g/muffin
■ **Fibres :** 5 g/muffin

1/4 t	noix de Grenoble hachées	60 ml
1 1/2 t	farine de blé entier	375 ml
2/3 t	céréales de son (de type Bran Buds ou All-Bran)	160 ml
1 c. à thé	bicarbonate de sodium	5 ml
1/2 c. à thé	cannelle moulue	2 ml
1/2 c. à thé	sel	2 ml
1/2 t	dattes hachées	125 ml
1	gros œuf, battu légèrement	1
1 3/4 t	compote de pommes lisse, non sucrée	430 ml
1/3 t	cassonade tassée	80 ml
2 c. à tab	huile de canola	30 ml

1. Étendre les noix de Grenoble sur une plaque de cuisson et cuire au four préchauffé à 425°F (220°C) de 3 à 5 minutes ou jusqu'à ce qu'elles dégagent leur arôme. Laisser refroidir.

2. Dans un grand bol, à l'aide d'un fouet, mélanger la farine, les céréales de son, le bicarbonate de sodium, la cannelle et le sel. Ajouter les dattes et les noix de Grenoble grillées et mélanger.

3. Dans un bol, à l'aide d'un fouet, mélanger l'œuf, la compote de pommes, la cassonade et l'huile jusqu'à ce que la préparation soit lisse. Faire un puits au centre des ingrédients secs, ajouter les ingrédients liquides et mélanger jusqu'à ce que la préparation soit humide, sans plus (ne pas trop mélanger).

4. À l'aide d'une cuillère, répartir la pâte dans 12 moules à muffins vaporisés d'un enduit végétal antiadhésif (de type Pam). Cuire au four préchauffé à 425°F (220°C) de 12 à 15 minutes ou jusqu'à ce que le dessus des muffins reprenne sa forme sous une légère pression du doigt. Passer la lame d'un couteau sur le pourtour des muffins pour les détacher du moule. Démouler les muffins sur une grille et les laisser refroidir.

Barres granola au micro-ondes

DONNE 12 BARRES

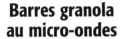 **Préparation :** 5 minutes
Cuisson : 5 à 6 minutes
■ **Coût :** moyen ■ **Calories :** 184 g/barre
■ **Protéines :** 3 g/barre
■ **Matières grasses :** 10 g/barre
■ **Glucides :** 21 g/barre
■ **Fibres :** 2 g/barre

1/4 t	beurre	60 ml
1/3 t	cassonade tassée	80 ml
1	pincée de sel	1
1	œuf légèrement battu	1
1/2 c. à thé	vanille	2 ml
3 t	granola du commerce	750 ml

1. Dans un grand bol allant au micro-ondes, faire fondre le beurre au micro-ondes, à intensité maximum. Ajouter la cassonade et mélanger jusqu'à ce qu'elle soit dissoute. Ajouter le sel, l'œuf et la vanille et mélanger jusqu'à ce que la préparation soit lisse. Ajouter le granola et mélanger pour bien l'enrober. Presser la préparation au granola dans un plat en verre carré de 8 po (20 cm) de côté, graissé.

2. Cuire au micro-ondes, à intensité maximum, de 4 à 6 minutes ou jusqu'à ce que la préparation soit ferme sur les côtés. Laisser refroidir complètement. À l'aide d'un couteau bien aiguisé, couper en barres. (Vous pouvez préparer les barres à l'avance et les mettre dans un contenant hermétique. Elles se conserveront jusqu'à 3 jours à la température ambiante et jusqu'à 1 mois au congélateur.)

Biscuits à l'avoine, au chocolat et aux pacanes

DONNE ENVIRON 36 BISCUITS

🕐 **Préparation :** 15 minutes
🕐 **Cuisson :** 10 minutes
■ **Coût :** moyen ■ **Calories :** 117/biscuit
■ **Protéines :** 1 g/biscuit
■ **Matières grasses :** 6 g/biscuit
■ **Glucides :** 15 g/biscuit
■ **Fibres :** 1 g/biscuit

2/3 t	beurre ramolli	160 ml
1 t	cassonade tassée	250 ml
1	œuf	1
1 c. à thé	zeste d'orange râpé	5 ml
1 1/2 t	flocons d'avoine	375 ml
1 t	farine	250 ml
1/2 c. à thé	poudre à pâte	2 ml
1/2 c. à thé	bicarbonate de sodium	2 ml
1/4 c. à thé	sel	1 ml
3/4 t	brisures de chocolat mi-sucré	180 ml
1/2 t	pacanes hachées	125 ml

1. Dans un grand bol, à l'aide d'un batteur électrique, battre le beurre et la cassonade jusqu'à ce que la préparation soit gonflée. Ajouter l'œuf en battant, puis le zeste d'orange.

2. Dans un autre bol, mélanger les flocons d'avoine, la farine, la poudre à pâte, le bicarbonate de sodium et le sel. À l'aide d'une cuillère, incorporer les ingrédients secs, les brisures de chocolat et les pacanes à la préparation au beurre en battant jusqu'à ce que la pâte soit homogène (ne pas trop mélanger).

3. Laisser tomber la pâte, environ 1 cuillerée à table (15 ml) à la fois, sur des plaques à biscuits graissées ou tapissées de papier-parchemin, en laissant un espace d'environ 2 po (5 cm) entre chaque biscuit. Déposer une plaque à biscuits sur la grille supérieure du four et une autre sur la grille inférieure. Cuire au four préchauffé à 375°F (190°C) pendant 10 minutes ou jusqu'à ce que les biscuits soient dorés (intervertir les plaques à la mi-cuisson). Retirer les plaques à biscuits du four et les laisser refroidir sur des grilles pendant environ 2 minutes. À l'aide d'une spatule, déposer les biscuits sur les grilles et laisser refroidir complètement.

Biscuits genre brownies

On peut remplacer 1/2 tasse (125 ml) des mini-brisures de chocolat par 1/2 tasse (125 ml) de noix de Grenoble grillées et hachées.

DONNE ENVIRON 54 BISCUITS

🕐 **Préparation :** 25 minutes
🕐 **Repos :** 10 minutes
🕐 **Cuisson :** 16 à 18 minutes
■ **Coût :** moyen ■ **Calories :** 51/biscuit
■ **Protéines :** 1 g/biscuit
■ **Matières grasses :** 3 g/biscuit
■ **Glucides :** 6 g/biscuit ■ **Fibres :** traces

1/4 t	farine	60 ml
1/4 c. à thé	poudre à pâte	1 ml
1/8 c. à thé	sel	0,5 ml
2	œufs	2
2/3 t	sucre	160 ml
1/2 c. à tab	café noir liquide	7 ml
1 c. à thé	vanille	5 ml
2 c. à tab	beurre non salé	30 ml
5 oz	chocolat mi-amer, haché	150 g
2 oz	chocolat non sucré, haché	60 g
3/4 t	mini-brisures de chocolat	180 ml

1. Dans un petit bol, à l'aide d'un fouet, mélanger la farine, la poudre à pâte et le sel. Réserver. Dans un grand bol, à l'aide d'un batteur électrique, battre légèrement les œufs. Ajouter le sucre, le café et la vanille et battre à vitesse maximale pendant environ 10 minutes ou jusqu'à ce que la préparation ait triplé de volume.

2. Dans la partie supérieure d'un bain-marie contenant de l'eau chaude mais non bouillante, faire fondre le beurre, le chocolat mi-amer et le chocolat non sucré en brassant de temps à autre. Retirer la préparation du bain-marie et mélanger jusqu'à ce qu'elle soit lisse. Verser la préparation au chocolat sur la préparation au café et, à l'aide d'une spatule en caoutchouc, mélanger légèrement en soulevant délicatement la masse (ne pas mélanger parfaitement). Ajouter les ingrédients secs réservés et mélanger en soulevant délicatement la masse. Ajouter les mini-brisures de chocolat de la même manière. Laisser reposer la pâte à biscuits pendant 10 minutes (elle épaissira un peu).

3. Laisser tomber la pâte, environ une cuillerée à thé comble (environ 10 ml) à la fois, sur des plaques à biscuits tapissées de papier-parchemin ou légèrement beurrées, en laissant un espace d'environ 2 po (5 cm) entre chaque biscuit. Déposer une plaque à biscuits sur la grille supérieure du four et une autre sur la grille inférieure.

4. Cuire au four préchauffé à 375°F (190°C) de 8 à 9 minutes ou jusqu'à ce que les biscuits soient gonflés et craquelés (intervertir et tourner les plaques à la mi-cuisson). Retirer les plaques à biscuits du four et laisser refroidir sur des grilles pendant environ 5 minutes. À l'aide d'une spatule de métal, déposer les biscuits sur les grilles et laisser refroidir complètement. Procéder de la même manière avec le reste de la pâte à biscuits.

Gâteau aux brisures de chocolat

12 À 16 PORTIONS

- **Préparation :** 20 minutes
- **Cuisson :** 40 minutes
- **Coût :** moyen
- **Calories :** 355/portion
- **Protéines :** 5 g/portion
- **Matières grasses :** 20 g/portion
- **Glucides :** 45 g/portion
- **Fibres :** 2 g/portion

1 1/2 t	sucre	375 ml
1/2 t	beurre	125 ml
2	œufs	2
1 t	crème sure	250 ml
1 c. à thé	vanille	5 ml
2 t	farine	500 ml
1 c. à thé	poudre à pâte	5 ml
1/2 c. à thé	bicarbonate de sodium	2 ml
1/4 c. à thé	sel	1 ml
1 t	noix de Grenoble hachées	250 ml
1 t	brisures de chocolat mi-sucré (6 oz/180 g)	250 ml
1/2 t	cassonade tassée	125 ml
1 c. à thé	cannelle moulue	5 ml

1. Dans un grand bol, à l'aide d'un batteur électrique, battre 1 tasse (250 ml) du sucre avec le beurre jusqu'à ce que le mélange soit gonflé. Ajouter les œufs en battant, puis la crème sure et la vanille. Battre jusqu'à ce que la préparation soit homogène.

2. Dans un autre bol, mélanger la farine, la poudre à pâte, le bicarbonate de sodium et le sel. Incorporer les ingrédients secs au mélange de beurre en battant, jusqu'à ce que la préparation soit lisse.

3. Dans un autre bol, mélanger les noix de Grenoble, les brisures de chocolat, le reste du sucre, la cassonade et la cannelle. Réserver.

4. Verser la moitié de la pâte dans un moule à gâteau de 13 po x 9 po (33 cm x 23 cm), graissé. Couvrir de la moitié du mélange aux noix réservé, puis du reste de la pâte. Parsemer du reste du mélange aux noix réservé. Cuire au four préchauffé à 350°F (180°C) pendant environ 40 minutes ou jusqu'à ce qu'un cure-dents inséré au centre du gâteau en ressorte propre. Servir chaud.

Carrés au chocolat et aux arachides

DONNE ENVIRON 115 CARRÉS

🕐 **Préparation :** 20 minutes

🕐 **Cuisson :** 10 à 12 minutes

🕐 **Refroidissement :**
2 à 3 heures

■ **Coût :** moyen ■ **Calories :** 87/carré

■ **Protéines :** 2 g/carré

■ **Matières grasses :** 5 g/carré

■ **Glucides :** 10 g/carré

■ **Fibres :** 1 g/carré

1 t	cassonade tassée	250 ml
2/3 t	beurre	160 ml
1/4 t	sirop de maïs	60 ml
1/4 t + 2/3 t	beurre d'arachide crémeux	220 ml
1 c. à thé	vanille	5 ml
3 1/2 t	flocons d'avoine à cuisson rapide	875 ml
2 t	brisures de chocolat mi-sucré (environ 12 oz/360 g)	500 ml
1 t	brisures de caramel	250 ml
1 t	arachides non salées, hachées	250 ml

1. Dans une casserole, mélanger la cassonade, le beurre et le sirop de maïs et cuire à feu moyen-doux en brassant jusqu'à ce que le mélange soit homogène. Retirer la casserole du feu. Ajouter 1/4 de tasse (60 ml) du beurre d'arachide et la vanille et mélanger jusqu'à ce que la préparation soit lisse.

2. Mettre les flocons d'avoine dans un très grand bol. Verser la préparation au sirop de maïs sur les flocons d'avoine et mélanger délicatement pour bien les enrober. Presser uniformément la préparation aux flocons d'avoine dans le fond d'un plat allant au four de 13 po x 9 po (33 cm x 23 cm), non graissé. Cuire au four préchauffé à 375°F (190°C) de 10 à 12 minutes ou jusqu'à ce que le pourtour de la préparation soit légèrement doré. Déposer le plat sur une grille et laisser refroidir légèrement.

3. Dans la casserole, faire fondre les brisures de chocolat et de caramel à feu doux. Ajouter le reste du beurre d'arachide et mélanger jusqu'à ce que la préparation soit lisse.

4. Parsemer la moitié des arachides sur la préparation aux flocons d'avoine refroidie. Verser lentement le mélange de chocolat fondu et l'étendre uniformément. Parsemer du reste des arachides. Laisser refroidir sur la grille de 2 à 3 heures ou jusqu'à ce que le chocolat soit ferme (pour accélérer le durcissement du chocolat, laisser refroidir légèrement à la température ambiante, puis mettre le plat au réfrigérateur ou au congélateur). Couper en carrés d'environ 1 po (2,5 cm) de côté.

Brownies aux noix et au caramel

DONNE 16 BROWNIES

⏱ **Préparation :** 10 minutes

⏱ **Refroidissement :** 10 minutes

⏱ **Cuisson :** 30 minutes

■ **Coût :** moyen ■ **Calories :** 208/brownie

■ **Protéines :** 3 g/brownie

■ **Matières grasses :** 14 g/brownie

■ **Glucides :** 22 g/brownie

■ **Fibres :** 1 g/brownie

1/3 t	beurre	80 ml
4 oz	chocolat mi-amer ou mi-sucré, haché	125 g
2 oz	chocolat non sucré, haché	60 g
3/4 t	sucre	180 ml
2	œufs	2
2 c. à thé	vanille	10 ml
1/2 t	farine	125 ml
1	pincée de sel	1
1/2 t	noix de Grenoble hachées ou pacanes grillées	125 ml
1/2 t	caramel croquant (de type toffee), haché	125 ml

1. Dans une casserole, faire fondre le beurre, le chocolat mi-amer et le chocolat non sucré à feu moyen. Retirer la casserole du feu et laisser refroidir pendant 10 minutes.

2. À l'aide d'un fouet, incorporer le sucre. Incorporer les œufs un à un, en fouettant, puis ajouter la vanille. Ajouter la farine, le sel et 1/4 de tasse (60 ml) des noix de Grenoble et mélanger jusqu'à ce que la pâte soit homogène.

3. À l'aide d'une spatule, verser la pâte dans un moule en métal carré de 8 po (20 cm) de côté, graissé. Cuire au centre du four préchauffé à 350°F (180°C) de 25 à 30 minutes ou jusqu'à ce qu'un cure-dents inséré au centre du gâteau en ressorte avec quelques miettes humides (ne pas trop cuire). Parsemer uniformément le caramel croquant et le reste des noix de Grenoble sur le dessus. Déposer le moule sur une grille et laisser refroidir. À l'aide d'un couteau bien aiguisé, couper en carrés.

Brownies au chocolat blanc et à l'orange

DONNE 16 BROWNIES

⏱ **Préparation :** 10 minutes
⏱ **Refroidissement :** 10 minutes
⏱ **Cuisson :** 30 minutes
■ **Coût :** moyen ■ **Calories :** 230/brownie
■ **Protéines :** 3 g/brownie
■ **Matières grasses :** 15 g/brownie
■ **Glucides :** 27 g/brownie
■ **Fibres :** 2 g/brownie

1/3 t	beurre	80 ml
4 oz	chocolat mi-amer ou mi-sucré, haché	125 g
2 oz	chocolat non sucré, haché	60 g
3/4 t	sucre	180 ml
2	œufs	2
2 c. à thé	vanille	10 ml
1 1/2 t	brisures de chocolat blanc	375 ml
2 c. à tab	zeste d'orange râpé finement	30 ml
1/2 t	farine	125 ml
1	pincée de sel	1

1. Dans une casserole, faire fondre le beurre, le chocolat mi-amer et le chocolat non sucré à feu moyen. Retirer la casserole du feu et laisser refroidir pendant 10 minutes.

2. À l'aide d'un fouet, incorporer le sucre. Incorporer les œufs un à un, en fouettant, puis ajouter la vanille. Ajouter 1/2 tasse (125 ml) des brisures de chocolat et le zeste d'orange et mélanger. Ajouter la farine et le sel et mélanger jusqu'à ce que la pâte soit homogène.

3. À l'aide d'une spatule, verser la pâte dans un moule en métal carré de 8 po (20 cm) de côté, graissé. Cuire au centre du four préchauffé à 350°F (180°C) de 25 à 30 minutes ou jusqu'à ce qu'un cure-dents inséré au centre du gâteau en ressorte avec quelques miettes humides (ne pas trop cuire). Parsemer uniformément le reste des brisures de chocolat sur le dessus. Déposer le moule sur une grille et laisser refroidir. À l'aide d'un couteau bien aiguisé, couper en carrés.

Brownies au beurre d'arachide

DONNE 16 BROWNIES

⏱ **Préparation :** 10 minutes
⏱ **Refroidissement :** 10 minutes
⏱ **Cuisson :** 30 minutes
■ **Coût :** moyen
■ **Calories :** 236/brownie
■ **Protéines :** 3 g/brownie
■ **Matières grasses :** 16 g/brownie
■ **Glucides :** 22 g/brownie
■ **Fibres :** 2 g/brownie

1/3 t	beurre	80 ml
4 oz	chocolat mi-amer ou mi-sucré, haché	125 g
2 oz	chocolat non sucré, haché	60 g
3/4 t	sucre	180 ml
2	œufs	2
2 c. à thé	vanille	10 ml
1/4 t	beurre d'arachide crémeux ou croquant	60 ml
1/2 t	farine	125 ml
1	pincée de sel	1
1 t	brisures de beurre d'arachide	250 ml

1. Dans une casserole, faire fondre le beurre, le chocolat mi-amer et le chocolat non sucré à feu moyen. Retirer la casserole du feu et laisser refroidir pendant 10 minutes.

2. À l'aide d'un fouet, incorporer le sucre. Incorporer les œufs un à un, en fouettant, puis ajouter la vanille. Ajouter le beurre d'arachide et bien mélanger. Ajouter la farine et le sel et mélanger jusqu'à ce que la pâte soit homogène.

3. À l'aide d'une spatule, verser la pâte dans un moule en métal carré de 8 po (20 cm) de côté, graissé. Cuire au centre du four préchauffé à 350°F (180°C) de 25 à 30 minutes ou jusqu'à ce qu'un cure-dents inséré au centre du gâteau en ressorte avec quelques miettes humides (ne pas trop cuire). Parsemer uniformément les brisures de beurre d'arachide sur le dessus. Déposer le moule sur une grille et laisser refroidir. À l'aide d'un couteau bien aiguisé, couper en carrés.

Pâques

Crème d'asperges citronnée

8 PORTIONS

⏱ **Préparation :** 30 minutes
⏱ **Cuisson :** 17 minutes
■ **Coût :** moyen ■ **Calories :** 185/portion
■ **Protéines :** 4 g/portion
■ **Matières grasses :** 17 g/portion
■ **Glucides :** 7 g/portion
■ **Fibres :** 1 g/portion

MOUSSELINE AU CITRON

2 c. à tab	beurre	30 ml
1	échalote française coupée en tranches fines	1
1/4 t	vin blanc sec	60 ml
1/2 t	crème à 35 %	125 ml
1 c. à tab	jus de citron fraîchement pressé	15 ml
1/4 c. à thé	sel	1 ml
1/4 c. à thé	poivre noir du moulin	1 ml

CRÈME D'ASPERGES

3 c. à tab	beurre	45 ml
1	poireau (les parties blanche et vert pâle seulement), paré et coupé en tranches	1
8 t	bouillon de poulet (environ)	2 L
1 lb	asperges fraîches, lavées et parées	500 g
1 c. à tab	persil frais, haché	15 ml
1/4 t	crème à 35 %	60 ml
1 c. à thé	zeste de citron râpé finement	5 ml
1/4 c. à thé	sel	1 ml
1/4 c. à thé	poivre noir du moulin	1 ml

Préparation de la mousseline au citron

1. Dans une petite casserole à fond épais, faire fondre 1 cuillerée à table (15 ml) du beurre à feu moyen. Ajouter l'échalote française et cuire, en brassant souvent, pendant environ 2 minutes ou jusqu'à ce qu'elle ait ramolli. Ajouter le vin blanc. Augmenter à feu vif et cuire pendant environ 1 minute ou jusqu'à ce que le vin ait réduit de moitié. Ajouter la crème et mélanger. Réduire le feu et laisser mijoter pendant environ 5 minutes ou jusqu'à ce que la préparation ait réduit à environ 1/2 tasse (125 ml). Ajouter le jus de citron, le sel, le poivre et le reste du beurre.

2. Au robot culinaire ou au mélangeur, mélanger la préparation jusqu'à ce qu'elle soit légère et mousseuse. Réserver au chaud. (Vous pouvez préparer la mousseline au citron à l'avance et la mettre dans un contenant en verre hermétique. Elle se conservera jusqu'à 4 heures au réfrigérateur. Laisser reposer pendant 30 minutes à la température ambiante avant d'utiliser. Faire mousser de nouveau au robot culinaire ou au mélangeur avant de servir et réchauffer légèrement à feu doux.)

Préparation de la crème d'asperges

3. Dans une grande casserole, faire fondre le beurre à feu moyen-vif. Ajouter le poireau et cuire, en brassant de temps à autre, pendant environ 3 minutes ou jusqu'à ce qu'il ait ramolli. Ajouter 7 tasses (1,75 L) du bouillon de poulet, les asperges et le persil. Porter à ébullition. Réduire le feu et laisser mijoter pendant environ 6 minutes ou jusqu'à ce que les asperges soient tendres.

4. Réserver quelques pointes d'asperges pour garnir. Au robot culinaire ou au mélangeur, réduire la préparation aux asperges en purée lisse, en plusieurs fois au besoin. Dans une passoire fine placée sur un grand bol, filtrer la préparation en pressant à l'aide d'une cuillère de bois pour éliminer tous les fils. Remettre la préparation dans la casserole. (Vous pouvez préparer la crème d'asperges jusqu'à cette étape, la laisser refroidir et la mettre dans un contenant hermétique. Elle se conservera jusqu'au lendemain au réfrigérateur. Réchauffer à feu doux avant de poursuivre la recette.)

5. En brassant, ajouter petit à petit la crème et suffisamment du reste du bouillon de poulet pour obtenir la consistance désirée. Ajouter le zeste de citron, le sel et le poivre et mélanger.

6. Au moment de servir, répartir la crème d'asperges dans huit bols à soupe. À l'aide d'une cuillère, garnir chaque portion de mousseline au citron réservée et garnir des pointes d'asperges réservées.

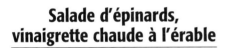

Salade d'épinards, vinaigrette chaude à l'érable

4 PORTIONS

🕐 **Préparation :** 15 minutes
🕐 **Cuisson :** 10 minutes
■ **Coût :** moyen ■ **Calories :** 130/portion
■ **Protéines :** 4 g/portion
■ **Matières grasses :** 7 g/portion
■ **Glucides :** 15 g/portion
■ **Fibres :** 2 g/portion

2 c. à tab	pacanes hachées	30 ml
1	paquet d'épinards frais, les tiges enlevées, lavés et essorés (10 oz/284 g)	1
1	concombre pelé, épépiné et coupé en tranches de 1/4 po (5 mm) d'épaisseur	1
2 c. à thé	huile d'olive	10 ml
1	échalote française hachée	1
1/4 t	vinaigre de cidre	60 ml
2 c. à tab	sirop d'érable	30 ml
1/4 t	gouda ou cheddar fumé, râpé grossièrement	60 ml
	sel et poivre noir du moulin	

1. Dans un poêlon, faire griller les pacanes à feu doux, en brassant souvent, de 2 à 3 minutes ou jusqu'à ce qu'elles dégagent leur arôme. Réserver. Dans un saladier, mélanger les épinards et le concombre. Réserver.

2. Dans le poêlon, chauffer l'huile à feu moyen-doux. Ajouter l'échalote française et cuire, en brassant, pendant environ 4 minutes ou jusqu'à ce qu'elle ait ramolli. Ajouter le vinaigre de cidre et le sirop d'érable et porter à ébullition. Saler et poivrer.

3. Verser aussitôt la vinaigrette chaude sur la salade d'épinards réservée et mélanger pour bien l'enrober. Parsemer du gouda et des pacanes grillées réservées. Servir aussitôt.

Gratin de pommes de terre aux oignons caramélisés

8 PORTIONS

⏱ **Préparation :** 20 minutes
⏱ **Cuisson :** 2 heures à
2 heures 30 minutes
■ **Coût :** moyen ■ **Calories :** 332/portion
■ **Protéines :** 5 g/portion
■ **Matières grasses :** 25 g/portion
■ **Glucides :** 23 g/portion
■ **Fibres :** 2 g/portion

2 t	crème à 35 %	500 ml
4	gousses d'ail coupées en tranches fines	4
3	grains de poivre	3
2	brins de thym frais	2
3/4 c. à thé	sel	4 ml
1 c. à tab	huile végétale	15 ml
1	oignon espagnol coupé en tranches fines ou	1
2	oignons jaunes coupés en tranches fines	2
8 à 10	pommes de terre (de type Yukon Gold), pelées (environ 2 lb/ 1 kg en tout)	8 à 10
1 t	gruyère râpé	250 ml

1. Dans une casserole à fond épais, porter la crème, l'ail, les grains de poivre, le thym et le sel à ébullition. Réduire à feu doux, couvrir et laisser mijoter pendant 15 minutes. Retirer la casserole du feu et réserver.

2. Entre-temps, dans un poêlon, chauffer l'huile à feu moyen-doux. Ajouter l'oignon et cuire, en brassant souvent, pendant environ 45 minutes ou jusqu'à ce qu'il soit légèrement doré. À l'aide d'une mandoline ou d'un couteau bien aiguisé, couper les pommes de terre en tranches très fines. Étendre le quart des tranches de pommes de terre dans un plat en verre allant au four de 8 po (20 cm) de côté, huilé. Couvrir du tiers des oignons. Parsemer du quart du gruyère. Faire deux autres étages de la même manière. Couvrir du reste des tranches de pommes de terre.

3. À l'aide d'une passoire fine, filtrer la préparation à la crème réservée sur les pommes de terre et secouer le plat pour la répartir uniformément. Parsemer du reste du gruyère. Cuire au four préchauffé à 300°F (150°C) de 1 1/2 heure à 2 heures ou jusqu'à ce que les pommes de terre soient tendres lorsqu'on les pique avec la pointe d'un couteau. (Vous pouvez préparer le gratin à l'avance, le laisser refroidir et le couvrir. Il se conservera jusqu'à 2 jours au réfrigérateur. Réchauffer au four préchauffé à 375°F/190°C pendant 30 minutes.)

Pains-biscuits au maïs et au cheddar

DONNE 12 PAINS-BISCUITS

🕐 **Préparation :** 15 minutes
🕐 **Cuisson :** 12 à 15 minutes
■ **Coût :** moyen ■ **Calories :** 250/portion
■ **Protéines :** 8 g/portion
■ **Matières grasses :** 14 g/portion
■ **Glucides :** 25 g/portion
■ **Fibres :** 1 g/portion

1 1/2 t	farine	375 ml
1 c. à tab	sucre	15 ml
1 c. à tab	poudre à pâte	15 ml
1/2 c. à thé	bicarbonate de sodium	2 ml
1/2 c. à thé	sel	2 ml
1 t	semoule de maïs	250 ml
1 c. à tab	sauge séchée, émiettée	15 ml
1	pincée de piment de Cayenne	1
1/2 t	beurre froid, coupé en dés	125 ml
1 1/4 t	cheddar extra-fort râpé	310 ml
1 t	babeurre	250 ml
2	œufs	2

1. Dans un grand bol, mélanger la farine, le sucre, la poudre à pâte, le bicarbonate de sodium et le sel. Ajouter la semoule de maïs, la sauge et le piment de Cayenne et mélanger. Ajouter le beurre froid et, à l'aide d'un coupe-pâte ou de deux couteaux, travailler la préparation jusqu'à ce qu'elle ait la texture d'une chapelure grossière. Ajouter 1 tasse (250 ml) du cheddar et mélanger.

2. Dans un autre bol, à l'aide d'un fouet, battre le babeurre avec l'un des œufs. Verser la préparation au babeurre sur le mélange de farine et mélanger à l'aide d'une fourchette jusqu'à ce que la préparation forme une pâte molle. Avec les mains farinées, façonner la pâte en boule. (Vous pouvez préparer la pâte à l'avance et l'envelopper d'une pellicule de plastique. Elle se conservera jusqu'à 3 jours au réfrigérateur.)

3. Sur une surface légèrement farinée, pétrir délicatement la pâte une dizaine de fois. Avec les mains, abaisser la pâte en un rectangle de 10 po x 7 po (25 cm x 18 cm). Dans un petit bol, battre l'autre œuf à l'aide d'une fourchette. À l'aide d'un pinceau à pâtisserie, badigeonner les pains-biscuits de l'œuf battu. Parsemer du reste du cheddar. À l'aide d'un couteau, diviser la pâte en 12 carrés. Déposer les pains-biscuits sur une plaque de cuisson farinée ou tapissée de papier parchemin.

4. Cuire au centre du four préchauffé à 400°F (200°C) de 12 à 15 minutes ou jusqu'à ce que les pains-biscuits soient dorés. À l'aide d'une spatule, déposer les pains-biscuits sur une grille et laisser refroidir.

Jambon glacé à l'érable et au vinaigre balsamique

Mieux vaut se procurer un bon jambon un peu plus gros que nécessaire : les restes font d'excellents repas de dépannage (sandwichs, salades, etc.) et se gardent jusqu'à 10 jours au réfrigérateur.

14 À 18 PORTIONS

⏱ **Préparation :** 15 minutes
⏱ **Cuisson :** 3 heures
⏱ **Temps de repos :** 20 minutes
■ **Coût :** élevé ■ **Calories :** 229/portion
■ **Protéines :** 29 g/portion
■ **Matières grasses :** 10 g/portion
■ **Glucides :** 3 g/portion
■ **Fibres :** aucune

1	demi-jambon fumé avec l'os, entièrement cuit (8 à 10 lb/4 à 5 kg)	1
2 c. à tab	sirop d'érable	30 ml
2 c. à tab	moutarde de Dijon	30 ml
2 c. à tab	vinaigre balsamique	30 ml

1. À l'aide d'un couteau bien aiguisé, enlever la couenne et le gras à la surface du jambon en conservant environ 1/4 po (5 mm) du gras. Avec le couteau, faire des entailles à la surface du gras de manière à former des losanges. Déposer le jambon sur la grille d'une rôtissoire. Cuire au four préchauffé à 325°F (160°C) pendant 2 heures.

2. Dans un petit bol, mélanger le sirop d'érable, la moutarde de Dijon et le vinaigre balsamique. À l'aide d'un pinceau à pâtisserie, badigeonner le jambon d'environ le tiers de la glace au vinaigre balsamique. Poursuivre la cuisson pendant 1 heure ou jusqu'à ce qu'un thermomètre à viande inséré dans le jambon indique 140°F (60°C) (badigeonner le jambon avec le reste de la glace au vinaigre balsamique deux fois en cours de cuisson). Déposer le jambon sur une planche à découper. Couvrir de papier d'aluminium, sans serrer, et laisser reposer pendant 20 minutes. (Vous pouvez préparer le jambon à l'avance, le laisser refroidir et l'envelopper de papier d'aluminium. Il se conservera jusqu'à 3 jours au réfrigérateur.)

3. Au moment de servir, à l'aide d'un couteau bien aiguisé, couper le jambon en tranches fines.

Poires braisées

DONNE 12 DEMI-POIRES

🕐 **Préparation :** 15 minutes
🕐 **Cuisson :** 1 heure 5 minutes
▪ **Coût :** moyen
▪ **Calories :** 88/demi-poire
▪ **Protéines :** traces/demi-poire
▪ **Matières grasses :** 2 g/demi-poire
▪ **Glucides :** 20 g/demi-poire
▪ **Fibres :** 2 g/demi-poire

1 c. à tab	beurre	15 ml
1	échalote française (ou petit oignon) hachée	1
1/2 t	nectar de poire	125 ml
1/4 t	cassonade tassée	60 ml
6	petites poires mûres (de type Bosc ou Bartlett) (environ 3 lb/1,5 kg en tout)	6

1. Dans un grand poêlon, faire fondre le beurre à feu moyen. Ajouter l'échalote française et cuire, en brassant souvent, pendant 3 minutes. Ajouter le nectar de poire et la cassonade et porter à ébullition en brassant jusqu'à ce que la cassonade soit dissoute et que la sauce soit homogène. Retirer le poêlon du feu et réserver.

2. À l'aide d'un petit couteau bien aiguisé, peler les poires en laissant la queue intacte. Couper les poires en deux sur la longueur. À l'aide d'une cuillère parisienne ou d'une petite cuillère, retirer le cœur de chaque poire. Dans un plat peu profond allant au four, disposer les demi-poires côte à côte, le côté coupé dessus. Verser la sauce réservée sur les demi-poires.

3. Couvrir et cuire au four préchauffé à 325°F (160°C) pendant 30 minutes. Retourner les demi-poires et poursuivre la cuisson pendant 30 minutes ou jusqu'à ce qu'elles soient glacées et tendres lorsqu'on les pique avec la pointe d'un couteau (ne pas trop cuire) (badigeonner les demi-poires de la sauce de temps à autre en cours de cuisson). Mettre le plat sur une grille et laisser refroidir. (Vous pouvez préparer les demi-poires à l'avance, les laisser refroidir et les couvrir. Elles se conserveront jusqu'à 5 jours au réfrigérateur. Laisser revenir à la température ambiante avant de servir.)

Coup de pouce

Le meilleur jambon
Le jambon est toujours spectaculaire sur la table de Pâques. Pour en faire un régal inoubliable, il faut le choisir avec soin et le cuire selon les règles de l'art. Voici quelques trucs à retenir.

Le choix. Mieux vaut opter pour un jambon de qualité, qui provient de la cuisse, entier ou coupé en deux (jambonneau), avec l'os. Visiter une bonne boucherie pour obtenir une meilleure coupe.

La cuisson. Pour préserver la saveur du jambon et lui conserver son moelleux, une bonne technique consiste à le badigeonner d'une glace en cours de cuisson. Même si on se procure un jambon déjà cuit, il gagne à être braisé au four. On doit calculer environ 15 minutes la livre (33 minutes le kilo) à une température moyenne de 325°F (160°C). Pour vérifier si notre jambon est à point, se servir idéalement d'un thermomètre, qu'on insère dans la partie la plus charnue, sans toucher l'os ; il devrait indiquer 140°F (60°C).

Longe de porc farcie au pain et aux herbes

Ce rôti de longe de porc est parfait pour un buffet. Coupé en tranches joliment disposées dans un plat de service, il se sert aussi bien chaud que froid.

8 PORTIONS

⏱ **Préparation :** 25 minutes
⏱ **Cuisson :** 1 heure 40 minutes
à 2 heures 10 minutes
■ **Coût :** moyen ■ **Calories :** 309/portion
■ **Protéines :** 40 g/portion
■ **Matières grasses :** 12 g/portion
■ **Glucides :** 8 g/portion
■ **Fibres :** 1 g/portion

1 c. à tab	huile végétale	15 ml
1	oignon haché	1
1	carotte coupée en dés	1
1	branche de céleri coupée en dés	1
1 c. à tab	thym trais, haché ou	15 ml
1 c. à thé	thym séché	5 ml
1/4 c. à thé	sel	1 ml
1/4 c. à thé	poivre	1 ml
2 t	mie de pain frais émiettée	500 ml
2 c. à tab	persil frais, haché	30 ml
1	œuf battu	1
1	rôti de milieu de longe de porc, désossé (environ 3 1/2 lb/1,75 kg)	1

1. Dans un poêlon, chauffer l'huile à feu moyen. Ajouter l'oignon, la carotte, le céleri, le thym, le sel et le poivre et cuire, en brassant souvent, pendant 10 minutes ou jusqu'à ce que les légumes aient ramolli. Ajouter la mie de pain frais et le persil et mélanger. Laisser refroidir pendant 10 minutes. Ajouter l'œuf et mélanger.

2. À l'aide d'un couteau bien aiguisé, couper le rôti de porc en deux sur la longueur, sans détacher complètement les deux moitiés à la base. Ouvrir le rôti comme un livre. Étendre la farce aux légumes au centre de la pièce de viande, en laissant une bordure de 1 po (2,5 cm) sur les côtés. En commençant par un des côtés longs, rouler le rôti en serrant bien et l'attacher à l'aide de ficelle à rôti.

3. Mettre le rôti de porc sur une grille dans une rôtissoire. Cuire au four préchauffé à 350°F (180°C) de 1 1/2 à 2 heures ou jusqu'à ce qu'un thermomètre inséré dans la viande indique 160°F (70°C). Retirer le rôti de porc de la rôtissoire et le couvrir de papier d'aluminium. Laisser reposer pendant 10 minutes. (Vous pouvez préparer le rôti de porc à l'avance, le laisser refroidir au réfrigérateur et l'envelopper d'une pellicule de plastique. Il se conservera jusqu'à 2 jours au réfrigérateur.)

4. Au moment de servir, retirer la ficelle du rôti de porc. À l'aide d'un couteau bien aiguisé, le découper en tranches.

Salade d'épinards aux amandes confites

8 PORTIONS

⏱ **Préparation :** 15 minutes
⏱ **Cuisson :** 12 minutes
■ **Coût :** moyen
■ **Calories :** 152/portion
■ **Protéines :** 3 g/portion
■ **Matières grasses :** 12 g/portion
■ **Glucides :** 11 g/portion
■ **Fibres :** 2 g/portion

1/2 t	amandes effilées	125 ml
1 c. à tab	sirop de maïs	15 ml
1 1/2 c. à thé + 2 c. à tab	sucre	37 ml
2	pincées de sel	2
1	pincée de piment de Cayenne	1
1/4 t	huile végétale	60 ml
2 c. à tab	vinaigre de framboise ou de vin blanc	30 ml
1 c. à tab	graines de sésame ou de pavot, grillées	15 ml
1	pincée de poivre	1
12 t	petites feuilles d'épinards (environ 12 oz/375 g)	3 L
1 t	framboises fraîches (facultatif)	250 ml

1. Dans un petit bol, mélanger les amandes, le sirop de maïs, 1 1/2 cuillerée à thé (7 ml) du sucre, 1 pincée de sel et le piment de Cayenne jusqu'à ce que les amandes soient bien enrobées. Étendre les amandes côte à côte sur une plaque de cuisson tapissée de papier-parchemin ou de papier ciré. Cuire au four préchauffé à 325°F (160°C), en brassant de temps à autre pour séparer les amandes collées ensemble, pendant environ 12 minutes ou jusqu'à ce que les amandes soient dorées et que le sirop bouillonne. Mettre la plaque de cuisson sur une grille et laisser refroidir complètement. Briser la préparation aux amandes en morceaux. (Vous pouvez préparer les amandes confites à l'avance et les mettre côte à côte dans un contenant hermétique. Elles se conserveront jusqu'à 5 jours à la température ambiante.)

2. Dans un petit bol, à l'aide d'un fouet, mélanger l'huile, le reste du sucre, le vinaigre de framboise, les graines de sésame, le reste du sel et le poivre. (Vous pouvez préparer la vinaigrette à l'avance et la couvrir. Elle se conservera jusqu'à 24 heures au réfrigérateur.)

3. Au moment de servir, dans un bol, mélanger les épinards et la vinaigrette. Parsemer des amandes confites et des framboises, si désiré.

Gigot d'agneau aux fines herbes

6 PORTIONS

🕐 **Préparation :** 15 minutes
🕐 **Marinade :** 8 à 24 heures
🕐 **Cuisson :** 2 heures
■ **Coût :** élevé ■ **Calories :** 285/portion
■ **Protéines :** 44 g/portion
■ **Matières grasses :** 11 g/portion
■ **Glucides :** 5 g/portion ■ **Fibres :** traces

1 t	vin rouge sec	250 ml
2	oignons hachés	2
1 c. à thé	menthe séchée	5 ml
1 c. à thé	estragon séché	5 ml
1 c. à thé	thym séché	5 ml
1	gigot d'agneau paré (3 1/2 lb/1,75 kg)	1
1/2 c. à thé	sel	2 ml
1 1/2 t	bouillon de poulet (environ)	375 ml
2 c. à tab	fécule de maïs	30 ml
2 c. à tab	eau	30 ml
1/4 c. à thé	poivre	1 ml

1. Dans un plat en verre peu profond, à l'aide d'un fouet, mélanger le vin rouge, la moitié des oignons, la menthe, l'estragon et le thym. Ajouter le gigot d'agneau et le retourner pour bien l'enrober. Couvrir et laisser mariner au réfrigérateur de 8 à 24 heures. À l'aide d'un pinceau, enlever l'oignon sur le gigot et le parsemer de 1/4 de cuillerée à thé (1 ml) du sel. Dans une passoire fine placée sur une casserole, filtrer la marinade et la faire bouillir pendant 5 minutes. Réserver.

2. Mettre le gigot d'agneau sur la grille huilée d'une rôtissoire. Insérer un thermomètre à viande dans la partie la plus épaisse. Cuire au four préchauffé à 350°F (180°C) pendant environ 1 heure 45 minutes ou jusqu'à ce que le thermomètre indique 160°F (70°C) pour une viande mi-saignante. Mettre le gigot dans une assiette de service, le couvrir de papier d'aluminium et le laisser reposer pendant 15 minutes.

3. Dégraisser la rôtissoire, y ajouter le reste des oignons et cuire, en brassant, pendant 5 minutes. Ajouter suffisamment du bouillon de poulet à la marinade bouillie réservée pour obtenir 1 1/2 tasse (375 ml) de liquide en tout. Verser le bouillon dans la rôtissoire et porter à ébullition en raclant le fond pour en détacher toutes les particules. Dans un petit bol, à l'aide d'un fouet, délayer la fécule de maïs dans l'eau. Ajouter le mélange de fécule dans la rôtissoire. Ajouter le reste du sel et le poivre. Cuire, en brassant, jusqu'à ce que la sauce ait épaissi. Filtrer, si désiré.

4. Mettre le gigot d'agneau sur une planche à découper, le côté le plus charnu dessus. Tenir fermement l'os du gigot avec un linge et, à l'aide d'un couteau bien aiguisé, couper le gigot jusqu'à l'os en tranches de 1/4 po (5 mm) d'épaisseur. En plaçant le couteau à l'horizontale, couper ensuite les tranches le long de l'os. Retourner le gigot et couper le reste de la viande de la même manière. Servir aussitôt les tranches de gigot nappées de la sauce.

Gâteau moelleux au citron

Servez ce gâteau accompagné de crème glacée à la vanille ou de crème fouettée. Et, pour une touche encore plus citronnée, garnir chaque portion d'une bonne cuillerée de crème de citron (de type Lemon Curd ; dans les épiceries fines).

12 À 16 PORTIONS

🕐 **Préparation :** 15 minutes
🕐 **Cuisson :** 35 à 40 minutes
■ **Coût :** moyen ■ **Calories :** 352/portion
■ **Protéines :** 5 g/portion
■ **Matières grasses :** 13 g/portion
■ **Glucides :** 54 g/portion
■ **Fibres :** 1 g/portion

GÂTEAU AU CITRON

1 t	beurre ramolli	250 ml
2 t	sucre	500 ml
4	œufs	4
2 c. à tab	zeste de citron râpé	30 ml
1 c. à thé	vanille	5 ml
3 t	farine	750 ml
1 c. à tab	poudre à pâte	15 ml
1/2 c. à thé	sel	2 ml
1 1/4 t	lait	310 ml

GLACE AU CITRON

1 1/2 t	sucre glace	375 ml
2 c. à thé	zeste de citron râpé	10 ml
1/4 t	jus de citron fraîchement pressé	60 ml

Préparation du gâteau au citron

1. Dans un grand bol, à l'aide d'un batteur électrique, battre le beurre et le sucre jusqu'à ce que la préparation soit légère et gonflée. Ajouter les œufs, un à un, en battant bien après chaque addition. Ajouter le zeste de citron et la vanille en battant. Dans un autre bol, à l'aide d'un fouet, mélanger la farine, la poudre à pâte et le sel. À l'aide d'une cuillère de bois, incorporer les ingrédients secs au mélange d'œufs en trois fois, en alternant avec le lait (commencer et terminer par les ingrédients secs).

2. Étendre la pâte à gâteau dans un moule en métal de 13 po x 9 po (33 cm x 23 cm), beurré. Cuire au centre du four préchauffé à 350°F (180°C) de 35 à 40 minutes ou jusqu'à ce qu'un cure-dents inséré au centre du gâteau en ressorte propre.

Préparation de la glace au citron

3. Dans un bol, à l'aide du fouet, mélanger le sucre glace, le zeste et le jus de citron. À l'aide d'une brochette, piquer toute la surface du gâteau. À l'aide d'une cuillère, étendre uniformément le glaçage sur le gâteau et le lisser avec le dos de la cuillère. Laisser refroidir complètement. (Vous pouvez préparer le gâteau à l'avance et le couvrir. Il se conservera jusqu'au lendemain à la température ambiante.)

Dacquoise au citron et aux amandes

12 PORTIONS

⏱ **Préparation :** 40 minutes
⏱ **Cuisson :** 35 minutes
⏱ **Temps de repos :** 1 heure
⏱ **Réfrigération :** 9 heures
■ **Coût :** élevé ■ **Calories :** 504/portion
■ **Protéines :** 9 g/portion
■ **Matières grasses :** 32 g/portion
■ **Glucides :** 49 g/portion
■ **Fibres :** 1 g/portion

MERINGUES AUX AMANDES

1 1/2 t	amandes coupées en tranches	375 ml
1 t	sucre	250 ml
1/2 t	sucre glace	125 ml
6	blancs d'œufs	6

CRÈME DE CITRON

4	œufs	4
2	jaunes d'œufs	2
1 1/4 t	sucre granulé	310 ml
4 c. à thé	zeste de citron râpé finement	20 ml
1 t	jus de citron fraîchement pressé	250 ml
2 c. à tab	beurre	30 ml
1 t	crème à 35 %	250 ml

GARNITURE À LA CRÈME ET AUX AMANDES

1 1/2 t	crème à 35 %	375 ml
3/4 t	amandes coupées en tranches, grillées	180 ml
	fines tranches de citron (facultatif)	

Préparation des meringues aux amandes

1. Tapisser deux plaques de cuisson de papier-parchemin. À l'aide d'un moule à gâteau de 8 po (20 cm) de diamètre retourné, tracer deux cercles sur chaque feuille de papier-parchemin. Retourner le papier-parchemin. Réserver.

2. Au robot culinaire, moudre finement les amandes avec la moitié du sucre granulé et le sucre glace. Réserver.

3. Dans un grand bol, à l'aide d'un batteur électrique, battre les blancs d'œufs jusqu'à ce qu'ils forment des pics mous. Ajouter le reste du sucre granulé, 1 cuillerée à table (15 ml) à la fois, et battre jusqu'à ce que la préparation forme des pics fermes et brillants. Incorporer la préparation aux amandes réservées en soulevant délicatement la masse. À l'aide d'une spatule, étendre uniformément la meringue à l'intérieur des cercles tracés sur le papier-parchemin réservé. Déposer une plaque de cuisson sur la grille supérieure du four préchauffé à 350°F (180°C) et l'autre sur la grille inférieure. Cuire pendant 20 minutes ou jusqu'à ce que les meringues soient dorées et croustillantes (intervertir et tourner les plaques à la mi-cuisson). Éteindre le four et laisser reposer les meringues dans le four pendant 1 heure. Mettre les plaques sur des grilles et laisser refroidir. (Vous pouvez préparer les meringues à l'avance, les laisser refroidir et les couvrir d'une pellicule de plastique, sans serrer. Elles se conserveront jusqu'au lendemain à la température ambiante.)

Préparation de la crème de citron

4. Dans un bol placé sur une casserole d'eau chaude mais non bouillante, à l'aide d'un fouet, mélanger les œufs, les jaunes d'œufs, le sucre granulé, le zeste et le jus de citron et le beurre. Cuire, en brassant souvent à l'aide du fouet, pendant environ 15 minutes ou jusqu'à ce que la préparation soit transparente et ait la consistance d'un pouding. Verser la crème de citron dans un bol propre et couvrir directement la surface d'une pellicule de plastique. Réfrigérer pendant 1 heure ou jusqu'à ce que la crème de citron soit froide. (Vous pouvez préparer la crème de citron à l'avance, la laisser refroidir et la mettre dans un contenant en verre hermétique. Elle se conservera jusqu'au lendemain au réfrigérateur.) Dans un autre bol, à l'aide du batteur électrique (utiliser des fouets propres), fouetter la crème jusqu'à ce qu'elle forme des pics fermes. Incorporer la crème fouettée à la crème de citron refroidie en soulevant délicatement la masse.

Assemblage de la dacquoise

5. À l'aide d'une spatule, détacher délicatement les meringues du papier-parchemin. Déposer l'une des meringues, le côté plat dessous, dans une assiette de service. À l'aide d'une spatule, couvrir la meringue du tiers de la crème de citron. Répéter ces opérations avec deux autres meringues et le reste de la crème de citron. Couvrir de la dernière meringue.

Préparation de la garniture à la crème et aux amandes

6. Dans un bol, à l'aide du batteur électrique (utiliser des fouets propres), battre la crème jusqu'à ce qu'elle donne des pics fermes. Étendre la crème fouettée sur le dessus et les côtés de la dacquoise. Presser les tranches d'amandes sur les côtés de la dacquoise. Réfrigérer pendant au moins 8 heures ou jusqu'à 12 heures, ou encore jusqu'à ce que les meringues aient ramolli. Garnir de tranches de citron, si désiré.

Temps des **sucres**

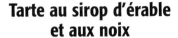

Tarte au sirop d'érable et aux noix

Voici une recette à la portée de toutes, avec une pâte à tarte super facile à faire au robot culinaire et une garniture prête en un coup de fouet. Pour gagner du temps, vous pouvez aussi vous procurer une croûte à tarte surgelée. À servir froide ou à peine tiédie, avec une cuillerée de crème fouettée ou une boule de crème glacée pour les plus gourmands.

8 PORTIONS

- ⏱ **Préparation :** 30 minutes
- ⏱ **Réfrigération :** 30 minutes (pâte à tarte)
- ⏱ **Congélation :** 30 minutes (croûte à tarte)
- ⏱ **Cuisson :** 35 minutes
- ■ **Coût :** moyen ■ **Calories :** 395/portion
- ■ **Protéines :** 5 g/portion
- ■ **Matières grasses :** 12 g/portion
- ■ **Glucides :** 67 g/portion
- ■ **Fibres :** 1 g/portion

PÂTE À TARTE AU ROBOT

3 t	farine à gâteau et à pâtisserie	750 ml
1/4 c. à thé	sel	1 ml
1 t	beurre non salé froid, coupé en morceaux	250 ml
1	jaune d'œuf	1
	eau glacée	
1	œuf battu	1
1 c. à tab	lait	15 ml

GARNITURE AU SIROP D'ÉRABLE

2 t	sirop d'érable	500 ml
1/3 t	crème à 35 % ou crème à 15 % épaisse	80 ml
1/4 t	farine	60 ml
3	œufs	3
1/2 t	pacanes ou noix de Grenoble coupées en morceaux (facultatif)	125 ml

Préparation de la pâte à tarte au robot

1. À l'aide d'un robot culinaire muni d'une lame de métal, mélanger la farine et le sel. Ajouter le beurre et mélanger en actionnant et en arrêtant successivement l'appareil, jusqu'à ce que la préparation ait la texture d'une chapelure grossière (**photo a**).

2. Dans une tasse à mesurer, à l'aide d'une fourchette, battre le jaune d'œuf. Ajouter suffisamment d'eau glacée pour obtenir 2/3 de tasse (160 ml) de liquide. Incorporer petit à petit le mélange au jaune d'œuf à la préparation à la farine en mélangeant jusqu'à ce que la pâte commence à se tenir et forme une boule (au besoin, ajouter un peu d'eau, environ 1 cuillerée à table/15 ml à la fois, si la pâte ne se tient pas) (**photo b**). Retirer la pâte de l'appareil et la diviser en 4 portions. Façonner chaque portion de pâte en un disque et l'envelopper d'une pellicule de plastique. Réfrigérer pendant au moins 30 minutes ou jusqu'à ce que la pâte à tarte soit ferme.

3. Sur une surface de travail légèrement farinée, abaisser une portion de pâte à tarte à 1/8 po (3 mm) d'épaisseur (réserver le reste de la pâte à tarte pour un usage ultérieur). Déposer délicatement l'abaisse dans une assiette à tarte profonde de 9 po (23 cm) de diamètre, en la pressant délicatement dans le fond et sur les côtés de l'assiette. À l'aide d'un couteau bien aiguisé, couper l'excédent de pâte, puis canneler le pourtour (**photo c**). Dans un petit bol, à l'aide d'une fourchette, mélanger l'œuf et le lait. Badigeonner le pourtour de l'abaisse de la préparation à l'œuf. Congeler la croûte à tarte pendant 30 minutes ou jusqu'à ce qu'elle soit ferme.

Préparation de la garniture au sirop d'érable

4. Entre-temps, dans un bol, à l'aide d'un fouet, mélanger le sirop d'érable, la crème, la farine et les œufs. Ajouter les pacanes, si désiré, et mélanger. Verser la garniture au sirop d'érable dans la croûte à tarte refroidie. Déposer l'assiette à tarte sur une plaque de cuisson (pour prévenir les débordements).

5. Cuire dans le tiers inférieur du four préchauffé à 375°F (190°C) pendant environ 35 minutes ou jusqu'à ce que la croûte soit dorée et que la garniture ait pris (au besoin, couvrir le pourtour de la croûte de bandes de papier d'aluminium pour l'empêcher de brûler). Mettre la tarte sur une grille et laisser refroidir.

Tarte au sirop d'érable et à l'avoine

Avec les retailles de pâte, on peut faire de jolies décorations sur la tarte. Il suffit d'abaisser de nouveau la pâte et, à l'aide d'un emporte-pièce ou d'un couteau bien aiguisé, de découper dans cette abaisse des morceaux de pâte aux formes de notre choix. Déposer les morceaux de pâte sur la garniture de la tarte ou les cuire séparément dans une assiette à tarte pour contrôler plus facilement leur degré de cuisson.

8 PORTIONS

⏱ **Préparation :** 15 minutes
⏱ **Cuisson :** 45 à 50 minutes
■ **Coût :** moyen ■ **Calories :** 450/portion
■ **Protéines :** 5 g/portion
■ **Matières grasses :** 27 g/portion
■ **Glucides :** 51 g/portion
■ **Fibres :** 2 g/portion

1	pâte à tarte pour une abaisse de 9 po (23 cm) de diamètre	1
1/2 t	beurre fondu	125 ml
2/3 t	sucre	160 ml
2/3 t	sirop d'érable	160 ml
2/3 t	flocons d'avoine	160 ml
2	œufs	2
1 c. à thé	vanille	5 ml
1/2 t	pacanes coupées en morceaux	125 ml
	crème fouettée (facultatif)	

1. Sur une surface de travail farinée, à l'aide d'un rouleau à pâtisserie, abaisser la pâte de manière à former un cercle d'environ 10 po (25 cm) de diamètre. Déposer l'abaisse dans une assiette à tarte de 9 po (23 cm) de diamètre. Couper l'excédent de pâte et canneler le pourtour. Couvrir l'abaisse d'une pellicule de plastique et réfrigérer. (Vous pouvez préparer la croûte à tarte à l'avance et la couvrir. Elle se conservera jusqu'au lendemain au réfrigérateur.)

2. Entre-temps, dans un bol, à l'aide d'un batteur électrique, mélanger le beurre fondu, le sucre, le sirop d'érable et les flocons d'avoine. Ajouter les œufs et la vanille et bien mélanger. Verser la garniture au sirop d'érable dans la croûte à tarte froide. Parsemer uniformément des pacanes.

3. Cuire dans le tiers inférieur du four préchauffé à 325°F (160°C) de 45 à 50 minutes ou jusqu'à ce que la garniture au sirop d'érable ait pris ou que la pointe d'un couteau insérée au centre de la tarte en ressorte propre (au besoin, couvrir le pourtour de la tarte de bandes de papier d'aluminium pour l'empêcher de cuire trop rapidement). Déposer la tarte sur une grille et laisser refroidir. (Vous pouvez préparer la tarte à l'avance, la laisser refroidir et la couvrir. Elle se conservera jusqu'au lendemain au réfrigérateur.)

4. Au moment de servir, garnir chaque portion de tarte d'une cuillerée de crème fouettée, si désiré.

Tartelettes à l'érable, sauce à l'érable

Pour cette recette, nous vous suggérons d'utiliser des moules à tartelettes conventionnels, mais ces tartelettes seront plus faciles à démouler si vous les faites cuire dans des moules à fond amovible de 3 1/2 po (9 cm) (dans les bonnes boutiques d'accessoires de cuisine). Pour vous faciliter encore plus la tâche, vous pouvez même vous procurer des croûtes à tartelettes prêtes à cuire (au comptoir des produits surgelés).

DONNE 8 TARTELETTES

🕐 **Préparation :** 25 minutes
🕐 **Cuisson :** 15 minutes
■ **Coût :** élevé
■ **Calories :** 670/tartelette
■ **Protéines :** 8 g/tartelette
■ **Matières grasses :** 41 g/tartelette
■ **Glucides :** 70 g/tartelette
■ **Fibres :** 1 g/tartelette

TARTELETTES À L'ÉRABLE

1 lb	pâte à tarte du commerce (1/2 paquet de 1 kg)	500 g
1/3 t	beurre non salé	80 ml
1/3 t	sirop d'érable	80 ml
1/2 c. à thé	vanille	2 ml
1 t	cassonade	250 ml
1	pincée de sel	1
2	œufs battus	2

SAUCE À L'ÉRABLE

2	jaunes d'œufs	2
2/3 t	sirop d'érable	160 ml
1/4 t	cassonade	60 ml
3/4 t	crème à 35 %	180 ml
	crème fouettée (facultatif)	

Préparation des tartelettes à l'érable

1. Sur une surface légèrement farinée, à l'aide d'un rouleau à pâtisserie, abaisser la pâte à 1/8 po (3 mm) d'épaisseur. À l'aide d'un emporte-pièce rond de 4 po (10 cm) de diamètre (ou d'une boîte de conserve vide de 28 oz/796 ml), découper huit cercles de pâte dans l'abaisse (rouler et abaisser de nouveau les restes de pâte, au besoin). Déposer les cercles de pâte dans des moules à tartelettes de 3 1/2 po (9 cm) de diamètre, beurrés, en pressant uniformément la pâte avec les doigts dans le fond et sur la paroi des moules. Réserver.

2. Dans une casserole, faire fondre le beurre à feu moyen. Ajouter le sirop d'érable, la vanille, la cassonade et le sel et bien mélanger. Retirer la casserole du feu. Ajouter les œufs battus et mélanger. À l'aide d'une cuillère, répartir la garniture à l'érable dans les croûtes de tartelettes réservées. Cuire les tartelettes au four préchauffé à 375°F (190°C) pendant 15 minutes ou jusqu'à ce que la croûte soit dorée et la garniture, bouillonnante. Mettre les moules sur des grilles et laisser refroidir 1 minute. Passer rapidement une spatule de métal autour des tartelettes pour les détacher de la paroi des moules. Glisser délicatement une spatule sous les tartelettes pour les démouler. Déposer les tartelettes sur des grilles et laisser refroidir.

Préparation de la sauce à l'érable

3. Dans la partie supérieure d'un bain-marie contenant de l'eau chaude mais non bouillante, mélanger les jaunes d'œufs, le sirop d'érable et la cassonade. Cuire, en brassant sans arrêt, jusqu'à ce que la préparation ait suffisamment épaissi pour napper le dos d'une cuillère. Retirer du feu et placer la partie supérieure du bain-marie dans un bol de glaçons. Continuer de brasser jusqu'à ce que la préparation ait refroidi. Ajouter la crème et mélanger. Réfrigérer la sauce à l'érable jusqu'au moment d'utiliser.

4. Au moment de servir, napper le fond de huit assiettes à dessert de la sauce à l'érable. Poser une tartelette dans chaque assiette et garnir d'une cuillerée de crème fouettée, si désiré.

Crème brûlée à l'érable

Une vraie crème brûlée se prépare habituellement dans des ramequins assez évasés (environ 6 po/16 cm de largeur), souvent de forme ovale, comme ceux illustrés ici. Mais on peut aussi les faire dans des petits ramequins traditionnels (d'une capacité de 3/4 de tasse/ 180 ml), comme ceux qu'on utilise pour la crème caramel. Ces moules étant un peu plus hauts, on doit alors augmenter le temps de cuisson d'environ 10 minutes. Pour le dessus croûté, on peut utiliser du sucre d'érable granulé ou simplement râper un bloc de sucre d'érable.

5 À 6 PORTIONS

⏱ **Préparation :** 15 minutes
⏱ **Cuisson :** 34 à 43 minutes
⏱ **Réfrigération :** 2 heures
■ **Coût :** moyen ■ **Calories :** 188/portion
■ **Protéines :** 7 g/portion
■ **Matières grasses :** 5 g/portion
■ **Glucides :** 27 g/portion
■ **Fibres :** aucune

2 1/2 t	lait	625 ml
4	gros jaunes d'œufs	4
1/2 t	lait condensé	125 ml
1 c. à tab	fécule de maïs	15 ml
2 c. à tab	sirop d'érable	30 ml
5 à 6 c. à tab	sucre d'érable granulé ou râpé finement	75 à 90 ml

1. Dans une casserole à fond épais, chauffer le lait à feu doux jusqu'à ce qu'il soit fumant. Entre-temps, dans un bol, à l'aide d'un fouet, mélanger les jaunes d'œufs, le lait condensé et la fécule de maïs jusqu'à ce que la préparation soit lisse. À l'aide du fouet, incorporer petit à petit le lait chaud à la préparation aux jaunes d'œufs. Ajouter le sirop d'érable et mélanger. À l'aide d'une cuillère, écumer la surface, au besoin.

2. Mettre cinq ramequins d'une capacité de 1 tasse (250 ml) ou six ramequins d'une capacité de 3/4 de tasse (180 ml) chacun dans un plat peu profond allant au four. À l'aide d'une louche, répartir la préparation crémeuse dans les ramequins jusqu'à environ 1/4 po (5 mm) du bord. Verser suffisamment d'eau bouillante dans le plat pour couvrir les parois des ramequins à moitié.

3. Cuire au four préchauffé à 350°F (180°C) de 30 à 35 minutes ou jusqu'à ce que le pourtour des crèmes ait pris mais que leur centre soit encore gélatineux. Retirer les ramequins du plat d'eau, les mettre sur une grille et les laisser refroidir. Couvrir et réfrigérer pendant au moins 2 heures ou jusqu'à ce que les crèmes soient froides. (Vous pouvez préparer les crèmes brûlées jusqu'à cette étape et les couvrir. Elles se conserveront jusqu'à 2 jours au réfrigérateur.)

4. Environ 1 heure avant de servir, mettre les crèmes refroidies dans un plat peu profond allant au four, les entourer de glaçons et ajouter suffisamment d'eau dans le plat pour couvrir les parois des ramequins à moitié. À l'aide d'essuie-tout, éponger le surplus de liquide sur le dessus des crèmes et parsemer chacune de 1 cuillerée à table (15 ml) du sucre d'érable. Cuire sous le gril préchauffé du four, à environ 4 po (10 cm) de la source de chaleur, de 4 à 8 minutes ou jusqu'à ce que le sucre ait fondu et forme une croûte dorée (au besoin, déplacer les crèmes brûlées de façon qu'elles dorent uniformément et les retirer à mesure qu'elles sont prêtes). Servir aussitôt ou réfrigérer les crèmes brûlées, sans les couvrir, pendant au plus 30 minutes.

Coup de pouce

Pour réussir une crème brûlée à la perfection, il faut s'assurer que la garniture crémeuse est bien froide au moment d'y faire fondre le sucre en surface. Il est donc important de mettre nos ramequins dans un plat contenant de la glace, avant de le passer sous le gril pour obtenir une belle croûte caramélisée. Les inconditionnelles de crème brûlée peuvent aussi se procurer une mini-torche au butane ou une torche à soudure au propane, qui leur permettra de brûler la surface avec plus de précision, comme le font souvent les chefs-pâtissiers.

Gâteau renversé au sirop d'érable et aux noix

12 PORTIONS

🕐 **Préparation :** 15 minutes
🕐 **Cuisson :** 55 à 60 minutes
■ **Coût :** moyen ■ **Calories :** 356/portion
■ **Protéines :** 6 g/portion
■ **Matières grasses :** 15 g/portion
■ **Glucides :** 51 g/portion
■ **Fibres :** 1 g/portion

3/4 t	sirop d'érable	180 ml
1/4 t	cassonade tassée	60 ml
3 c. à tab	beurre	45 ml
1 1/2 t	noix non salées, hachées grossièrement	375 ml
1 1/2 t	farine	375 ml
1 t	sucre	250 ml
2 c. à thé	poudre à pâte	10 ml
1/2 c. à thé	bicarbonate de sodium	2 ml
1/4 c. à thé	sel	1 ml
1 t	crème sure	250 ml
2	œufs	2

1. Dans une petite casserole, mélanger le sirop d'érable, la cassonade et le beurre. Porter à ébullition à feu moyen, en brassant, jusqu'à ce que la cassonade soit dissoute. Réduire à feu moyen-doux et poursuivre la cuisson, en brassant de temps à autre, pendant environ 10 minutes ou jusqu'à ce que la préparation ait épaissi et ait la consistance d'un sirop. Verser la préparation au sirop d'érable dans un moule à gâteau rond de 9 po (23 cm) de diamètre, beurré. Parsemer uniformément des noix.

2. Dans un bol, mélanger la farine, le sucre, la poudre à pâte, le bicarbonate de sodium et le sel. Dans un grand bol, à l'aide d'un fouet, mélanger la crème sure et les œufs jusqu'à ce que la préparation soit homogène. Ajouter les ingrédients secs à la préparation à la crème sure et mélanger à l'aide d'une cuillère de bois jusqu'à ce que la pâte soit lisse, sans plus (ne pas trop mélanger, sinon le gâteau serait dur). À l'aide d'une spatule, étendre uniformément la pâte sur les noix.

3. Cuire au centre du four préchauffé à 350°F (180°C) de 45 à 50 minutes ou jusqu'à ce qu'un cure-dents inséré au centre du gâteau en ressorte propre. Déposer le moule sur une grille. Passer aussitôt la lame d'un couteau sur le pourtour du gâteau pour le dégager du moule. Placer une assiette de service sur le gâteau et le renverser sur l'assiette. Laisser reposer pendant 5 minutes avant de retirer délicatement le moule. À l'aide d'une spatule, récupérer les noix restées dans le moule et les parsemer sur le gâteau. (Vous pouvez préparer le gâteau à l'avance, le laisser refroidir et le couvrir d'une pellicule de plastique. Il se conservera jusqu'à 2 jours à la température ambiante.)

Gâteau-mousse à l'érable et aux amandes pralinées

10 PORTIONS

⏲ **Préparation :** 45 minutes
⏲ **Cuisson :** 45 à 50 minutes
⏲ **Réfrigération :** 1 à 24 heures
■ **Coût :** élevé ■ **Calories :** 475/portion
■ **Protéines :** 9 g/portion
■ **Matières grasses :** 24 g/portion
■ **Glucides :** 60 g/portion
■ **Fibres :** 2 g/portion

AMANDES PRALINÉES

1/2 t	sirop d'érable	125 ml
1 t	amandes effilées	250 ml

GÂTEAU À L'ÉRABLE

1/2 t	sirop d'érable	125 ml
4	œufs	4
1 t	farine à gâteau et à pâtisserie tamisée	250 ml
1	pincée de sel	1

MOUSSE À L'ÉRABLE

1/3 t	eau	80 ml
1 1/2 c. à tab	gélatine	22 ml
1 1/2 t	crème à 35 %	375 ml
1 t	sirop d'érable	250 ml
5	jaunes d'œufs	5

SIROP À L'ÉRABLE

2 c. à tab	sirop d'érable	30 ml
2 c. à thé	rhum (facultatif)	10 ml
	sucre glace	

Préparation des amandes pralinées

1. Dans un poêlon à surface antiadhésive, chauffer le sirop d'érable avec les amandes à feu moyen, en brassant à l'aide d'une cuillère de bois, pendant environ 10 minutes ou jusqu'à ce que le sirop se transforme en sucre granuleux et enrobe les amandes. Retirer le poêlon du feu. Verser la préparation aux amandes sur une plaque à biscuits (**photo a**) (attention, la préparation sera très chaude) et laisser refroidir pendant environ 10 minutes. Réserver.

Préparation du gâteau à l'érable

2. Dans un bol résistant à la chaleur, à l'aide d'un fouet, mélanger le sirop d'érable et les œufs. Mettre le bol sur une casserole d'eau chaude mais non bouillante et cuire à feu doux, en fouettant, pendant environ 5 minutes ou jusqu'à ce que la préparation soit tiède et mousseuse. Retirer le bol de la casserole.

3. À l'aide d'un batteur électrique, battre la préparation aux œufs à vitesse moyenne-élevée de 6 à 7 minutes ou jusqu'à ce qu'elle ait complètement refroidi. À l'aide d'une spatule, incorporer la farine et le sel en soulevant délicatement la masse (**photo b**).

4. Verser la pâte dans un moule rond de 9 po (23 cm) de diamètre, graissé et fariné. Cuire au four préchauffé à 325°F (160°C) de 30 à 35 minutes ou jusqu'à ce qu'un cure-dents inséré au centre du gâteau en ressorte propre. Démouler sur une grille et laisser refroidir complètement. (Vous pouvez préparer le gâteau à l'avance, le laisser refroidir et le couvrir. Il se conservera jusqu'au lendemain à la température ambiante.)

Préparation de la mousse à l'érable

5. Mettre l'eau dans un bol résistant à la chaleur, saupoudrer de la gélatine et laisser ramollir 5 minutes. Mettre le bol sur une casserole d'eau chaude mais non bouillante et laisser reposer jusqu'à ce que la gélatine soit dissoute. Retirer le bol de la casserole et réserver. Dans un autre bol, à l'aide d'un batteur électrique, fouetter la crème à vitesse maximum jusqu'à ce qu'elle forme des pics fermes. Réserver au réfrigérateur.

6. Dans une petite casserole à fond épais, chauffer le sirop d'érable à feu moyen jusqu'à ce qu'un thermomètre à bonbons indique 240°F (115°C) ou qu'une goutte de sirop qu'on laisse tomber dans un verre d'eau forme une boule molle. Mettre les jaunes d'œufs dans un grand bol. Verser le sirop d'érable chaud en filet sur les jaunes d'œufs (**photo c**) en battant à l'aide du batteur électrique (ou d'un fouet) jusqu'à ce que le mélange ait épaissi. Ajouter la gélatine fondue réservée. Incorporer la crème fouettée réservée en soulevant délicatement la masse.

7. Mettre 1/2 tasse (125 ml) des amandes pralinées réservées dans un sac de plastique et les émietter finement à l'aide d'un rouleau à pâtisserie. À l'aide d'une spatule, mettre la moitié de la mousse à l'érable dans un grand bol (réserver l'autre moitié). Ajouter les amandes pralinées moulues à la mousse à l'érable dans le grand bol en mélangeant délicatement.

Préparation du sirop à l'érable

8. Dans un petit bol, mélanger le sirop d'érable et le rhum, si désiré. Réserver.

Assemblage du gâteau

9. À l'aide d'un long couteau dentelé, couper le gâteau horizontalement en trois tranches d'égale épaisseur. Déposer la tranche inférieure, le côté coupé vers le haut, dans le fond d'un moule à charnière de 9 po (23 cm) de diamètre non graissé. À l'aide d'un pinceau à pâtisserie, badigeonner la tranche de gâteau dans le moule du sirop à l'érable et au rhum réservé. À l'aide d'une spatule ou d'une cuillère, étendre uniformément la mousse aux amandes pralinées sur le gâteau et couvrir d'une autre tranche de gâteau. Garnir de la mousse à l'érable non pralinée réservée (**photo d**). Couvrir de la tranche supérieure du gâteau, le côté coupé vers le bas. Couvrir d'une pellicule de plastique et réfrigérer pendant 1 heure ou jusqu'au lendemain. Au moment de servir, détacher les parois du moule. Saupoudrer le dessus du gâteau de sucre glace et garnir du reste des amandes pralinées.

Charlotte à l'érable

12 PORTIONS

🕐 **Préparation :** 30 minutes
🕐 **Cuisson :** aucune
🕐 **Réfrigération :** 12 heures
■ **Coût :** élevé ■ **Calories :** 600/portion
■ **Protéines :** 9 g/portion
■ **Matières grasses :** 29 g/portion
■ **Glucides :** 60 g/portion
■ **Fibres :** 1 g/portion

3 c. à tab	eau froide	45 ml
1 c. à tab	gélatine sans saveur	15 ml
1 1/2 t	sirop d'érable	375 ml
1 c. à thé	essence d'érable	5 ml
4	œufs, jaunes et blancs séparés	4
3 t	crème à 35 %	750 ml
48	biscuits à la cuiller (doigts de dame)	48
1 1/2 c. à tab	liqueur de café (de type Kahlùa)	22 ml
2 c. à tab	sucre	30 ml
12	grains de café enrobés de chocolat	12

1. Mettre l'eau dans un bol, saupoudrer de la gélatine et laisser ramollir pendant 5 minutes.

2. Dans une petite casserole, réchauffer le sirop d'érable à feu doux. Retirer la casserole du feu et ajouter la gélatine ramollie en brassant délicatement jusqu'à ce qu'elle soit complètement dissoute. Ajouter l'essence d'érable et mélanger. Verser la préparation au sirop d'érable dans un grand bol et laisser refroidir au réfrigérateur.

3. Dans un petit bol, à l'aide d'un batteur électrique, battre les jaunes d'œufs à vitesse moyenne-élevée jusqu'à ce qu'ils soient pâles et légers. Ajouter les jaunes d'œufs battus à la préparation au sirop d'érable légèrement refroidie (elle devrait être juste assez refroidie pour ne pas cuire les jaunes d'œufs) et mélanger. Laisser refroidir au réfrigérateur pendant environ 30 minutes ou jusqu'à ce que la préparation commence à épaissir (ne pas laisser prendre).

4. Dans un autre bol, à l'aide du batteur électrique (utiliser des fouets propres), fouetter 2 tasses (500 ml) de la crème à vitesse maximum jusqu'à ce qu'elle forme des pics fermes. À l'aide d'une spatule, incorporer la crème fouettée à la préparation à l'érable refroidie en soulevant délicatement la masse. Réserver au réfrigérateur.

5. Dans un autre grand bol, à l'aide du batteur électrique (utiliser des fouets propres), battre les blancs d'œufs à vitesse maximum jusqu'à ce qu'ils forment des pics fermes. À l'aide de la spatule, incorporer les blancs d'œufs battus à la préparation à l'érable réservée en soulevant délicatement la masse. Réserver la mousse à l'érable au réfrigérateur jusqu'au moment d'assembler la charlotte.

6. Tapisser de papier-parchemin le fond et la paroi d'un moule à charnière de 10 po (25 cm) de diamètre (coller les extrémités de la bande sur la paroi du moule avec du ruban adhésif). Badigeonner légèrement le côté plat de chaque biscuit à la cuillère de la liqueur au café. Tapisser la paroi du moule de la moitié des biscuits, le bout rond vers le haut (au besoin, tailler les biscuits à la base de façon qu'ils soient à la hauteur du moule). Couvrir le fond du moule du reste des biscuits (combler les espaces avec les retailles, au besoin). À l'aide d'une cuillère, étendre délicatement la mousse à l'érable réservée sur les biscuits. Lisser la surface de la mousse à l'aide de la spatule. Couvrir le moule d'une pellicule de plastique et réfrigérer jusqu'à ce que la mousse ait pris, de préférence jusqu'au lendemain. (Vous pouvez préparer la charlotte jusqu'à cette étape et la couvrir d'une pellicule de plastique. Elle se conservera jusqu'à 2 semaines au congélateur. Retirer du congélateur 2 heures avant de servir.)

7. Démouler la charlotte. Dans un petit bol, à l'aide du batteur électrique (utiliser des fouets propres), fouetter le reste de la crème avec le sucre à vitesse maximum jusqu'à ce qu'elle forme des pics fermes. À l'aide d'une cuillère, déposer 12 petits nuages de crème fouettée sur la charlotte. Garnir chacun d'un grain de café enrobé de chocolat. Servir aussitôt.

Profiteroles à l'érable

DONNE ENVIRON
2 DOUZAINES

- 🕐 **Préparation :** 30 minutes
- 🕐 **Cuisson :** 45 minutes
- 🕐 **Réfrigération :** 2 heures
- ■ **Coût :** moyen
- ■ **Calories :** 208/profiterole
- ■ **Protéines :** 2 g/profiterole
- ■ **Matières grasses :** 11 g/profiterole
- ■ **Glucides :** 25 g/profiterole
- ■ **Fibres :** traces

PETITS CHOUX

1 t	eau	250 ml
1/2 t	beurre coupé en petits morceaux	125 ml
1 c. à tab	sucre	15 ml
1/4 c. à thé	sel	1 ml
1 t	farine	250 ml
4	œufs	4

MOUSSE À L'ÉRABLE

1/3 t	beurre non salé	80 ml
1/3 t	farine	80 ml
1 t	sirop d'érable	250 ml
1 t	lait	250 ml
1/2 t	crème à 35 %	125 ml

GARNITURE À LA TIRE ET AU SUCRE D'ÉRABLE

1 t	sirop d'érable	250 ml
1/4 t	beurre non salé	60 ml
1 c. à tab	sucre d'érable râpé en copeaux ou émietté (facultatif)	15 ml

Préparation des petits choux

1. Dans une casserole, porter à ébullition l'eau, le beurre, le sucre et le sel. Réduire à feu doux. Ajouter la farine en une seule fois et mélanger vigoureusement à l'aide d'une cuillère de bois jusqu'à ce que la préparation soit lisse et commence à former une boule. Verser la préparation dans un grand bol.

Ajouter les œufs, un à la fois, en brassant à l'aide d'un batteur électrique après chaque addition, jusqu'à ce que le mélange soit homogène.

2. À l'aide d'une grosse cuillère, mettre la pâte à choux dans une poche à douille munie d'un embout rond de 1/2 po (2 cm). Sur une grande plaque de cuisson tapissée de papier-parchemin, presser la pâte à choux, de manière à obtenir des boules de 1 1/2 po (7 cm) de diamètre et en laissant un espace d'environ 1 po (5 cm) entre chacune (**photo a**). Avec les doigts mouillés, lisser les boules.

3. Cuire au four préchauffé à 325°F (160°C) pendant 30 minutes ou jusqu'à ce que les choux soient dorés et gonflés. Retirer les choux du four. Avec la pointe d'un petit couteau, percer chaque petit chou sur le côté (**photo b**). Remettre les petits choux au four et poursuivre la cuisson pendant environ 15 minutes. Retirer du four et mettre sur une grille. Laisser refroidir complètement. (Vous pouvez préparer les petits choux à l'avance, les laisser refroidir et les mettre dans un contenant hermétique. Ils se conserveront jusqu'au lendemain à la température ambiante.)

Préparation de la mousse à l'érable

4. Dans une casserole à fond épais, faire fondre le beurre à feu moyen. Ajouter la farine et cuire, en brassant, pendant 1 minute. Ajouter le sirop d'érable et le lait et cuire, en brassant, jusqu'à ce que la préparation ait épaissi. Verser dans un bol et couvrir directement la surface d'une pellicule de plastique. Réfrigérer pendant environ 2 heures ou jusqu'à ce que la préparation ait complètement refroidi.

5. Dans un bol, à l'aide d'un batteur électrique, battre la crème jusqu'à ce qu'elle forme des pics fermes. À l'aide d'une spatule, incorporer la crème fouettée à la préparation au sirop refroidie en soulevant délicatement la masse, jusqu'à ce que la mousse soit homogène (**photo c**).

Assemblage des profiteroles

6. À l'aide d'un couteau bien aiguisé, sur une surface de travail, couper les petits choux en deux. Mettre la mousse à l'érable dans une poche à douille munie d'un embout rond de 1/4 po (1 cm). Presser la mousse à l'érable sur les moitiés inférieures des petits choux. Couvrir des moitiés supérieures en pressant délicatement.

Préparation de la garniture à la tire et au sucre d'érable

7. Entre-temps, dans une casserole à fond épais, porter à ébullition le sirop et le beurre. Réduire à feu moyen et laisser bouillir de 12 à 15 minutes ou jusqu'à ce qu'un thermomètre à bonbons indique 230°F (110°C). Retirer du feu. Verser le mélange dans un bol (pour arrêter la cuisson). À l'aide d'une petite cuillère, répartir aussitôt la tire sur les profiteroles (**photo d**). Réfrigérer jusqu'au moment de servir. Parsemer chaque portion de sucre d'érable, si désiré.

Fête des **Mères**

Trempette de chèvre chaud

DONNE ENVIRON 2 TASSES (500 ML)

🕐 **Préparation :** 15 minutes
🕐 **Cuisson :** 10 minutes
■ **Coût :** moyen ■ **Calories :** 35/portion
de 1 c. à table (15 ml)
■ **Protéines :** 2 g/portion
de 1 c. à table (15 ml)
■ **Matières grasses :** 3 g/portion
de 1 c. à table (15 ml)
■ **Glucides :** 1 g/portion
de 1 c. à table (15 ml)
■ **Fibres :** traces

1 c. à tab	beurre	15 ml
1/4 t	échalote française (ou oignon rouge) hachée finement	60 ml
1/2 t	lait	125 ml
1 c. à thé	vinaigre de vin rouge	5 ml
1/2 c. à thé	sucre	2 ml
4 oz	fromage à la crème léger (1/2 paquet de 250 g)	125 g
8 oz	fromage de chèvre émietté ou coupé en cubes	250 g
3 c. à tab	ciboulette fraîche, hachée finement	45 ml
1 c. à tab	persil frais, haché finement	15 ml
1/4 c. à thé	flocons de piment fort	1 ml
	olives noires (facultatif)	

1. Dans une petite casserole, faire fondre le beurre à feu moyen. Ajouter l'échalote et cuire, en brassant de temps à autre, pendant 5 minutes ou jusqu'à ce qu'elle ait ramolli. Ajouter le lait, le vinaigre de vin, le sucre et le fromage à la crème et mélanger. Cuire, en brassant à l'aide d'un fouet, jusqu'à ce que le fromage ait fondu et que la préparation soit homogène.

2. Ajouter le fromage de chèvre et réchauffer en brassant jusqu'à ce que la préparation soit lisse. Ajouter la ciboulette, le persil et les flocons de piment fort et bien mélanger. Verser la trempette dans un petit bol de service et garnir d'olives noires, si désiré. Servir aussitôt.

Salade d'épinards aux asperges et au prosciutto

6 PORTIONS (EN ENTRÉE)

🕐 **Préparation :** 25 minutes
🕐 **Cuisson :** 20 minutes
■ **Coût :** élevé ■ **Calories :** 377/portion
■ **Protéines :** 7 g/portion
■ **Matières grasses :** 29 g/portion
■ **Glucides :** 2 g/portion
■ **Fibres :** 2 g/portion

12	tranches de prosciutto	12
6	tomates italiennes coupées en deux	6
1	gousse d'ail coupée en deux	1
2 c. à tab + 1/2 t	huile d'olive	155 ml
1/2 lb	asperges fraîches, parées et coupées en deux	250 g
1/4 t	vinaigre balsamique	60 ml
1	pincée de cassonade	1
1/4 t	basilic frais, haché	60 ml
1/2 lb	épinards frais, parés	250 g
1/2 t	parmesan fraîchement râpé en gros copeaux	125 ml
	sel et poivre noir du moulin	

1. Mettre les tranches de prosciutto et les demi-tomates, le côté coupé dessus, sur une plaque de cuisson. Frotter le côté coupé des tomates de l'ail et les arroser de 2 cuillerées à table (30 ml) de l'huile. Poivrer. Cuire au four préchauffé à 350°F (180°C) pendant 20 minutes ou jusqu'à ce que le prosciutto soit croustillant et que les tomates aient ramolli.

2. Entre-temps, dans une casserole d'eau bouillante salée, cuire les asperges de 5 à 7 minutes ou jusqu'à ce qu'elles soient tendres. Égoutter les asperges et les plonger dans un bol rempli d'eau froide pour arrêter la cuisson. Égoutter de nouveau et réserver.

3. Dans un bol, à l'aide d'un fouet, mélanger le vinaigre balsamique et la cassonade. Saler et poivrer. Ajouter le basilic et le reste de l'huile en fouettant. Réserver. Répartir les épinards et les asperges réservées dans six assiettes. Garnir chaque portion des tomates, du prosciutto et des copeaux de parmesan. Arroser de la vinaigrette au basilic réservée. Servir chaud.

Roulades de poulet aux asperges

Pour préparer ces jolies roulades, on doit se procurer des poitrines non désossées avec la peau, que l'on doit ensuite désosser nous-même (les poitrines déjà désossées ne se vendent habituellement pas avec la peau, laquelle doit être conservée dans cette recette). La technique pour désosser, expliquée ici, n'est pas si difficile, mais pour gagner du temps, on peut aussi demander à notre boucher de le faire pour nous.

4 PORTIONS

🕐 **Préparation :** 30 minutes
🕐 **Cuisson :** 40 minutes
■ **Coût :** moyen
■ **Calories :** 367/portion (avec la peau)
■ **Protéines :** 37 g/portion
■ **Matières grasses :** 22 g/portion
■ **Glucides :** 4 g/portion
■ **Fibres :** 1 g/portion

16	asperges parées	16
4	poitrines de poulet non désossées, avec la peau	4
1/4 t	feuilles d'estragon frais, légèrement tassées	60 ml
8	fines tranches de prosciutto ou de jambon fumé	8
1 c. à tab	beurre fondu	15 ml
1/4 c. à thé	sel	1 ml
2/3 t	bouillon de poulet (environ)	160 ml
1/3 t	vin blanc sec	80 ml
3	jaunes d'œufs	3
2 c. à tab	jus de citron	30 ml
1/2 c. à thé	fécule de maïs	2 ml
1/4 c. à thé	poivre blanc	1 ml
1 c. à tab	estragon frais, haché	15 ml

1. Dans une grande casserole d'eau bouillante salée, blanchir les asperges pendant environ 2 minutes ou jusqu'à ce qu'elles soient d'un beau vert brillant et encore croquantes. Égoutter les asperges et rincer sous l'eau froide du robinet pour en arrêter la cuisson. Laisser égoutter sur des essuie-tout.

2. À l'aide d'un couteau bien aiguisé, retirer l'os de chaque poitrine de poulet, en glissant le couteau entre la chair et l'os (garder le couteau incliné par rapport à l'os et commencer par le bout de poitrine le plus épais). Mettre les poitrines désossées sur une surface de travail entre deux pellicules de plastique, le côté peau dessous. À l'aide d'un poêlon en fonte, aplatir les poitrines de poulet jusqu'à environ 1/4 po (5 mm) d'épaisseur.

3. Avec les doigts, détacher délicatement la peau des poitrines de poulet (ne pas la détacher complètement). Répartir les feuilles d'estragon sous la peau du poulet. Retourner les poitrines de poulet et couvrir la chair de chacune de deux tranches de prosciutto. Mettre quatre asperges sur l'extrémité de chaque poitrine, perpendiculairement. Rouler les poitrines de poulet avec les asperges en serrant bien, puis attacher les roulades avec des cure-dents. Déposer les roulades de poulet dans une petite lèchefrite, le côté attaché dessous. À l'aide d'un pinceau, badigeonner les roulades de poulet du beurre. Parsemer du sel. Verser le bouillon de poulet et le vin blanc dans la lèchefrite.

4. Cuire au four préchauffé à 375°F (190°C) pendant environ 30 minutes ou jusqu'à ce que le poulet ait perdu sa teinte rosée à l'intérieur. À l'aide du pinceau, badigeonner les roulades de poulet du jus de cuisson. Poursuivre la cuisson sous le gril préchauffé du four de 3 à 4 minutes ou jusqu'à ce que les roulades de poulet soient dorées et croustillantes. Mettre les roulades de poulet dans une assiette de service et réserver au chaud.

5. Verser le jus de cuisson de la lèchefrite dans une tasse à mesurer et dégraisser (au besoin, ajouter du bouillon de poulet de manière à obtenir 3/4 de tasse/180 ml de liquide). Verser dans une petite casserole et porter à ébullition. Entre-temps, dans la tasse à mesurer, à l'aide d'un fouet, mélanger les jaunes d'œufs, le jus de citron, la fécule de maïs, le poivre et l'estragon haché. Incorporer petit à petit le liquide de cuisson bouillant en fouettant. Verser la sauce dans la casserole et cuire à feu moyen, en brassant sans arrêt, pendant environ 3 minutes ou jusqu'à ce qu'elle ait épaissi (ne pas faire bouillir). Servir le poulet avec la sauce.

Frittata aux pommes de terre et aux poivrons rouges

Pour faire une frittata, un genre de quiche sans croûte, on doit utiliser un poêlon muni d'un couvercle et allant au four, puisque la cuisson est complétée sous le gril du four. Et si on veut que notre frittata soit d'une bonne épaisseur, on devrait choisir un poêlon moyen plutôt qu'un grand poêlon de 10 à 12 po (25 à 30 cm) de diamètre. Dernier truc : pour faire de belles tranches de pommes de terre uniformes et minces, se procurer une mandoline, un instrument pratique pour couper les légumes.

6 PORTIONS

⏱ **Préparation :** 25 minutes
⏱ **Cuisson :** 40 minutes
■ **Coût :** moyen ■ **Calories :** 165/portion
■ **Protéines :** 8 g/portion
■ **Matières grasses :** 6 g/portion
■ **Glucides :** 19 g/portion
■ **Fibres :** 2 g/portion

3 t	pommes de terre pelées (environ 1 lb/500 g en tout)	750 ml
1 c. à thé	huile d'olive	5 ml
1 c. à thé	beurre	5 ml
1 t	oignon rouge haché finement	250 ml
2	gousses d'ail hachées finement	2
3/4 c. à thé	sel	4 ml
1/4 c. à thé	poivre noir du moulin	1 ml
6	œufs	6
1 c. à tab	persil frais, haché	15 ml
1/2 t	poivron rouge, épépiné et coupé en dés	125 ml
	brins de thym frais (facultatif)	

1. À l'aide d'un couteau bien aiguisé ou d'une mandoline, couper les pommes de terre en tranches d'environ 1/8 po (3 mm) d'épaisseur (**photo a**). Couvrir les pommes de terre d'un linge humide pour les empêcher de brunir et réserver.

2. Dans un poêlon allant au four de 8 ou 9 po (20 ou 23 cm) de diamètre, chauffer l'huile et le beurre à feu moyen. Ajouter l'oignon rouge et l'ail et cuire, en brassant, pendant environ 5 minutes ou jusqu'à ce qu'ils aient ramolli. Disposer les tranches de pommes de terre réservées dans le poêlon en les faisant se chevaucher légèrement (**photo b**). Parsemer du sel et du poivre. Couvrir le poêlon, réduire à feu moyen-doux et cuire pendant environ 20 minutes ou jusqu'à ce que les pommes de terre soient tendres.

3. Dans un bol, à l'aide d'un fouet, mélanger les œufs, le persil et le poivron rouge. Verser la préparation aux œufs sur les pommes de terre, couvrir et cuire pendant environ 10 minutes ou jusqu'à ce que la frittata ait presque pris (le centre peut être encore légèrement liquide) (**photo c**).

4. Cuire sous le gril préchauffé du four, à environ 4 po (10 cm) de la source de chaleur, pendant environ 4 minutes ou jusqu'à ce que la frittata soit dorée et que le centre ait pris. À l'aide d'une spatule en métal, détacher délicatement la frittata du poêlon et la glisser dans une assiette de service (**photo d**). Au moment de servir, garnir chaque portion d'un brin de thym, si désiré.

Asperges vapeur, vinaigrette balsamique

6 À 8 PORTIONS

🕐 **Préparation :** 10 minutes
🕐 **Cuisson :** 3 à 5 minutes
■ **Coût :** moyen ■ **Calories :** 155/portion
■ **Protéines :** 3 g/portion
■ **Matières grasses :** 14 g/portion
■ **Glucides :** 6 g/portion
■ **Fibres :** 3 g/portion

2 lb	asperges fraîches, parées	1 kg
1 t	huile d'olive	250 ml
1/4 t	vinaigre balsamique	60 ml
1	échalote française hachée finement	1
1 c. à thé	gros sel de mer	5 ml
1/4 c. à thé	poivre noir du moulin	1 ml
1 c. à tab	ciboulette (ou oignon vert) fraîche, hachée finement	15 ml
	lanières de zeste de citron (facultatif)	

1. Verser environ 1/2 po (1 cm) d'eau dans un grand poêlon à surface antiadhésive. Porter à ébullition. Ajouter les asperges, couvrir et cuire de 3 à 5 minutes ou jusqu'à ce qu'elles soient tendres mais encore croquantes (remuer les asperges à la mi-cuisson). Égoutter les asperges et les passer sous l'eau froide pour en arrêter la cuisson. Égoutter de nouveau. (Vous pouvez préparer les asperges à l'avance, les laisser refroidir et les mettre côte à côte dans un contenant hermétique. Elles se conserveront jusqu'à 2 jours au réfrigérateur. Laisser revenir à la température ambiante.)

2. Dans un bol, à l'aide d'un fouet, mélanger l'huile, le vinaigre balsamique, l'échalote, le gros sel, le poivre et la ciboulette. (Vous pouvez préparer la vinaigrette à l'avance et la couvrir. Elle se conservera jusqu'à 1 semaine au réfrigérateur. Bien mélanger la vinaigrette avant de l'utiliser.)

3. Au moment de servir, mettre les asperges refroidies dans une assiette de service. Arroser de suffisamment de vinaigrette pour bien les enrober et mélanger délicatement (réserver le reste de la vinaigrette pour un usage ultérieur). Garnir de zeste de citron, si désiré.

Muffins au cheddar et au pesto

DONNE DE 10 À 12 MUFFINS

🕐 **Préparation :** 15 minutes
🕐 **Cuisson :** 20 minutes
■ **Coût :** moyen ■ **Calories :** 124/portion
■ **Protéines :** 5 g/portion
■ **Matières grasses :** 3 g/portion
■ **Glucides :** 18 g/portion
■ **Fibres :** 1 g/portion

2 t	farine	500 ml
1 c. à tab	poudre à pâte	15 ml
1/2 c. à thé	sel	2 ml
1	œuf légèrement battu	1
1 t	lait	250 ml
1 c. à tab	pesto maison ou du commerce	15 ml
1 c. à tab	ciboulette (ou oignon vert) fraîche, hachée finement	15 ml
1/2 t	cheddar fort râpé	125 ml

1. Dans un grand bol, mélanger la farine, la poudre à pâte et le sel. Dans un autre bol, à l'aide d'un fouet, mélanger l'œuf, le lait, le pesto, la ciboulette et le fromage. Verser la préparation à l'œuf sur les ingrédients secs et mélanger jusqu'à ce que la pâte soit homogène, sans plus (ne pas trop mélanger).

2. Répartir la pâte dans 10 à 12 moules à muffins beurrés. Cuire au four préchauffé à 375°F (190°C) pendant environ 20 minutes ou jusqu'à ce qu'un cure-dents inséré au centre des muffins en ressorte propre. Mettre les muffins sur une grille et laisser refroidir pendant environ 5 minutes. (Vous pouvez préparer les muffins à l'avance, les laisser refroidir et les mettre dans un contenant hermétique. Ils se conserveront jusqu'à 2 jours au réfrigérateur ou jusqu'à 1 mois au congélateur.)

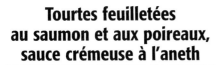

Tourtes feuilletées au saumon et aux poireaux, sauce crémeuse à l'aneth

Vous pouvez préparer une seule grande tourte de 10 po (25 cm) de diamètre ou six petites tourtes de 5 po (13 cm). Si vous optez pour la grande tourte, vous n'aurez besoin que d'un seul paquet de pâte feuilletée et vous devrez augmenter le temps de cuisson à 30 minutes.

6 PORTIONS

⏱ **Préparation :** 40 minutes
⏱ **Réfrigération :** 1 à 3 heures
⏱ **Cuisson :** 25 minutes
■ **Coût :** élevé ■ **Calories :** 870/portion
■ **Protéines :** 44 g/portion
■ **Matières grasses :** 57 g/portion
■ **Glucides :** 43 g/portion
■ **Fibres :** 4 g/portion

TOURTES FEUILLETÉES

2 c. à tab	beurre	30 ml
4	poireaux parés (les parties blanche et vert pâle seulement), coupés en tranches	4
2 lb	filets de saumon frais, la peau et les arêtes enlevées, coupés en cubes de 3/4 po (2 cm)	1 kg
2 c. à thé	zeste de citron râpé	10 ml
1 1/2 c. à thé	gros sel	7 ml
1/4 c. à thé	poivre noir du moulin	1 ml
1	gros œuf	1
1 c. à tab	eau	15 ml
3	feuilles de pâte feuilletée surgelée, décongelée (1 1/2 paquet de 397 g ou 411 g)	3

SAUCE CRÉMEUSE À L'ANETH

1 c. à tab	beurre	15 ml
1	échalote hachée finement	1
1 t	crème à 15 %	250 ml
2	jaunes d'œufs	2
2 c. à tab	jus de citron fraîchement pressé	30 ml
1 1/2 c. à tab	aneth frais, haché finement	22 ml
	sel et poivre du moulin	

Préparation des tourtes feuilletées

1. Dans un grand poêlon, faire fondre le beurre à feu moyen. Ajouter les poireaux et cuire, en brassant de temps à autre, de 2 à 3 minutes ou jusqu'à ce qu'ils aient légèrement ramolli. Laisser refroidir. Dans un bol, mélanger le saumon, le zeste de citron, le gros sel, le poivre et les poireaux refroidis. Réserver.

2. Dans un petit bol, à l'aide d'un fouet, mélanger l'œuf et l'eau. Réserver. Sur une surface de travail légèrement farinée, à l'aide d'un rouleau à pâtisserie légèrement fariné, abaisser l'une des feuilles de pâte feuilletée en un carré de 11 po (28 cm) de côté. À l'aide d'un couteau bien aiguisé, découper le carré de pâte en quatre carrés de 5 1/2 po (14 cm) de côté. Abaisser l'autre feuille de pâte en un carré de 12 po (30 cm) de côté, puis le découper en quatre carrés de 6 po (15 cm) de côté. Déposer les quatre plus petits carrés de pâte feuilletée sur une grande plaque de cuisson tapissée de papier-parchemin ou de papier d'aluminium.

3. À l'aide d'une cuillère, déposer environ 3/4 de tasse (180 ml) de la garniture au saumon réservée au centre des petits carrés, de manière à former un monticule d'environ 4 po (10 cm) de diamètre. À l'aide d'un pinceau à pâtisserie, badigeonner le pourtour des carrés de pâte de la préparation à

l'œuf réservée. Déposer délicatement les plus grands carrés de pâte sur la garniture au saumon, en les alignant avec les carrés du dessous. Presser délicatement ensemble les côtés des carrés pour les sceller. À l'aide d'un couteau bien aiguisé, couper les côtés des carrés de manière à obtenir des cercles d'environ 5 po (13 cm) de diamètre. Badigeonner uniformément le dessus des tourtes de la préparation à l'œuf. Couvrir les tourtes d'une pellicule de plastique, sans serrer, et réfrigérer au moins 1 heure ou jusqu'à 3 heures. Procéder de la même manière avec le reste de la pâte feuilletée, de la garniture au saumon et de la préparation à l'œuf de manière à obtenir deux autres tourtes (abaisser la dernière feuille de pâte en un carré de 12 po/30 cm de côté, puis le découper en quatre carrés de 6 po/15 cm de côté).

4. Cuire les tourtes au centre du four préchauffé à 400°F (200°C) pendant environ 20 minutes ou jusqu'à ce que le dessus soit bien doré. Laisser refroidir légèrement.

Préparation de la sauce crémeuse à l'aneth

5. Entre-temps, dans une petite casserole, faire fondre le beurre à feu moyen. Ajouter l'échalote et cuire, en brassant, de 2 à 3 minutes ou jusqu'à ce qu'elle ait ramolli. Ajouter la crème et réchauffer à feu moyen-doux en brassant à l'aide d'une cuillère de bois. Mettre les jaunes d'œufs dans un petit bol, ajouter une petite quantité de la préparation à la crème chaude et mélanger. Verser le mélange aux jaunes d'œufs dans la casserole et cuire, en brassant, de 3 à 4 minutes ou jusqu'à ce que la sauce ait légèrement épaissi. Ajouter le jus de citron et l'aneth et mélanger. Poursuivre la cuisson pendant 2 minutes. Saler et poivrer.

6. Servir la tourte accompagnée de la sauce crémeuse à l'aneth.

Salade de fruits au miel et au rhum

8 À 10 PORTIONS

🕐 **Préparation :** 15 minutes
🕐 **Cuisson :** aucune
🕐 **Repos :** 15 minutes
■ **Coût :** moyen ■ **Calories :** 146/portion
■ **Protéines :** 2 g/portion
■ **Matières grasses :** 1 g/portion
■ **Glucides :** 31 g/portion
■ **Fibres :** 4 g/portion

1/4 t	menthe fraîche, hachée	60 ml
1/4 t	jus de lime fraîchement pressé	60 ml
1/4 t	rhum ou jus d'orange fraîchement pressé	60 ml
1/4 t	miel liquide	60 ml
1	gros cantaloup ou melon de miel (de type Honeydew)	1
1 lb	fraises fraîches, équeutées et coupées en deux ou en quatre	500 g
1 1/2 t	raisins verts ou rouges sans pépins, ou un mélange des deux	375 ml
4	kiwis pelés et coupés en morceaux de 1/2 po (1 cm)	4

1. Dans un grand bol en verre, à l'aide d'un fouet, mélanger la menthe, le jus de lime, le rhum et le miel. Réserver.

2. À l'aide d'un couteau bien aiguisé, couper le cantaloup en deux et l'épépiner. À l'aide d'une cuillère parisienne (cuillère à melon), retirer la pulpe du cantaloup de manière à former de petites boules (ou couper la pulpe en cubes).

3. Dans le bol, ajouter les boules de cantaloup, les fraises, les raisins et les kiwis et mélanger délicatement pour bien enrober les fruits du sirop. Laisser reposer pendant 15 minutes à la température ambiante pour permettre aux saveurs de se mélanger. (Vous pouvez préparer la salade de fruits à l'avance et la couvrir. Elle se conservera jusqu'à 3 heures au réfrigérateur).

4. Au moment de servir, répartir la salade de fruits dans des coupes à dessert.

Coupes feuilletées au chocolat blanc et aux petits fruits

8 PORTIONS

🕐 **Préparation :** 1 heure
🕐 **Cuisson :** 20 minutes
🕐 **Réfrigération :** 2 heures
■ **Coût :** moyen ■ **Calories :** 337/portion
■ **Protéines :** 2 g/portion
■ **Matières grasses :** 17 g/portion
■ **Glucides :** 47 g/portion
■ **Fibres :** 2 g/portion

SIROP DE SUCRE

1/4 t	sucre	60 ml
1/4 t	eau	60 ml

CRÈME AU CHOCOLAT BLANC ET À L'ORANGE

1	œuf	1
1	jaune d'œuf	1
1/4 t	sucre	60 ml
1 c. à thé	zeste de citron râpé	5 ml
3 c. à tab	jus de citron fraîchement pressé	45 ml
1 c. à thé	zeste d'orange râpé	5 ml
2 c. à tab	jus d'orange fraîchement pressé	30 ml
2 oz	chocolat blanc haché	60 g
1/3 t	crème à 35 %	80 ml

COUPES FEUILLETÉES AU CHOCOLAT

4	feuilles de pâte phyllo	4
3 c. à tab	beurre fondu	45 ml
3 c. à tab	sucre	45 ml
3 oz	chocolat mi-amer, fondu	90 g

GARNITURE AUX FRUITS

1/3 t	confiture d'abricots	80 ml
1 c. à tab	eau	15 ml
2	kiwis pelés et coupés en tranches fines	2
1 t	fraises ou framboises fraîches, coupées en tranches	250 ml

Préparation du sirop de sucre

1. Dans une casserole, mélanger le sucre et l'eau et porter à ébullition à feu moyen. Laisser bouillir pendant 2 minutes, puis laisser refroidir le sirop. Réserver. (Vous pouvez préparer le sirop à l'avance, le laisser refroidir et le couvrir. Il se conservera jusqu'à 3 jours au réfrigérateur.)

Préparation de la crème au chocolat blanc et à l'orange

2. Dans la partie supérieure d'un bain-marie contenant de l'eau chaude mais non bouillante, à l'aide d'un fouet, battre l'œuf, le jaune d'œuf, le sucre, le zeste et le jus de citron et le zeste et le jus d'orange. Cuire, en fouettant souvent, pendant 10 minutes ou jusqu'à ce que la préparation ait légèrement épaissi. Retirer du feu. Ajouter le chocolat blanc en fouettant et mélanger jusqu'à ce qu'il ait fondu.

3. Couvrir directement la surface de la préparation au chocolat blanc d'une pellicule de plastique. Réfrigérer pendant environ 1 heure ou jusqu'à ce qu'elle ait refroidi. Dans un bol, à l'aide d'un batteur électrique, fouetter la crème jusqu'à ce qu'elle forme des pics fermes. Incorporer la crème fouettée à la préparation au chocolat blanc en soulevant délicatement la masse. Réfrigérer pendant au moins 1 heure ou jusqu'à 24 heures.

Préparation des coupes feuilletées au chocolat

4. Entre-temps, étendre une feuille de pâte phyllo sur une surface de travail (couvrir le reste des feuilles de pâte d'un linge humide pour les empêcher de sécher). Couper la feuille de pâte en deux sur la longueur, puis en trois sur la largeur, de manière à obtenir six carrés. Badigeonner un des carrés de pâte de beurre fondu. Couvrir d'un autre carré, en le décalant légèrement afin que ses pointes ne soient pas alignées avec celles du premier carré. Badigeonner de beurre. Couvrir d'un troisième carré de pâte de la même manière et le badigeonner légèrement d'un peu du sirop de sucre réservé.

5. Déposer les carrés de pâte superposés dans un moule à muffins graissé, en pressant la pâte sur les côtés et dans le fond. Répéter ces opérations avec le reste de la pâte phyllo, du beurre et du sirop de sucre (vous devriez obtenir huit coupes feuilletées ; autant que possible, laisser un moule vide entre chaque coupe feuilletée pour éviter qu'elles ne se touchent).

6. Cuire au centre du four préchauffé à 400°F (200°C) pendant 8 minutes ou jusqu'à ce que les coupes soient dorées et croustillantes. Parsemer le bord des coupes du sucre. Mettre le moule sur une grille et laisser refroidir pendant 5 minutes. Retirer les coupes du moule, les mettre sur la grille et les laisser refroidir complètement. Badigeonner l'intérieur des coupes du chocolat fondu. Laisser reposer pendant 15 minutes ou jusqu'à ce que le chocolat ait pris. (Vous pouvez préparer les coupes feuilletées à l'avance et les couvrir sans serrer. Elles se conserveront jusqu'à 8 heures à la température ambiante.) Répartir la crème au chocolat blanc refroidie dans les coupes feuilletées.

Préparation de la garniture aux fruits

7. Dans une casserole, mélanger la confiture d'abricots et l'eau. Porter à ébullition. Dans une passoire fine placée sur un bol, filtrer la préparation et laisser refroidir. Disposer les tranches de kiwis et de fraises sur la crème au chocolat blanc et les badigeonner de la préparation à la confiture. Laisser prendre avant de servir.

Barbe**cue**

Napoléon aux légumes grillés et au fromage

Le napoléon est habituellement un dessert individuel constitué de plusieurs couches superposées. Nous nous sommes inspirés de ce principe pour préparer une exquise petite entrée de légumes grillés et de fromage mozzarella, un délice à l'italienne à servir tiède de préférence.

4 PORTIONS

⏱ **Préparation :** 30 minutes
⏱ **Marinade :** 15 à 30 minutes
⏱ **Cuisson :** 25 à 45 minutes
■ **Coût :** élevé ■ **Calories :** 520/portion
■ **Protéines :** 15 g/portion
■ **Matières grasses :** 46 g/portion
■ **Glucides :** 12 g/portion
■ **Fibres :** 4 g/portion

1	boule de fromage mozzarella frais ou	1
4	fromages bocconcini égouttés (environ 8 oz/250 g en tout)	4
1/2 t + 1/4 t	huile d'olive	185 ml
1 c. à thé	romarin frais	5 ml
1	poivron rouge	1
1	poivron jaune	1
1/2	aubergine coupée en quatre tranches de 1/3 po (8 mm) d'épaisseur	1/2
1	grosse tomate, coupée en quatre tranches de 1/4 po (5 mm) d'épaisseur	1
8	feuilles de basilic frais	8
2 c. à tab	olives noires dénoyautées, hachées (facultatif)	30 ml
2 c. à tab	vinaigre balsamique ou vinaigre de vin rouge	30 ml

1. À l'aide d'un couteau bien aiguisé, couper la boule de fromage mozzarella en huit tranches (ou couper chaque fromage bocconcini en deux tranches). Dans un plat peu profond, mélanger 1/2 tasse (125 ml) de l'huile d'olive et le romarin. Mettre les tranches de fromage dans la préparation à l'huile et les retourner pour bien les enrober. Couvrir le plat d'une pellicule de plastique et laisser mariner à la température ambiante de 15 à 30 minutes au plus (si vous laissez le fromage mariner trop longtemps dans l'huile, le petit-lait se mélangera à l'huile).

2. Entre-temps, faire griller les poivrons rouge et jaune sur le barbecue ou au four. Laisser refroidir suffisamment les poivrons pour pouvoir les manipuler. Peler les poivrons, les épépiner et les couper en quatre morceaux. Réserver.

3. Badigeonner les deux côtés des tranches d'aubergine du reste de l'huile d'olive. Faire griller les tranches d'aubergine sur le barbecue de 4 à 5 minutes ou jusqu'à ce qu'elles soient dorées, sans plus (les retourner une fois en cours de cuisson).

4. À l'aide d'une écumoire, retirer le fromage mozzarella de la préparation à l'huile d'olive (réserver la préparation). Répartir les tranches d'aubergine grillée dans quatre assiettes individuelles. Couvrir d'un morceau de poivron rouge réservé, puis d'une tranche de mozzarella, d'une tranche de tomate, d'une feuille de basilic, d'une autre tranche de fromage mozzarella et d'un morceau de poivron jaune réservé. Garnir chaque napoléon d'une feuille de basilic et d'olives noires, si désiré.

5. À l'aide d'un fouet, mélanger le vinaigre balsamique à la préparation à l'huile réservée. À l'aide d'une cuillère, répartir la vinaigrette autour des napoléons. Servir aussitôt.

Coup de pouce

Le fromage mozzarella frais

Vous connaissez le fromage mozzarella frais ? Il s'agit d'un fromage frais non affiné à pâte molle, d'une texture moelleuse sans pareille. Ce fromage de luxe nous vient bien sûr d'Italie, où il est habituellement préparé avec du lait de bufflonne. Au Québec, on le trouve plus facilement en version miniature et fait de lait de vache ; on l'appelle bocconcini. Pour en préserver la fraîcheur, les fromages bocconcini sont vendus dans l'eau dans un contenant en plastique. On trouve le fromage mozzarella frais dans les épiceries italiennes et dans certaines fromageries, et les fromages bocconcini dans la plupart des supermarchés.

Brochettes de poulet épicé à l'indienne

6 PORTIONS

⏱ **Préparation :** 20 minutes
⏱ **Réfrigération :** 2 à 12 heures
⏱ **Cuisson :** 15 minutes
■ **Coût :** moyen ■ **Calories :** 187/portion
■ **Protéines :** 43 g/portion
■ **Matières grasses :** 3 g/portion
■ **Glucides :** 4 g/portion
■ **Fibres :** 1 g/portion

1 c. à tab	coriandre moulue	15 ml
1 c. à thé	cumin moulu	5 ml
3/4 t	yogourt nature	180 ml
2 c. à tab	jus de citron fraîchement pressé	30 ml
4	gousses d'ail hachées finement	4
2 c. à thé	gingembre frais, râpé finement	10 ml
1 c. à thé	sel	5 ml
1/4 c. à thé	curcuma moulu	1 ml
1/4 c. à thé	piment de Cayenne	1 ml
6	poitrines de poulet désossées, la peau et le gras enlevés, coupées en cubes de 1 1/2 po (4 cm) (2 lb/1 kg en tout)	6
6	petits piments chilis frais (de type jalapeño)	6

1. Dans un petit poêlon, faire griller la coriandre et le cumin à feu moyen, en brassant sans arrêt, pendant 30 secondes ou jusqu'à ce que les épices dégagent leur arôme. Mettre la coriandre et le cumin grillés dans un grand bol en verre. Laisser refroidir.

2. Dans le bol, ajouter le yogourt, le jus de citron, l'ail, le gingembre, le sel, le curcuma et le piment de Cayenne et mélanger. Ajouter les cubes de poulet et les retourner pour bien les enrober. Couvrir le bol d'une pellicule de plastique et laisser mariner au réfrigérateur pendant au moins 2 heures ou jusqu'à 12 heures, en brassant de temps à autre.

3. Retirer les cubes de poulet de la marinade (jeter la marinade) et les enfiler sur six petites brochettes de métal ou de bois préalablement trempées dans l'eau, en laissant un espace d'environ 1/8 po (3 mm) entre chaque morceau de poulet. Enfiler un piment chili à l'extrémité de chaque brochette.

4. Préparer une braise d'intensité moyenne-vive ou régler le barbecue au gaz à puissance moyenne-élevée. Mettre les brochettes de poulet sur la grille huilée du barbecue et cuire de 10 à 12 minutes ou jusqu'à ce que le poulet ait perdu sa teinte rosée à l'intérieur (retourner les brochettes toutes les 3 ou 4 minutes).

Riz pilaf aux pistaches

6 PORTIONS

⏱ **Préparation :** 10 minutes
⏱ **Cuisson :** 30 minutes
■ **Coût :** moyen ■ **Calories :** 304/portion
■ **Protéines :** 5 g/portion
■ **Matières grasses :** 7 g/portion
■ **Glucides :** 53 g/portion
■ **Fibres :** 2 g/portion

2 c. à tab	huile végétale	30 ml
1	petit oignon, haché	1
2	gousses d'ail hachées finement	2
1	bâton de cannelle (2 po/5 cm de longueur)	1
8	gousses de cardamome	8
1 c. à thé	sel	5 ml
2 t	riz basmati	500 ml
4 t	eau	1 L
1/4 t	raisins de Corinthe ou autres raisins secs	60 ml
1/4 t	pistaches écalées et grillées, hachées grossièrement	60 ml

1. Dans une casserole, chauffer l'huile à feu moyen. Ajouter l'oignon, l'ail, le bâton de cannelle, les gousses de cardamome et le sel et cuire, en brassant souvent, pendant 5 minutes ou jusqu'à ce que l'oignon ait ramolli.

2. Ajouter le riz et cuire, en brassant, de 2 à 3 minutes ou jusqu'à ce qu'il soit opaque. Ajouter l'eau et les raisins de Corinthe et porter à ébullition. Réduire à feu moyen-doux, couvrir et laisser mijoter de 15 à 20 minutes ou jusqu'à ce que le liquide soit absorbé et que le riz soit tendre. (Vous pouvez préparer le riz pilaf à l'avance, le laisser refroidir et le couvrir. Il se conservera jusqu'à 4 heures au réfrigérateur. Réchauffer au micro-ondes au moment de servir.)

3. Au moment de servir, retirer le bâton de cannelle et les gousses de cardamome. À l'aide d'une fourchette, séparer les grains de riz. Parsemer le riz des pistaches.

Coup de pouce

Acheter à l'indienne

Pour compléter nos petits festins à l'indienne, il n'y a rien comme les chutneys, les pappardums (croustilles de lentilles), le pain nan (pain plat), le riz basmati, les mélanges de cari, etc. On trouve tous ces trésors dans les épiceries indiennes, dans certaines épiceries fines et dans plusieurs supermarchés au rayon des produits importés.

Poulet grillé au pesto de tomates séchées et salsa aux pêches

6 PORTIONS

⏱ **Préparation :** 20 minutes
⏱ **Marinade :** 2 à 12 heures
⏱ **Cuisson :** 12 minutes
■ **Coût :** élevé ■ **Calories :** 360/portion
■ **Protéines :** 33 g/portion
■ **Matières grasses :** 20 g/portion
■ **Glucides :** 11 g/portion
■ **Fibres :** 1 g/portion

1/4 t	tomates séchées (non conservées dans l'huile)	60 ml
1 t	basilic frais, légèrement tassé	250 ml
1/2 t	huile d'olive	125 ml
1	gousse d'ail	1
1/2	piment chili (de type jalapeño)	1/2
1/2 c. à thé	sel	2 ml
6	poitrines de poulet désossées	6
3	pêches dénoyautées et coupées en dés	3
1/2 t	oignon rouge coupé en dés	125 ml
1/4 t	coriandre fraîche, hachée	60 ml
1 c. à tab	jus de lime fraîchement pressé	15 ml
1 c. à tab	miel liquide	15 ml
1 c. à thé	vinaigre de riz	5 ml
1/4 c. à thé	poivre	1 ml

1. Mettre les tomates séchées dans un bol et les couvrir d'eau bouillante. Laisser tremper pendant 10 minutes ou jusqu'à ce qu'elles aient ramolli. Égoutter les tomates et les mettre dans le récipient du mélangeur ou du robot culinaire. Ajouter le basilic, l'huile, l'ail, le piment chili et 1/4 de cuillerée à thé (1 ml) du sel et réduire en purée. À l'aide d'une spatule, mettre le pesto de tomates séchées dans un grand bol. Ajouter les poitrines de poulet et les retourner pour bien les enrober. Couvrir le bol d'une pellicule de plastique et laisser mariner au réfrigérateur pendant 2 heures ou jusqu'à 12 heures.

2. Dans un bol, mélanger les pêches, l'oignon rouge, la coriandre, le jus de lime, le miel, le vinaigre de riz, le reste du sel et le poivre. Réserver.

3. Préparer une braise d'intensité moyenne ou régler le barbecue au gaz à puissance moyenne. Mettre le poulet sur la grille huilée du barbecue. Fermer le couvercle et cuire pendant 6 minutes de chaque côté ou jusqu'à ce que le poulet ait perdu sa teinte rosée à l'intérieur. Servir aussitôt le poulet accompagné de la salsa aux pêches réservée.

Pommes de terre aux fines herbes

8 À 10 PORTIONS

⏱ **Préparation :** 15 minutes
⏱ **Cuisson :** 25 à 30 minutes
■ **Coût :** faible ■ **Calories :** 204/portion
■ **Protéines :** 4 g/portion
■ **Matières grasses :** 6 g/portion
■ **Glucides :** 36 g/portion
■ **Fibres :** 3 g/portion

5	pommes de terre rouges, brossées et coupées en huit quartiers	5
5	pommes de terre jaunes (de type Yukon Gold), brossées et coupées en huit quartiers	5
1/4 t	huile végétale	60 ml
1/4 t	persil frais, haché	60 ml
1 c. à tab	thym frais, haché finement	15 ml
1 c. à tab	origan frais, haché finement	15 ml
3/4 c. à thé	sel	4 ml
1/2 c. à thé	poivre	2 ml

1. Mettre les pommes de terre sur un grand morceau double épaisseur de papier d'aluminium. Arroser de l'huile et mélanger pour bien les enrober. Plier le papier d'aluminium sur les pommes de terre de manière à former une papillote. Préparer une braise d'intensité moyenne-vive ou régler le barbecue au gaz à puissance moyenne-élevée. Mettre la papillote sur la grille du barbecue et cuire de 15 à 20 minutes.

2. Ouvrir délicatement la papillote et parsemer les pommes de terre du persil, du thym et de l'origan. Mélanger pour bien enrober les pommes de terre. Refermer la papillote et poursuivre la cuisson pendant 10 minutes ou jusqu'à ce que les pommes de terre soient tendres et dorées. Parsemer du sel et du poivre. Servir aussitôt.

Brochettes de poulet, trempette au yogourt

4 À 6 PORTIONS

🕐 **Préparation :** 20 minutes
🕐 **Réfrigération :** 1 heure
🕐 **Cuisson :** 5 minutes
■ **Coût :** moyen ■ **Calories :** 192/portion
■ **Protéines :** 28 g/portion
■ **Matières grasses :** 4 g/portion
■ **Glucides :** 8 g/portion ■ **Fibres :** aucune

1 1/2 t	yogourt nature faible en matières grasses	375 ml
1/2 t	lait à 1 %	125 ml
1/4 t	jus de citron fraîchement pressé	60 ml
1/4 t	oignons verts hachés finement	60 ml
2 c. à thé	moutarde de Dijon	10 ml
1 c. à thé	basilic séché	5 ml
1 c. à thé	sucre	5 ml
1	petite gousse d'ail, hachée finement	1
3/4 c. à thé	sel	4 ml
1/4 c. à thé	poivre noir du moulin	1 ml
1/8 c. à thé	sauce tabasco	0,5 ml
1 1/2 lb	poitrines de poulet désossées, la peau et le gras enlevés, coupées sur la longueur en lanières	750 g

1. Dans un bol, à l'aide d'un fouet, mélanger le yogourt, le lait, le jus de citron, les oignons verts, la moutarde de Dijon, le basilic, le sucre, l'ail, le sel, le poivre et la sauce tabasco. Réserver 1 1/3 tasse (330 ml) de la préparation au yogourt dans un autre bol, couvrir et réfrigérer jusqu'au moment de servir. Ajouter les lanières de poulet au reste de la préparation au yogourt et mélanger pour bien enrober le poulet. Couvrir et réfrigérer pendant 1 heure.

2. Préparer une braise d'intensité moyenne-vive ou régler le barbecue au gaz à puissance moyenne-élevée. Retirer les lanières de poulet de la préparation au yogourt et les enfiler sur 24 petites brochettes en bois préalablement trempées dans l'eau. Mettre les brochettes de poulet sur la grille huilée du barbecue. Fermer le couvercle et cuire pendant 3 minutes. Retourner les brochettes et cuire pendant 2 minutes ou jusqu'à ce que le poulet ait perdu sa teinte rosée à l'intérieur.

3. Au moment de servir, mettre les brochettes dans une assiette de service. Servir avec la trempette au yogourt réservée.

Poulet grillé tandoori

En Inde, on fait griller ce délicieux poulet mariné dans un *tandoor*, un four traditionnel en argile. La meilleure façon de le cuire ici, c'est au barbecue à briquettes de bois ou au gaz. Pour se simplifier la tâche, on peut remplacer les épices de la recette par 2 cuillerées à table (30 ml) d'un mélange d'épices tandoori du commerce ou 4 cuillerées à table (60 ml) de pâte tandoori.

4 PORTIONS

🕐 **Préparation :** 30 minutes
🕐 **Marinade :** 1 heure
🕐 **Cuisson :** 15 minutes
■ **Coût :** moyen ■ **Calories :** 280/portion
■ **Protéines :** 40 g/portion
■ **Matières grasses :** 10 g/portion
■ **Glucides :** 6 g/portion
■ **Fibres :** 1 g/portion

1/2 t	yogourt nature	125 ml
1 1/2 c. à tab	jus de lime fraîchement pressé	22 ml
1/2 c. à thé	cumin moulu	2 ml
1/4 c. à thé	coriandre moulue	1 ml
1 1/2 c. à tab	paprika	22 ml
1/4 c. à thé	curcuma	1 ml
1/4 c. à thé	gingembre moulu	1 ml
1	pincée de piment de Cayenne	1
2	gousses d'ail hachées finement	2
4	poitrines de poulet désossées, la peau et le gras enlevés (environ 1 1/4 lb/625 g en tout)	4
2	oignons coupés en tranches ou en quartiers	2
	huile d'olive	
	quartiers de citron ou de lime	
1	botte de coriandre fraîche, parée	1
	sel	

1. Dans un grand plat peu profond, à l'aide d'un fouet, mélanger le yogourt, le jus de lime, le cumin, la coriandre moulue, le paprika, le curcuma, le gingembre, le piment de Cayenne et l'ail. Saler. Ajouter le poulet et mélanger pour bien l'enrober. Couvrir le plat d'une pellicule de plastique et laisser mariner au réfrigérateur pendant au moins 1 heure ou jusqu'au lendemain.

2. Préparer une braise d'intensité moyenne-vive ou régler le barbecue au gaz à puissance moyenne-élevée. Retirer les poitrines de poulet de la sauce tandoori en raclant l'excédent (jeter l'excédent de sauce). Mettre le poulet sur la grille huilée du barbecue placée à environ 4 po (10 cm) de la source de chaleur et cuire de 6 à 8 minutes de chaque côté ou jusqu'à ce que le poulet ait perdu sa teinte rosée à l'intérieur et qu'il soit grillé à l'extérieur.

3. Entre-temps, badigeonner légèrement les tranches d'oignons d'huile d'olive. Cuire sur le barbecue de 3 à 4 minutes ou jusqu'à ce que les oignons soient dorés et encore croquants (retourner les oignons à la mi-cuisson). Si désiré, cuire les quartiers de citron de 1 à 2 minutes.

4. Au moment de servir, répartir la coriandre fraîche dans des assiettes individuelles. Couvrir des oignons grillés, puis des poitrines de poulet grillées. Garnir de quartiers de citron grillés. Servir aussitôt.

Poitrines de poulet caramélisées au vinaigre balsamique

Servir ce petit délice tout simple sur un lit d'asperges grillées. Pour la touche finale, garnir chaque portion de tomates et de limes coupées en deux et réchauffées quelques minutes sur le barbecue.

4 PORTIONS

⏱ **Préparation :** 25 minutes
⏱ **Marinade :** 2 heures
⏱ **Cuisson :** 12 minutes
■ **Coût :** élevé ■ **Calories :** 400/portion
■ **Protéines :** 41 g/portion
■ **Matières grasses :** 21 g/portion
■ **Glucides :** 16 g/portion
■ **Fibres :** aucune

1/3 t	vinaigre balsamique	80 ml
1/3 t	sauce soja	80 ml
2	gousses d'ail hachées finement	2
3 c. à tab	moutarde de Meaux (moutarde à l'ancienne)	45 ml
	zeste de 1 lime râpé	
1/3 t	cassonade	80 ml
1/3 t	huile d'olive	80 ml
1 c. à tab	thym frais, haché finement ou	15 ml
1 c. à thé	thym séché	5 ml
4	poitrines de poulet désossées, la peau et le gras enlevés (environ 1 1/4 lb/625 g en tout)	4
	brins de thym frais (facultatif)	
	poivre noir du moulin	

1. Dans un plat en verre peu profond, à l'aide d'un fouet, mélanger le vinaigre balsamique, la sauce soja, l'ail, la moutarde de Meaux, le zeste de lime, la cassonade, l'huile et le thym (**photo a**). Poivrer.

2. Ajouter les poitrines de poulet et les retourner pour bien les enrober. Couvrir le plat d'une pellicule de plastique et laisser mariner au réfrigérateur pendant 2 heures (retourner les poitrines de poulet de temps à autre). (Vous pouvez préparer les poitrines de poulet jusqu'à cette étape et les couvrir. Elles se conserveront jusqu'au lendemain au réfrigérateur.)

3. Préparer une braise d'intensité moyenne-vive ou régler le barbecue au gaz à puissance moyenne-élevée. Retirer les poitrines de poulet de la marinade (réserver la marinade) et les mettre sur la grille huilée du barbecue. Fermer le couvercle et cuire pendant environ 7 minutes (badigeonner le poulet de la marinade réservée de temps à autre). Retourner les poitrines de poulet et poursuivre la cuisson pendant environ 5 minutes ou jusqu'à ce que le poulet soit doré et qu'il ait perdu sa teinte rosée à l'intérieur.

4. Entre-temps, verser le reste de la marinade réservée dans une petite casserole. Porter à ébullition. Réduire le feu et laisser mijoter pendant environ 5 minutes ou jusqu'à ce que la sauce ait réduit et qu'elle soit légèrement sirupeuse (**photo b**).

5. Au moment de servir, à l'aide d'un couteau bien aiguisé, couper les poitrines de poulet en tranches épaisses sur le biais et les répartir dans quatre assiettes individuelles. Garnir chaque portion d'un brin de thym, si désiré. Servir les poitrines de poulet accompagnées de la sauce au vinaigre balsamique.

Coup de pouce

Savoureuses asperges sur le barbecue

Les asperges grillées font un légume d'accompagnement parfait pour les grillades. Elles sont si savoureuses et tellement faciles à préparer ! Il suffit de les parer et de les faire blanchir pendant environ 1 minute en les plongeant dans une casserole d'eau bouillante. Puis on les égoutte et on les rafraîchit sous l'eau froide. On les étend ensuite côte à côte sur une plaque à légumes (une plaque à griller perforée) et on les badigeonne légèrement d'huile d'olive (**photo c**). Il ne reste plus qu'à les faire griller à feu moyen, en les retournant souvent, pendant environ 5 minutes ou jusqu'à ce qu'elles soient dorées.

Brochettes
de poulet au citron

4 PORTIONS

🕐 **Préparation :** 10 minutes

🕐 **Marinade :** 15 minutes

🕐 **Cuisson :** 12 à 16 minutes

■ **Coût :** moyen ■ **Calories :** 189/portion

■ **Protéines :** 26 g/portion

■ **Matières grasses :** 8 g/portion

■ **Glucides :** 3 g/portion

■ **Fibres :** 1 g/portion

2 c. à tab	huile d'olive	30 ml
2 c. à tab	jus de citron fraîchement pressé	30 ml
3	gousses d'ail hachées finement	3
1/2 c. à thé	thym séché	2 ml
1/2 c. à thé	sel	2 ml
1/4 c. à thé	poivre	1 ml
1 lb	poitrines de poulet désossées, la peau et le gras enlevés, coupées en cubes de 1 po (2,5 cm)	500 g
1	poivron vert épépiné et coupé en morceaux de 1 po (2,5 cm)	1

1. Dans un bol, à l'aide d'un fouet, mélanger l'huile, le jus de citron, l'ail, le thym, le sel et le poivre. Ajouter les cubes de poulet et mélanger pour bien les enrober. Laisser mariner pendant 15 minutes. (Vous pouvez préparer les cubes de poulet jusqu'à cette étape et les couvrir d'une pellicule de plastique. Ils se conserveront jusqu'à 24 heures au réfrigérateur.)

2. Préparer une braise d'intensité moyenne-vive ou régler le barbecue au gaz à puissance moyenne-élevée. Retirer les cubes de poulet de la marinade et les enfiler sur huit brochettes en métal ou en bois préalablement trempées dans l'eau, en les faisant alterner avec les morceaux de poivron vert. Mettre les brochettes de poulet sur la grille huilée du barbecue et cuire de 12 à 16 minutes ou jusqu'à ce que le poulet soit doré et ait perdu sa teinte rosée à l'intérieur (retourner les brochettes de temps à autre en cours de cuisson). Servir aussitôt.

Pilaf aux tomates

4 PORTIONS

1. Dans une casserole, chauffer 1 cuillerée à table (15 ml) d'huile d'olive à feu moyen. Ajouter 1 oignon haché, 3 gousses d'ail hachées finement, 1/4 de cuillerée à thé (1 ml) de sel et 1/4 de cuillerée à thé (1 ml) de poivre et cuire pendant environ 5 minutes ou jusqu'à ce que l'oignon ait ramolli. Ajouter 1 1/2 tasse (375 ml) de bulghur et 1/4 de tasse (60 ml) de pâte de tomates et cuire pendant 2 minutes. Ajouter 2 tasses (500 ml) de bouillon de poulet et porter à ébullition. Retirer la casserole du feu, couvrir et laisser reposer pendant environ 15 minutes ou jusqu'à ce que le bulghur soit tendre. Ajouter 1/3 de tasse (80 ml) d'oignons verts hachés et mélanger.

Hamburgers au dindon, au miel et à la moutarde

4 PORTIONS

⏱ **Préparation :** 10 minutes
⏱ **Cuisson :** 15 minutes
■ **Coût :** moyen ■ **Calories :** 320/portion
■ **Protéines :** 27 g/portion
■ **Matières grasses :** 6 g/portion
■ **Glucides :** 35 g/portion
■ **Fibres :** 1 g/portion

1/4 t	moutarde de Meaux (moutarde à l'ancienne)	60 ml
2 c. à tab	miel liquide	30 ml
1 lb	dindon haché	500 g
1/2 c. à thé	sel	2 ml
1/4 c. à thé	poivre noir du moulin	1 ml
2 c. à thé	huile de canola	10 ml
4	pains à hamburger coupés en deux	4
	laitue, tranches de tomate, tranches d'oignon rouge	

1. Dans un petit bol, à l'aide d'un fouet, mélanger la moutarde de Meaux et le miel jusqu'à ce que la préparation soit lisse. Dans un autre bol, bien mélanger le dindon, 3 cuillerées à table (45 ml) de la préparation à la moutarde de Meaux, le sel et le poivre. Façonner la préparation en quatre pâtés de 1 po (2,5 cm) d'épaisseur.

2. Préparer une braise d'intensité moyenne-vive ou régler le barbecue au gaz à puissance moyenne-élevée. Badigeonner légèrement de l'huile chaque côté des pâtés et les mettre sur la grille huilée du barbecue. Cuire de 5 à 7 minutes de chaque côté ou jusqu'à ce que le dindon ait perdu sa teinte rosée à l'intérieur (badigeonner les pâtés du reste de la préparation à la moutarde de Meaux en fin de cuisson).

3. Mettre les pains sur la grille huilée du barbecue et cuire pendant 2 minutes ou jusqu'à ce qu'ils soient dorés. Mettre les pâtés dans les pains grillés. Garnir de laitue, de tranches de tomate et d'oignon rouge. Servir aussitôt.

Brochettes de bœuf à l'origan

Délicieuses telles quelles, ces brochettes sont un régal servies sur des pains pitas grillés, garnies de laitue, de légumes grillés et de sauce au yogourt.

4 PORTIONS

🕐 **Préparation :** 20 minutes
🕐 **Cuisson :** 7 minutes
■ **Coût :** moyen ■ **Calories :** 253/portion
■ **Protéines :** 23 g/portion
■ **Matières grasses :** 14 g/portion
■ **Glucides :** 8 g/portion
■ **Fibres :** 1 g/portion

3	gousses d'ail hachées finement	3
1	petit oignon, haché finement	1
1/4 t	chapelure	60 ml
2 c. à tab	origan frais, haché ou	30 ml
1 c. à tab	origan séché	15 ml
2 c. à tab	eau	30 ml
1 c. à tab	moutarde de Dijon	15 ml
1 c. à thé	cannelle moulue	5 ml
1 c. à thé	cumin moulu	5 ml
1/2 c. à thé	sel	2 ml
1/4 c. à thé	poivre	1 ml
1 lb	bœuf haché maigre	500 g
	sauce au yogourt (voir recette)	

1. Dans un grand bol, mélanger l'ail, l'oignon, la chapelure, l'origan, l'eau, la moutarde de Dijon, la cannelle, le cumin, le sel et le poivre. Ajouter le bœuf haché et mélanger. Diviser la préparation au bœuf en huit portions. Façonner chaque portion autour d'une brochette en métal ou en bois préalablement trempée dans l'eau, en pressant bien de manière à donner à la préparation la forme d'une saucisse d'environ 4 po (10 cm) de longueur.

2. Préparer une braise d'intensité moyenne-vive ou régler le barbecue au gaz à puissance moyenne-élevée. Mettre les brochettes de bœuf sur la grille huilée du barbecue. Fermer le couvercle et cuire pendant environ 7 minutes ou jusqu'à ce que la viande ait perdu sa teinte rosée à l'intérieur (retourner les brochettes deux fois en cours de cuisson). Servir accompagné de sauce au yogourt.

Sauce au yogourt

DONNE 1 TASSE (250 ML)

1 t	yogourt nature	250 ml
2 c. à tab	coriandre (ou menthe ou aneth) fraîche, hachée	30 ml

1. Dans un petit bol, mélanger le yogourt et la coriandre. Couvrir et réfrigérer. (Vous pouvez préparer la sauce à l'avance. Elle se conservera jusqu'à 2 jours au réfrigérateur.)

Brochettes de légumes grillés

4 PORTIONS

1. Sur huit brochettes en métal ou en bois préalablement trempées dans l'eau, enfiler 1 courgette coupée en morceaux de 1/2 po (1 cm) d'épaisseur, 1/2 poivron rouge épépiné et coupé en morceaux de 1/2 po (1 cm) et 1/2 poivron vert épépiné et coupé en morceaux de 1/2 po (1 cm), en laissant un espace d'environ 1/4 po (5 mm) entre chaque morceau.

2. Badigeonner les légumes de 1 cuillerée à table (15 ml) d'huile d'olive et les parsemer de 1 cuillerée à table (15 ml) de basilic frais, haché (ou 1 cuillerée à thé/5 ml de basilic séché), 1/4 de cuillerée à thé (1 ml) de sel et 1/4 de cuillerée à thé (1 ml) de poivre. Préparer une braise d'intensité moyenne-vive ou régler le barbecue au gaz à puissance moyenne-élevée.

3. Mettre les brochettes de légumes sur la grille huilée du barbecue. Fermer le couvercle et cuire pendant environ 8 minutes ou jusqu'à ce que la courgette soit tendre mais encore croquante et que les poivrons aient légèrement ramolli (retourner les brochettes de légumes une fois en cours de cuisson).

Pitas grillés à la grecque

4 PORTIONS

1. Badigeonner 4 pains pitas de blé entier de 2 cuillerées à table (30 ml) d'huile d'olive. Parsemer de 1 cuillerée à thé (5 ml) d'origan séché, 1/4 de cuillerée à thé (1 ml) de sel et 1/4 de cuillerée à thé (1 ml) de poivre.

2. Préparer une braise d'intensité moyenne-vive ou régler le barbecue au gaz à puissance moyenne-élevée. Mettre les pains pitas sur la grille huilée du barbecue. Fermer le couvercle et cuire pendant environ 4 minutes ou jusqu'à ce que les pains soient dorés (retourner les pains pitas une fois en cours de cuisson).

Bifteck de flanc à l'anglaise

6 PORTIONS

🕐 **Préparation :** 10 minutes
🕐 **Marinade :** 4 à 24 heures
🕐 **Cuisson :** 15 minutes
■ **Coût :** moyen ■ **Calories :** 274/portion
■ **Protéines :** 28 g/portion
■ **Matières grasses :** 18 g/portion
■ **Glucides :** 5 g/portion ■ **Fibres :** traces

1 1/2 lb	bifteck de flanc	750 g
1/4 t + 2 c. à thé	eau	70 ml
1/4 t	ketchup	60 ml
1/4 t	vinaigre de vin rouge	60 ml
1/4 t	huile d'olive	60 ml
2 c. à tab	sauce Worcestershire	30 ml
1 c. à tab	moutarde de Dijon	15 ml
1/2 c. à thé	poivre	2 ml
2 c. à thé	fécule de maïs	10 ml

1. À l'aide d'un couteau bien aiguisé, faire des entailles en forme de «x», à 1 po (2,5 cm) d'intervalle, sur chaque côté du bifteck, à 1/8 po (3 mm) de profondeur.

2. Dans un plat en verre peu profond, à l'aide d'un fouet, mélanger 1/4 de tasse (60 ml) de l'eau, le ketchup, le vinaigre de vin, l'huile d'olive, la sauce Worcestershire, la moutarde de Dijon et le poivre. Ajouter le bifteck et le retourner pour bien l'enrober. Couvrir le plat d'une pellicule de plastique et laisser mariner au réfrigérateur pendant 4 heures ou jusqu'au lendemain.

3. Préparer une braise d'intensité vive ou régler l'un des brûleurs du barbecue au gaz à puissance élevée. Retirer le bifteck de la marinade et l'éponger à l'aide d'essuie-tout (réserver la marinade). Mettre le bifteck sur la grille huilée du barbecue et cuire pendant 2 minutes de chaque côté pour le dorer. Fermer le couvercle et poursuivre en cuisson indirecte (voir La cuisson indirecte, ci-contre) pendant 12 minutes pour une viande saignante-à point ou jusqu'à ce qu'un thermomètre à viande inséré au centre du bifteck indique 145°F (63°C).

4. Mettre le bifteck sur une planche à découper et le couvrir de papier d'aluminium, sans serrer. Laisser reposer pendant 10 minutes. À l'aide d'un couteau bien aiguisé, couper le bifteck en tranches fines dans le sens contraire des fibres de la viande.

5. Dans une petite casserole, faire bouillir la marinade réservée pendant 5 minutes. Dans un petit bol, à l'aide d'un fouet, mélanger la fécule de maïs et le reste de l'eau. Ajouter le mélange de fécule à la marinade. Réduire à feu doux et laisser mijoter pendant 2 minutes ou jusqu'à ce que la sauce ait épaissi. Servir aussitôt les tranches de bifteck nappées de la sauce chaude.

Coup de pouce

La cuisson indirecte

C'est la méthode idéale pour cuire les grosses pièces de viande ou de volaille. Avant d'allumer le barbecue, il est préférable de déposer un moule en métal peu profond sous la grille, à l'endroit où l'on mettra la viande, pour recueillir le gras. Si on utilise un barbecue au gaz, il suffit d'allumer un seul brûleur et de mettre la viande sur la grille au-dessus du côté éteint, puis de fermer le couvercle. Pour un barbecue au charbon de bois, il faut repousser les braises d'un côté de manière à laisser le centre ou un côté sans feu. On met ensuite la viande sur la grille au-dessus de la portion sans braises et on ferme le couvercle.

Médaillons de bœuf au vinaigre balsamique

4 PORTIONS

🕐 **Préparation :** 15 minutes

🕐 **Marinade :** 30 minutes

🕐 **Cuisson :** 8 minutes

◾ **Coût :** moyen ◾ **Calories :** 236/portion

◾ **Protéines :** 26 g/portion

◾ **Matières grasses :** 13 g/portion

◾ **Glucides :** 4 g/portion ◾ **Fibres :** traces

2 c. à tab	vinaigre balsamique	30 ml
2 c. à tab	huile d'olive	30 ml
6	gousses d'ail broyées	6
2 c. à tab	origan frais, haché finement ou	30 ml
1/2 c. à thé	origan séché	2 ml
1/4 c. à thé	sel	1 ml
1/4 c. à thé	poivre noir du moulin	1 ml
4	médaillons de pointe de surlonge ou autres médaillons de bœuf à mariner (environ 1 lb/500 g en tout)	4

1. Dans un grand plat en verre peu profond, à l'aide d'un fouet, mélanger le vinaigre balsamique, l'huile, l'ail, l'origan, le sel et le poivre. Ajouter les médaillons de bœuf et les retourner pour bien les enrober. Couvrir le plat d'une pellicule de plastique et laisser mariner au réfrigérateur pendant 30 minutes (retourner les médaillons de bœuf une fois). (Vous pouvez préparer les médaillons de bœuf jusqu'à cette étape et les couvrir. Ils se conserveront jusqu'au lendemain au réfrigérateur. Retourner les médaillons de bœuf de temps à autre.)

2. Préparer une braise d'intensité moyenne-vive ou régler le barbecue au gaz à puissance moyenne-élevée. Retirer les médaillons de bœuf de la marinade (réserver la marinade), les mettre sur la grille huilée du barbecue et les badigeonner généreusement de la marinade réservée. Fermer le couvercle et cuire pendant environ 8 minutes pour une viande mi-saignante ou jusqu'au degré de cuisson désiré (retourner les médaillons de bœuf une fois en cours de cuisson). Mettre les médaillons de bœuf dans un plat de service chaud et les couvrir de papier d'aluminium, sans serrer. Laisser reposer pendant 5 minutes. Servir aussitôt.

Hamburgers au porc barbecue

Le secret de ces délicieux hamburgers : une sauce barbecue maison, qu'on badigeonne sur la viande en cours de cuisson. Pour gagner du temps, on peut aussi utiliser une sauce barbecue du commerce.

4 PORTIONS

🕐 **Préparation :** 15 minutes
🕐 **Cuisson :** 20 minutes
■ **Coût :** moyen ■ **Calories :** 265/portion
■ **Protéines :** 26 g/portion
■ **Matières grasses :** 11 g/portion
■ **Glucides :** 23 g/portion
■ **Fibres :** 1 g/portion

1 lb	porc haché maigre	500 g
1 c. à thé	origan séché	5 ml
1/4 c. à thé	thym séché	1 ml
1/4 c. à thé	poudre d'ail	1 ml
	sauce barbecue maison (voir recette)	
4	pains à hamburger coupés en deux	4
	feuilles de laitue, tranches de tomate et d'oignon (facultatif)	

1. Dans un grand bol, mélanger le porc haché, l'origan, le thym et la poudre d'ail. Façonner la préparation en quatre pâtés de 3/4 po (2 cm) d'épaisseur.

2. Préparer une braise d'intensité moyenne ou régler le barbecue au gaz à puissance moyenne. Mettre les pâtés sur la grille huilée du barbecue et cuire de 7 à 9 minutes. À l'aide d'une spatule, retourner les pâtés et les badigeonner de sauce barbecue. Poursuivre la cuisson de 7 à 9 minutes ou jusqu'à ce que le porc ait perdu sa teinte rosée à l'intérieur.

3. Entre-temps, mettre les pains sur la grille huilée du barbecue et cuire pendant 2 minutes ou jusqu'à ce qu'ils soient dorés. Mettre les pâtés dans les pains grillés. Garnir de laitue et de tranches de tomates et d'oignon, si désiré. Servir aussitôt accompagnés du reste de la sauce barbecue.

Sauce barbecue maison

DONNE ENVIRON 1 3/4 TASSE (430 ML)

1 t	ketchup	250 ml
1/2 t	cassonade tassée	125 ml
1/3 t	sucre	80 ml
3 c. à tab	huile végétale	45 ml
2 c. à tab	vinaigre	30 ml
1 c. à tab	miel liquide	15 ml
2 c. à thé	sauce Worcestershire	10 ml

1. Dans une petite casserole, mélanger le ketchup, la cassonade, le sucre, l'huile végétale, le vinaigre, le miel et la sauce Worcestershire. Cuire à feu moyen, en brassant, pendant environ 5 minutes ou jusqu'à ce que le sucre soit dissous et que la sauce soit chaude. (Vous pouvez préparer la sauce à l'avance, la laisser refroidir et la mettre dans un contenant hermétique. Elle se conservera jusqu'à 1 semaine au réfrigérateur.)

Côtelettes de porc, sauce aigre-douce

4 PORTIONS

⏱ **Préparation :** 15 minutes
⏱ **Marinade :** 1 heure
⏱ **Cuisson :** 8 minutes
■ **Coût :** moyen ■ **Calories :** 288/portion
■ **Protéines :** 35 g/portion
■ **Matières grasses :** 13 g/portion
■ **Glucides :** 12 g/portion ■ **Fibres :** traces

4	côtelettes de porc désossées d'environ 1 1/2 po (4 cm) d'épaisseur, le gras enlevé (1 1/2 lb/750 g en tout)	4
1/2 c. à thé	sel	2 ml
1/4 c. à thé	poivre noir	1 ml
1/2 t	sauce barbecue	125 ml
2 c. à tab	jus d'ananas	30 ml
2 c. à tab	sauce soja	30 ml
1 c. à tab	huile d'olive	15 ml
1 c. à tab	beurre	15 ml
1 c. à tab	persil frais, haché	15 ml

1. Mettre les côtelettes de porc entre deux feuilles de papier ciré et, à l'aide d'un rouleau à pâtisserie ou d'un poêlon à fond épais, les aplatir légèrement. Parsemer chaque côté des côtelettes du sel et du poivre.

2. Dans un plat en verre peu profond, à l'aide d'un fouet, mélanger la sauce barbecue, le jus d'ananas, la sauce soja et l'huile. Ajouter les côtelettes de porc et les retourner pour bien les enrober. Couvrir le plat d'une pellicule de plastique et laisser mariner au réfrigérateur pendant 1 heure (retourner les côtelettes après 30 minutes).

3. Retirer les côtelettes de porc de la marinade et les mettre dans une assiette. Verser la marinade dans une petite casserole et la faire bouillir pendant 1 minute. Retirer la casserole du feu. Ajouter le beurre et mélanger jusqu'à ce qu'il soit incorporé mais pas complètement fondu. Réserver la sauce.

4. Préparer une braise d'intensité moyenne-vive ou régler le barbecue au gaz à puissance moyenne-élevée. Mettre les côtelettes de porc sur la grille huilée du barbecue et cuire pendant environ 8 minutes ou jusqu'à ce que le porc soit encore légèrement rosé à l'intérieur (retourner les côtelettes une fois en cours de cuisson). Mettre les côtelettes dans une assiette de service et, à l'aide d'une cuillère, les napper de la sauce aigre-douce réservée. Parsemer du persil. Servir aussitôt.

Côtelettes de porc grillées à la sicilienne

Une idée d'accompagnement toute simple : réserver une partie de la salsa pour la mélanger à des pâtes froides (comme ici, des linguine). Pour compléter, faire griller des quartiers d'oignons badigeonnés d'un mélange d'huile d'olive et de vinaigre balsamique. Exquis et pas compliqué !

4 PORTIONS

⏱ **Préparation :** 20 minutes
⏱ **Marinade :** 1 heure
⏱ **Cuisson :** 10 minutes
⏱ **Repos :** 2 heures (salsa)
■ **Coût :** moyen ■ **Calories :** 400/portion
■ **Protéines :** 46 g/portion
■ **Matières grasses :** 21 g/portion
■ **Glucides :** 3 g/portion
■ **Fibres :** 1 g/portion

1	citron	1
1/2 t	huile d'olive	125 ml
1/4 t	vinaigre de vin blanc	60 ml
1	gousse d'ail hachée finement	1
1 c. à thé	thym frais, haché	5 ml
4	côtelettes de porc, le gras enlevé (environ 2 lb/1 kg en tout)	4
	salsa aux tomates et aux olives (voir recette)	
	sel et poivre noir du moulin	

1. À l'aide d'un zesteur, retirer le zeste du citron de manière à en obtenir 2 cuillerées à table (30 ml) (**photo a**). Couper le citron en deux et le presser. Dans un grand plat en verre peu profond, à l'aide d'un fouet, mélanger l'huile d'olive, le vinaigre de vin blanc, 1 cuillerée à table (15 ml) du zeste de citron, 2 cuillerées à table (30 ml) du jus de citron (réserver le reste du zeste et du jus de citron pour la salsa), l'ail et le thym. Poivrer et mélanger. Ajouter les côtelettes de porc et les retourner pour bien les enrober (**photo b**). Couvrir le plat d'une pellicule de plastique et laisser mariner au réfrigérateur pendant au moins 1 heure. (Vous pouvez préparer les côtelettes de porc jusqu'à cette étape et les couvrir. Elles se conserveront jusqu'au lendemain au réfrigérateur.)

2. Préparer une braise d'intensité moyenne ou régler le barbecue au gaz à puissance moyenne. Retirer les côtelettes de porc de la marinade (réserver la marinade) et les mettre sur la grille huilée du barbecue. Fermer le couvercle et cuire pendant environ 10 minutes ou jusqu'à ce que les côtelettes soient dorées à l'extérieur et encore légèrement rosées à l'intérieur (**photo c**) (retourner les côtelettes de porc une fois et les badigeonner de la marinade réservée de temps à autre en cours de cuisson). Saler.

3. Au moment de servir, parsemer chaque portion de la salsa aux tomates et aux olives.

Salsa aux tomates et aux olives

DONNE ENVIRON 1 1/2 TASSE (375 ML)

1/4 t	olives noires dénoyautées et hachées	60 ml
1 t	tomates épépinées et hachées	250 ml
1 c. à tab	câpres égouttées	15 ml
1/4 t	basilic frais, haché	60 ml
2	gousses d'ail hachées finement	2
2 c. à tab	huile d'olive	30 ml
	poivre noir du moulin	

4. Dans un bol, mélanger délicatement les olives, les tomates, les câpres, le basilic, l'ail, l'huile et le zeste et le jus de citron réservés. Poivrer et mélanger. Couvrir le bol d'une pellicule de plastique et laisser reposer à la température ambiante pendant 2 heures pour permettre aux saveurs de se mélanger. (Vous pouvez préparer la salsa à l'avance et la couvrir. Elle se conservera jusqu'à 2 jours au réfrigérateur. Laisser revenir à la température ambiante avant de servir.)

Filets de porc au miel et au vinaigre balsamique

Parce qu'il cuit rapidement et absorbe bien les marinades, le porc se prête naturellement à la cuisson sur le barbecue. Le miel contenu dans la marinade aigre-douce la fait caraméliser pendant la cuisson et forme une délicieuse croûte.

6 PORTIONS

🕐 **Préparation :** 25 minutes
🕐 **Cuisson :** 18 minutes
■ **Coût :** élevé ■ **Calories :** 182/portion
■ **Protéines :** 27 g/portion
■ **Matières grasses :** 5 g/portion
■ **Glucides :** 5 g/portion
■ **Fibres :** aucune

2 c. à tab	miel liquide	30 ml
2 c. à tab	moutarde de Meaux (moutarde à l'ancienne)	30 ml
2 c. à tab	vinaigre balsamique	30 ml
1 c. à tab	huile d'olive	15 ml
1	gousse d'ail hachée finement	1
1/4 c. à thé	sel	1 ml
1/4 c. à thé	poivre	1 ml
2	filets de porc parés (environ 3/4 lb/375 g chacun)	2

1. Dans un plat en verre peu profond, à l'aide d'un fouet, mélanger le miel, la moutarde, le vinaigre, l'huile, l'ail, le sel et le poivre. Ajouter les filets de porc et les retourner pour bien les enrober. (Vous pouvez préparer les filets de porc jusqu'à cette étape et les couvrir d'une pellicule de plastique. Ils se conserveront jusqu'à 24 heures au réfrigérateur.)

2. Préparer une braise d'intensité moyenne-vive ou régler le barbecue au gaz à puissance moyenne-élevée. Retirer les filets de porc de la marinade (réserver la marinade) et les mettre sur la grille huilée du barbecue. À l'aide d'un pinceau à pâtisserie, badigeonner chaque côté des filets de la marinade réservée. Fermer le couvercle et cuire pendant environ 18 minutes ou jusqu'à ce que les filets de porc soient dorés à l'extérieur et encore légèrement rosés à l'intérieur (retourner les filets de porc de temps à autre en cours de cuisson).

3. Mettre les filets de porc sur une planche à découper et les couvrir de papier d'aluminium, sans serrer. Laisser reposer pendant 5 minutes. À l'aide d'un couteau bien aiguisé, couper les filets de porc en tranches de 1/2 po (1 cm) d'épaisseur.

Filets de porc à la moutarde

10 PORTIONS

🕐 **Préparation :** 10 minutes
🕐 **Marinade :** 1 heure
🕐 **Cuisson :** 13 à 14 minutes
■ **Coût :** élevé ■ **Calories :** 151/portion
■ **Protéines :** 22 g/portion
■ **Matières grasses :** 6 g/portion
■ **Glucides :** 2 g/portion
■ **Fibres :** 1 g/portion

1/2 t	moutarde de Meaux (moutarde à l'ancienne)	125 ml
4	grosses gousses d'ail hachées finement	4
2 c. à tab	thym séché	30 ml
1/4 c. à thé	poivre noir du moulin	1 ml
2 c. à tab	vinaigre balsamique	30 ml
1/4 t	vin rouge sec	60 ml
2 c. à tab	huile d'olive	30 ml
2	filets de porc, le gras enlevé (2 lb/1 kg en tout)	2

1. Dans un grand plat en verre, à l'aide d'un fouet, mélanger la moutarde de Meaux, l'ail, le thym, le poivre, le vinaigre balsamique, le vin rouge et l'huile. Ajouter les filets de porc et les retourner pour bien les enrober. Couvrir le plat d'une pellicule de plastique et laisser mariner au réfrigérateur pendant au moins 1 heure ou jusqu'au lendemain (retourner les filets de porc de temps à autre).

2. Retirer les filets de porc de la marinade (réserver la marinade) et les mettre sur la grille d'une lèchefrite. Cuire sous le gril préchauffé du four de 13 à 14 minutes ou jusqu'à ce qu'un thermomètre inséré au centre des filets indique 160°F (71°C) et que le porc soit encore légèrement rosé à l'intérieur (retourner les filets de porc trois fois en cours de cuisson et les badigeonner de la marinade).

3. Au moment de servir, verser le reste de la marinade dans une petite casserole et porter à ébullition. Laisser bouillir pendant 3 minutes. À l'aide d'un couteau bien aiguisé, couper les filets de porc en tranches fines et les badigeonner de la marinade.

Hamburgers de veau à l'italienne

Il existe une grande variété de pains à hamburger au supermarché, mais nous recommandons ici des petits pains croûtés plus artisanaux, qu'on trouve dans les bonnes boulangeries ou les épiceries italiennes et qu'on doit couper en deux soi-même : ils ont plus de mordant, et leur texture contraste délicieusement avec les boulettes de viande moelleuses.

4 PORTIONS

🕐 **Préparation :** 35 minutes

🕐 **Cuisson :** 22 minutes

■ **Coût :** moyen ■ **Calories :** 780/portion

■ **Protéines :** 36 g/portion

■ **Matières grasses :** 45 g/portion

■ **Glucides :** 57 g/portion

■ **Fibres :** 4 g/portion

GARNITURE À L'OIGNON ET AU POIVRON GRILLÉS

1/2 c. à tab	huile d'olive	7 ml
1/2 c. à tab	beurre	7 ml
1	gros oignon rouge, coupé en tranches	1
2 c. à tab	vinaigre balsamique	30 ml
	sel et poivre	
1	poivron rouge grillé en pot (piment doux rôti), égoutté	1

MAYONNAISE AU BASILIC

1/2 t	mayonnaise maison ou du commerce	125 ml
2 c. à tab	tomates séchées conservées dans l'huile, égouttées et hachées	30 ml
1 c. à tab	moutarde de Dijon	15 ml
1 c. à tab	basilic frais, haché	15 ml

HAMBURGERS DE VEAU

1	œuf	1
1/4 t	chapelure	60 ml
1	petit oignon, haché finement	1
1 c. à tab	moutarde de Dijon	15 ml
1	gousse d'ail hachée finement	1
1/2 c. à thé	sel	2 ml
1/2 c. à thé	poivre noir du moulin	2 ml
1 lb	veau ou bœuf haché	500 g
3 c. à tab	tomates séchées conservées dans l'huile, égouttées et hachées	45 ml
1/3 t	fromage feta ou fromage de chèvre, émietté	80 ml
4	petits pains italiens (de type ciabatta), coupés en deux horizontalement	4

Préparation de la garniture à l'oignon et au poivron grillés

1. Dans un grand poêlon à surface anti-adhésive, chauffer l'huile et le beurre à feu moyen-vif. Ajouter les tranches d'oignon et cuire, en les retournant de temps à autre, pendant environ 10 minutes ou jusqu'à ce qu'elles commencent à dorer. Arroser du vinaigre balsamique et cuire pendant environ 2 minutes ou jusqu'à ce que le vinaigre se soit évaporé. Saler et poivrer. Retirer le poêlon du feu et réserver. (Vous pouvez préparer l'oignon grillé à l'avance, le laisser refroidir et le couvrir. Il se conservera jusqu'au lendemain au réfrigérateur. Laisser revenir à la température ambiante avant de garnir les hamburgers.) À l'aide d'un couteau bien aiguisé, couper le poivron rouge en deux, l'épépiner, puis le couper en lanières. Réserver.

Préparation de la mayonnaise au basilic

2. Dans un grand bol, à l'aide d'un fouet, mélanger la mayonnaise, les tomates séchées, la moutarde de Dijon et le basilic. Réserver. (Vous pouvez préparer la mayonnaise au basilic à l'avance et la couvrir. Elle se conservera jusqu'à 2 jours au réfrigérateur.)

Préparation des hamburgers de veau

3. Dans un bol, à l'aide d'une fourchette, battre l'œuf. Ajouter la chapelure, l'oignon, la moutarde de Dijon, l'ail, le sel et le poivre et mélanger. Ajouter le veau haché, les tomates séchées et le fromage et mélanger. Diviser la préparation de veau en quatre portions. Avec les mains mouillées, façonner chaque portion en pâté de 3/4 po (2 cm) d'épaisseur. (Vous pouvez préparer les pâtés à l'avance et les mettre dans un contenant hermétique, en prenant soin de séparer chaque étage d'une feuille de papier ciré. Ils se conserveront jusqu'au lendemain au réfrigérateur ou jusqu'à 1 mois au congélateur. Laisser décongeler au réfrigérateur avant de cuire.)

4. Préparer une braise d'intensité moyenne-vive ou régler le barbecue au gaz à puissance moyenne-élevée. Mettre les pâtés de veau sur la grille huilée du barbecue et cuire pendant 10 minutes ou jusqu'à ce qu'ils aient perdu leur teinte rosée à l'intérieur (retourner les pâtés une fois en cours de cuisson).

5. Entre-temps, vers la fin de la cuisson des pâtés, mettre les petits pains sur la grille huilée du barbecue et cuire pendant 2 minutes ou jusqu'à ce qu'ils soient dorés.

6. Au moment de servir, badigeonner la moitié inférieure des petits pains grillés d'un peu de la mayonnaise au basilic. Couvrir des pâtés de veau et garnir de l'oignon et du poivron grillés. Couvrir de la moitié supérieure des petits pains grillés. Servir aussitôt.

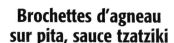

Brochettes d'agneau sur pita, sauce tzatziki

La meilleure coupe d'agneau pour préparer ces brochettes est sans contredit le gigot (on peut demander à notre boucher de le désosser pour nous). Si on a le temps de laisser mariner les cubes de viande quelques heures, on peut aussi utiliser une coupe moins tendre mais tout aussi savoureuse, comme l'épaule. Pour un sandwich d'une fraîcheur sans pareille, garnir chaque pita de fines tranches de concombre et d'oignon et de tomates coupées en dés (en plus de l'exquise sauce tzatziki).

4 PORTIONS

🕐 **Préparation :** 25 minutes
🕐 **Réfrigération :** 1 heure (sauce tzatziki)
🕐 **Marinade :** 1 heure (agneau)
🕐 **Trempage :** 30 minutes (brochettes)
🕐 **Cuisson :** 7 à 10 minutes
■ **Coût :** élevé ■ **Calories :** 400/portion
■ **Protéines :** 14 g/portion
■ **Matières grasses :** 10 g/portion
■ **Glucides :** 38 g/portion
■ **Fibres :** 1 g/portion

SAUCE TZATZIKI

1	morceau de concombre anglais non pelé d'environ 2 1/2 po (6 cm) de longueur	1
1 t	yogourt nature	250 ml
1	gousse d'ail hachée finement	1
3 c. à tab	menthe fraîche, hachée	45 ml
	sel et poivre noir du moulin	

BROCHETTES D'AGNEAU MARINÉES AU VIN ROUGE

1/3 t	huile d'olive	80 ml
1/3 t	vin rouge sec	80 ml
3	gousses d'ail hachées finement	3
2 c. à tab	romarin frais, haché	30 ml
2 c. à tab	jus de citron fraîchement pressé	30 ml
1 lb à 1 1/4 lb	agneau désossé, le gras enlevé et coupé en cubes de 1 po (2,5 cm)	500 à 625 g
4	pains pitas	4
	sel et poivre noir du moulin	

Préparation de la sauce tzatziki

1. À l'aide d'un couteau bien aiguisé, couper le concombre en fins bâtonnets, puis le hacher finement de manière à obtenir 1/2 tasse (125 ml). Dans un bol, mélanger le yogourt, le concombre, l'ail et la menthe. Saler et poivrer. Couvrir le bol d'une pellicule de plastique et réfrigérer pendant environ 1 heure pour permettre aux saveurs de se mélanger. (Vous pouvez préparer la sauce tzatziki à l'avance et la couvrir. Elle se conservera jusqu'à 2 jours au réfrigérateur.)

Préparation des brochettes d'agneau marinées au vin rouge

2. Entre-temps, dans un plat en verre peu profond, à l'aide d'un fouet, mélanger l'huile d'olive, le vin rouge, l'ail, le romarin et le jus de citron. Saler et poivrer. Ajouter les cubes d'agneau et mélanger pour bien les enrober. Couvrir le plat d'une pellicule de plastique et laisser mariner au réfrigérateur pendant au moins 1 heure. (Vous pouvez préparer l'agneau jusqu'à cette étape et le couvrir. Il se conservera jusqu'à 4 heures au réfrigérateur.)

3. Entre-temps, mettre huit brochettes de bois dans un plat peu profond et couvrir d'eau froide. Laisser tremper pendant au moins 30 minutes, puis éponger les brochettes dans un linge propre. Préparer une braise d'intensité moyenne-vive ou régler le barbecue au gaz à puissance moyenne-élevée. Retirer les cubes d'agneau de la marinade (jeter la marinade). Enfiler les cubes d'agneau sur les brochettes de bois préalablement trempées. Mettre les brochettes d'agneau sur la grille huilée du barbecue et cuire de 7 à 10 minutes pour une cuisson mi-saignante ou jusqu'au degré de cuisson désiré (retourner les brochettes de temps à autre en cours de cuisson).

4. Entre-temps, envelopper les pains pitas dans du papier d'aluminium résistant et bien sceller. Mettre sur la grille du barbecue de 4 à 5 minutes ou jusqu'à ce qu'ils soient chauds.

5. Au moment de servir, mettre les pains pitas chauds dans quatre assiettes. Déposer deux brochettes d'agneau grillées sur chaque pain pita. Garnir de la sauce tzatziki.

Côtelettes d'agneau grillées, sauce teriyaki à l'orange

4 PORTIONS

- **Préparation :** 20 minutes
- **Marinade :** 4 heures
- **Cuisson :** 6 à 10 minutes
- **Coût :** élevé ■ **Calories :** 183/portion
- **Protéines :** 29 g/portion
- **Matières grasses :** 7 g/portion
- **Glucides :** 5 g/portion
- **Fibres :** traces

1/3 t	sauce teriyaki (voir recette)	80 ml
2 c. à tab	jus d'orange concentré surgelé, décongelé	30 ml
1 c. à tab	gingembre frais, pelé et haché finement	15 ml
2 c. à thé	zeste d'orange râpé	10 ml
2	gousses d'ail hachées finement	2
1/4 c. à thé	sel	1 ml
1	pincée de poivre	1
12	côtelettes de longe d'agneau de 3/4 po (2 cm) d'épaisseur, le gras enlevé (2 lb/1 kg en tout)	12
2	oignons verts coupés en tranches	2

1. Dans un plat en verre peu profond, à l'aide d'un fouet, mélanger la sauce teriyaki, le jus d'orange, le gingembre, le zeste d'orange, l'ail, le sel et le poivre. Ajouter les côtelettes d'agneau et les retourner pour bien les enrober. Couvrir le plat d'une pellicule de plastique et laisser mariner au réfrigérateur pendant 4 heures. (Vous pouvez préparer les côtelettes d'agneau jusqu'à cette étape et les couvrir d'une pellicule de plastique. Elles se conserveront jusqu'à 24 heures au réfrigérateur.)

2. Préparer une braise d'intensité moyenne-vive ou régler le barbecue au gaz à puissance moyenne-élevée. Retirer les côtelettes d'agneau de la marinade (réserver la marinade) et les mettre sur la grille huilée du barbecue. À l'aide d'un pinceau à pâtisserie, badigeonner chaque côté des côte-

lettes de la marinade réservée. Fermer le couvercle et cuire de 3 à 5 minutes de chaque côté pour une viande mi-saignante ou jusqu'au degré de cuisson désiré. Au moment de servir, parsemer les côtelettes des oignons verts.

Sauce teriyaki

DONNE 1 TASSE (250 ML)

3/4 t	bouillon de poulet ou de légumes	180 ml
1/2 t	sauce soja	125 ml
1/3 t	mirin	80 ml
2 c. à tab	sucre	30 ml
3	tranches de gingembre frais	3
1 c. à tab	fécule de maïs	15 ml
2 c. à tab	eau froide	30 ml

1. Dans une petite casserole, à l'aide d'un fouet, mélanger le bouillon de poulet, la sauce soja, le mirin, le sucre et le gingembre. Porter à ébullition. Réduire à feu doux et laisser mijoter pendant 20 minutes ou jusqu'à ce que la sauce ait réduit de moitié.

2. Dans un petit bol, à l'aide du fouet, mélanger la fécule de maïs et l'eau. Ajouter le mélange de fécule dans la casserole et mélanger. Poursuivre la cuisson, en brassant, pendant environ 2 minutes ou jusqu'à ce que la sauce ait épaissi. Retirer les tranches de gingembre. Laisser refroidir.

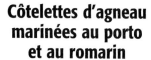

Côtelettes d'agneau marinées au porto et au romarin

Pour préparer ces grillades, on peut se procurer des côtelettes de côte comme celles illustrées ici (elles ont un os qui dépasse et n'ont pas de filet) ou des côtelettes de longe (avec un petit os qui sépare le filet du faux-filet). Pour compléter ce festin, servir des épis de maïs cuits sur le gril et des petits pois gourmands ou des haricots verts cuits à la vapeur.

4 PORTIONS

⏱ **Préparation :** 15 minutes
⏱ **Marinade :** 2 à 4 heures
⏱ **Cuisson :** 8 à 10 minutes
■ **Coût :** élevé ■ **Calories :** 170/portion
■ **Protéines :** 26 g/portion
■ **Matières grasses :** 7 g/portion
■ **Glucides :** 1 g/portion
■ **Fibres :** aucune

7 à 8	brins de romarin frais	7 à 8
8	côtelettes d'agneau (de 1 1/2 à 2 lb/750 g à 1 kg en tout)	8
1/4 t	jus de pomme concentré surgelé, décongelé	60 ml
2 c. à tab	moutarde de Meaux (moutarde à l'ancienne)	30 ml
2 c. à tab	huile d'olive	30 ml
3 c. à tab	porto	45 ml
	le jus de 1/2 citron	
4	gousses d'ail hachées finement	4
1 c. à thé	poivre noir du moulin broyé grossièrement	5 ml

1. À l'aide d'un couteau bien aiguisé, hacher finement suffisamment de romarin pour en obtenir 2 cuillerées à table (30 ml) (réserver le reste des brins de romarin pour la garniture). À l'aide du couteau, au besoin, nettoyer les os des côtelettes d'agneau en enlevant l'excédent de gras et de chair.

2. Dans un grand plat en verre peu profond, à l'aide d'un fouet, mélanger le jus de pomme, la moutarde, l'huile d'olive, le porto, le jus de citron, l'ail, le poivre et le romarin haché. Ajouter les côtelettes d'agneau et les retourner pour bien les enrober. Couvrir le plat d'une pellicule de plastique et laisser mariner au réfrigérateur de 2 à 4 heures (retourner les côtelettes de temps à autre).

3. Préparer une braise d'intensité moyenne-vive ou régler le barbecue au gaz à puissance moyenne-élevée. Retirer les côtelettes d'agneau de la marinade (réserver la marinade) et les mettre sur la grille huilée du barbecue. Cuire de 4 à 5 minutes de chaque côté ou jusqu'à ce que les côtelettes soient dorées à l'extérieur et encore rosées à l'intérieur ou jusqu'au degré de cuisson désiré (badigeonner les côtelettes de la marinade réservée à la mi-cuisson). Au moment de servir, garnir chaque portion des brins de romarin réservés.

Coup de pouce

Pour la cuisson sur le barbecue, il est important de ne pas enlever la couche de gras sur le pourtour des côtelettes d'agneau. Cela permet de garder la viande juteuse à l'intérieur. Par contre, on prendra soin de retirer le gras et la chair sur les os des côtelettes pour éviter que ceux-ci ne carbonisent.

Brochettes de pétoncles au pesto à l'origan et aux noix de Grenoble

4 PORTIONS

⏱ **Préparation :** 15 minutes
⏱ **Cuisson :** 3 à 4 minutes
■ **Coût :** élevé ■ **Calories :** 398/portion
■ **Protéines :** 16 g/portion
■ **Matières grasses :** 35 g/portion
■ **Glucides :** 4 g/portion
■ **Fibres :** 1 g/portion

1/2 t	origan frais	125 ml
1/2 t	basilic frais	125 ml
2	petites gousses d'ail, pelées	2
1/4 t	noix de Grenoble	60 ml
1/2 t	huile d'olive	125 ml
1 1/4 lb	pétoncles	625 g
1/4 c. à thé	sel	1 ml
1/8 c. à thé	poivre noir	0,5 ml
1/4 t	parmesan fraîchement râpé	60 ml

1. Au robot culinaire, réduire en purée l'origan, le basilic et l'ail. Ajouter les noix de Grenoble et mélanger pendant 30 secondes. Réserver 2 cuillerées à table (30 ml) de l'huile. Sans arrêter l'appareil, ajouter le reste de l'huile par le tube d'alimentation. Mettre la préparation aux fines herbes dans un bol. Couvrir et réfrigérer jusqu'au moment de servir.

2. Dans un bol, mettre les pétoncles et les arroser de l'huile réservée. Ajouter le sel et le poivre et mélanger délicatement pour bien enrober les pétoncles.

3. Préparer une braise d'intensité vive ou régler le barbecue au gaz à puissance élevée. Enfiler les pétoncles sur des brochettes en métal. Mettre les brochettes de pétoncles sur la grille huilée du barbecue placée à environ 4 po (10 cm) de la source de chaleur et cuire de 3 à 4 minutes ou jusqu'à ce que les pétoncles soient opaques (retourner les brochettes une fois en cours de cuisson).

4. Au moment de servir, ajouter le parmesan à la préparation aux fines herbes et mélanger. À l'aide d'une cuillère, étendre un peu du pesto sur les pétoncles. Servir le reste du pesto, dans un bol séparé.

Darnes de thon et légumes grillés aux fines herbes

2 PORTIONS

- ⏱ **Préparation :** 20 minutes
- ⏱ **Cuisson :** 2 à 4 minutes
- ■ **Coût :** élevé
- ■ **Calories :** 370/portion avec les légumes grillés
- ■ **Protéines :** 36 g/portion
- ■ **Matières grasses :** 18 g/portion avec les légumes grillés
- ■ **Glucides :** 25 g/portion avec les légumes grillés
- ■ **Fibres :** 3 g/portion

1	gousse d'ail hachée finement	1
2 c. à tab	vinaigre balsamique	30 ml
1 c. à tab	basilic frais, haché finement	15 ml
1 c. à tab	menthe fraîche, hachée finement	15 ml
3 c. à thé	huile d'olive	15 ml
1/4 c. à thé	sucre	1 ml
1	pincée de piment de Cayenne	1
2	darnes de thon de 1/2 po (1 cm) d'épaisseur (1/2 lb/ 250 g en tout)	2
	légumes grillés aux fines herbes (voir recette)	
	sel et poivre noir du moulin	

1. Dans un petit bol, à l'aide d'un fouet, mélanger l'ail, le vinaigre balsamique, le basilic, la menthe, 2 cuillerées à thé (10 ml) de l'huile, le sucre et le piment de Cayenne. Saler et poivrer. Réserver.

2. Préparer une braise d'intensité moyenne-vive ou régler le barbecue au gaz à puissance moyenne-élevée. Frotter chaque côté des darnes de thon du reste de l'huile. Saler et poivrer. Mettre les darnes de thon sur la grille huilée du barbecue et cuire pendant environ 1 minute de chaque côté pour une chair mi-saignante ou 2 minutes de chaque côté pour une chair bien cuite.

3. Répartir les légumes grillés aux fines herbes dans deux assiettes. Mettre les darnes de thon sur les légumes et, à l'aide d'une cuillère, les arroser de la vinaigrette réservée. Servir aussitôt.

Légumes grillés aux fines herbes

DONNE ENVIRON 2 TASSES (500 ML)

2	gousses d'ail hachées finement	2
2 c. à thé	huile d'olive	10 ml
1 c. à thé	thym frais, haché finement	5 ml
1 c. à thé	origan frais, haché finement	5 ml
1 c. à thé	romarin frais, haché finement	5 ml
1 c. à thé	poivre noir du moulin	5 ml
1/4 c. à thé	sel	1 ml
1	petite courgette, coupée en deux sur la longueur, puis en tranches sur le biais de 1/4 po (5 mm) d'épaisseur	1
1	petite courge jaune coupée en deux sur la longueur, épépinée, puis coupée en tranches sur le biais de 1/4 po (5 mm) d'épaisseur	1
1	petite carotte, coupée en deux sur la longueur, puis en tranches sur le biais de 1/4 po (5 mm) d'épaisseur	1
1/2	poivron rouge épépiné, coupé en tranches épaisses	1/2

1. Dans un bol, mélanger l'ail, l'huile, le thym, l'origan, le romarin, le poivre et le sel. Ajouter la courgette, la courge, la carotte et le poivron rouge et mélanger pour bien les enrober.

2. Préparer une braise d'intensité moyenne-vive ou régler le barbecue au gaz à puissance moyenne-élevée. Mettre les légumes sur une plaque à légumes, puis placer la plaque sur la grille du barbecue. Cuire de 5 à 7 minutes ou jusqu'à ce que les légumes soient tendres et légèrement noircis (retourner souvent les légumes en cours de cuisson). Servir aussitôt.

Truite à la gremolata

La gremolata traditionnelle est un mélange d'ail, de zeste de citron et de persil frais. Les Italiens en parsèment plats et ragoûts pour leur donner un goût irrésistible.

4 PORTIONS

⏱ **Préparation :** 15 minutes
⏱ **Cuisson :** 8 à 10 minutes
▪ **Coût :** élevé ▪ **Calories :** 330/portion
▪ **Protéines :** 52 g/portion
▪ **Matières grasses :** 14 g/portion
▪ **Glucides :** 1 g/portion ▪ **Fibres :** traces

2 c. à tab	persil frais, haché finement	30 ml
2 c. à tab	zeste de citron râpé	30 ml
2 c. à tab	huile d'olive	30 ml
1	gousse d'ail hachée finement	1
1/4 c. à thé	sel	1 ml
1/4 c. à thé	poivre noir du moulin	1 ml
4	filets de truite arc-en-ciel avec la peau (environ 2 lb/1 kg en tout)	4

1. Dans un bol, mélanger le persil, le zeste de citron, l'huile, l'ail, le sel et le poivre. Rincer les filets de truite et les éponger à l'aide d'essuie-tout. Déposer les filets de truite sur une surface de travail, le côté peau vers le bas. Frotter la chair des filets de truite de la préparation au persil.

2. Préparer une braise d'intensité moyenne ou régler le barbecue au gaz à puissance moyenne. Mettre les filets de truite sur la grille huilée du barbecue le côté peau vers le bas. Fermer le couvercle et cuire de 8 à 10 minutes ou jusqu'à ce que les filets de truite soient dorés et que leur chair se défasse facilement à la fourchette.

Filet de saumon grillé aux oignons caramélisés

On peut remplacer le saumon par d'autres filets de poisson, comme le flétan, le doré, le vivaneau ou le tilapia, qui conviennent également très bien à la cuisson sur le gril.

4 PORTIONS

🕐 **Préparation :** 30 minutes
🕐 **Cuisson :** 15 minutes (oignons),
4 à 6 minutes (saumon)
■ **Coût :** élevé ■ **Calories :** 220/portion
■ **Protéines :** 26 g/portion
■ **Matières grasses :** 10 g/portion
■ **Glucides :** 8 g/portion
■ **Fibres :** 1 g/portion

2 c. à tab	huile végétale	30 ml
2	oignons coupés en tranches fines	2
4	gousses d'ail hachées finement	4
3 c. à tab	aneth frais, haché	45 ml
1	orange	1
1	filet de saumon avec la peau (environ 1 lb/500 g en tout)	1
1/4 c. à thé	sel	1 ml
1/4 c. à thé	poivre noir du moulin	1 ml

1. Dans un grand poêlon allant au four, chauffer l'huile à feu moyen. Ajouter les oignons et cuire, en brassant de temps à autre, pendant environ 15 minutes ou jusqu'à ce qu'ils soient dorés. Ajouter l'ail et 1 cuillérée à table (15 ml) de l'aneth et mélanger.

2. Entre-temps, râper l'écorce de l'orange de manière à obtenir 2 cuillerées à thé (10 ml) de zeste. Réserver. Couper l'orange en deux. Presser une demi-orange de manière à obtenir 2 cuillerées à table (30 ml) de jus. Ajouter le jus d'orange à la préparation aux oignons caramélisés et mélanger. Réserver. Couper l'autre demi-orange en quartiers. Réserver.

3. Rincer le filet de saumon et bien l'éponger à l'aide d'essuie-tout. À l'aide d'un long couteau bien aiguisé, couper le filet de saumon en quatre de manière à obtenir des morceaux d'environ 2 po (5 cm) de largeur. Dans un petit bol, mélanger le zeste d'orange réservé, 1 cuillerée à table (15 ml) du reste de l'aneth, le sel et le poivre. Frotter les morceaux de saumon de la préparation au zeste d'orange.

4. Préparer une braise d'intensité moyenne-vive ou régler le barbecue au gaz à puissance moyenne-élevée. Mettre les morceaux de saumon sur la grille huilée du barbecue, le côté peau vers le haut, et cuire de 2 à 3 minutes. À l'aide d'une spatule, retourner les morceaux de saumon, le côté peau vers le bas, et poursuivre la cuisson de 2 à 3 minutes ou jusqu'à ce que la chair du saumon soit opaque et qu'elle se défasse facilement à la fourchette.

5. Au moment de servir, parsemer le saumon du reste de l'aneth. Répartir les oignons caramélisés réservés dans quatre assiettes individuelles. Disposer les morceaux de saumon sur les oignons. Garnir des quartiers d'orange réservés.

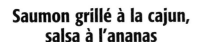

Saumon grillé à la cajun, salsa à l'ananas

4 PORTIONS

- **Préparation :** 20 minutes
- **Cuisson :** 10 minutes
- **Coût :** moyen ■ **Calories :** 395/portion
- **Protéines :** 27 g/portion
- **Matières grasses :** 25 g/portion
- **Glucides :** 16 g/portion
- **Fibres :** 2 g/portion

FILETS DE SAUMON À LA CAJUN

2 c. à tab	persil frais, haché finement	30 ml
2 c. à tab	huile d'olive	30 ml
1 c. à thé	assaisonnement à la cajun	5 ml
1/2 c. à thé	sel	2 ml
1/2 c. à thé	poivre	2 ml
4	filets de saumon avec la peau (environ 1 1/2 lb/750 g en tout)	4

SALSA À L'ANANAS

1	boîte d'ananas en tranches, non égouttés (14 oz/398 ml)	1
1 t	tomates cerises coupées en quatre	250 ml
1/2 t	oignon rouge haché	125 ml
2 c. à tab	persil frais, haché	30 ml
1 c. à tab	huile d'olive	15 ml
1/4 c. à thé	sel	1 ml
1/4 c. à thé	poivre	1 ml

Préparation des filets de saumon à la cajun

1. Dans un petit bol, mélanger le persil, l'huile, l'assaisonnement à la cajun, le sel et le poivre. Frotter la chair des filets de saumon du mélange d'épices. Préparer une braise d'intensité moyenne ou régler le barbecue au gaz à puissance moyenne. Mettre les filets de saumon sur la grille huilée du barbecue, la peau dessous. Fermer le couvercle et cuire pendant environ 10 minutes ou jusqu'à ce que la chair du saumon se défasse facilement à la fourchette (retourner les filets de saumon une fois en cours de cuisson).

Préparation de la salsa à l'ananas

2. Entre-temps, égoutter les tranches d'ananas en réservant 2 cuillerées à table (30 ml) du jus. Couper les tranches d'ananas en dés de 1/2 po (1 cm). Dans un petit bol, mélanger l'ananas, le jus réservé, les tomates cerises, l'oignon rouge, le persil, l'huile, le sel et le poivre. Au moment de servir, garnir chaque filet de saumon d'une cuillerée de salsa à l'ananas.

Coup de pouce

Si vous n'avez pas d'assaisonnement à la cajun, remplacez-le par un mélange composé de 1/4 de cuillerée à thé (1 ml) de chacune des épices suivantes : origan séché, piment de Cayenne, paprika et sel.

Filet de saumon, sauce au citron et à la moutarde

6 PORTIONS

⏱ **Préparation :** 30 minutes
⏱ **Marinade :** 15 minutes
⏱ **Cuisson :** 6 à 8 minutes (saumon),
15 à 20 minutes (pommes de terre)
■ **Coût :** élevé ■ **Calories :** 323/portion
■ **Protéines :** 27 g/portion
■ **Matières grasses :** 16 g/portion
■ **Glucides :** 15 g/portion
■ **Fibres :** 2 g/portion

2 c. à tab	moutarde de Meaux (moutarde à l'ancienne)	30 ml
	zeste râpé de 1 citron	
2 c. à tab	jus de citron fraîchement pressé	30 ml
1/4 c. à thé	sel	1 ml
1/4 c. à thé	poivre noir du moulin	1 ml
1	gousse d'ail hachée finement	1
1/2 t	huile d'olive	125 ml
1/2 c. à thé	origan frais, haché ou	2 ml
1/8 c. à thé	origan séché	0,5 ml
1/2 c. à thé	thym frais, haché ou	2 ml
1/8 c. à thé	thym séché	0,5 ml
1	filet de saumon ou de flétan avec la peau, d'environ 1 po (2,5 cm) d'épaisseur (environ 2 lb/1 kg)	1
	pommes de terre grillées aux herbes (voir recette)	

1. Dans un bol, à l'aide d'un fouet, mélanger la moutarde de Meaux, le zeste et le jus de citron, le sel, le poivre et l'ail. Ajouter l'huile petit à petit, en fouettant, jusqu'à ce que la préparation ait épaissi et soit homogène. Ajouter l'origan et le thym et mélanger. (Vous pouvez préparer la sauce au citron et à la moutarde à l'avance et la couvrir. Elle se conservera jusqu'à 2 jours au réfrigérateur.) Réserver 2 cuillerées à table (30 ml) de la sauce pour accompagner le saumon et 3 cuillerées à table (45 ml) pour préparer les pommes de terre grillées aux herbes. Verser le reste de la sauce au citron et à la moutarde dans un plat en verre peu profond.

2. Rincer le filet de saumon et l'éponger à l'aide d'essuie-tout. Mettre le filet de saumon dans le plat et le retourner pour bien l'enrober. Laisser mariner à la température ambiante pendant 15 minutes.

3. Préparer une braise d'intensité moyenne-vive ou régler le barbecue au gaz à puissance moyenne-élevée. Retirer le filet de saumon de la marinade (jeter la marinade) et le mettre sur la grille huilée du barbecue, le côté peau dessus. Cuire, à découvert, de 4 à 5 minutes ou jusqu'à ce que la chair du saumon se détache facilement de la grille. À l'aide d'une spatule large, retourner délicatement le filet de saumon. Poursuivre la cuisson de 2 à 3 minutes ou jusqu'à ce que la chair du saumon soit opaque et se défasse facilement à la fourchette.

4. Faire glisser la spatule entre la chair et la peau du filet de saumon (la peau adhérera à la grille) et déposer le filet de saumon dans une assiette de service. Napper de la sauce au citron et à la moutarde réservée. Servir accompagné des pommes de terre grillées aux herbes.

Pommes de terre grillées aux herbes

6 PORTIONS

1 1/2 lb	petites pommes de terre rouges, brossées et coupées en deux	750 g
1 c. à tab	huile végétale	15 ml
1/8 c. à thé	sel	0,5 ml
1/8 c. à thé	poivre noir du moulin	0,5 ml
3 c. à tab	sauce au citron et à la moutarde réservée	45 ml
2	oignons verts coupés en tranches fines	2

1. Mettre les pommes de terre dans une casserole d'eau froide. Porter à ébullition. Retirer la casserole du feu. Laisser reposer les pommes de terre dans l'eau chaude pendant 2 minutes. Bien égoutter. Dans un grand bol, mélanger l'huile, le sel et le poivre. Ajouter les pommes de terre égouttées et mélanger pour bien les enrober. Mettre les pommes de terre sur une plaque à légumes perforée ou dans un panier-grille.

2. Préparer une braise d'intensité moyenne-vive ou régler le barbecue au gaz à puissance moyenne-élevée. Mettre la plaque à légumes sur la grille du barbecue. Cuire de 15 à 20 minutes ou jusqu'à ce que les pommes de terre soient tendres lorsqu'on les pique à la fourchette (retourner les pommes de terre à la mi-cuisson).

3. Mettre les pommes de terre grillées dans un bol de service. Ajouter la sauce au citron et à la moutarde et les oignons verts et mélanger délicatement pour bien enrober les pommes de terre. Couvrir et garder au chaud jusqu'au moment de servir.

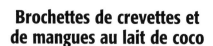

Brochettes de crevettes et de mangues au lait de coco

On trouve le lait de coco dans les épiceries asiatiques et dans certains supermarchés, au rayon des produits asiatiques. Quand on ouvre la boîte, il arrive que les parties solide et liquide se soient séparées : il suffit alors de bien mélanger le lait de coco à l'aide d'un fouet avant de l'intégrer à la recette. Si on n'apprécie pas particulièrement les mets épicés, on peut diminuer la quantité de piment jalapeño (ou même l'omettre) ou encore utiliser une variété de piment chili moins piquante (comme le cubanel ou le piment long, rouge ou vert).

4 PORTIONS

⏱ **Préparation :** 30 minutes
⏱ **Marinade :** 1 à 2 heures
⏱ **Cuisson :** 9 à 11 minutes
■ **Coût :** élevé ■ **Calories :** 520/portion
■ **Protéines :** 42 g/portion
■ **Matières grasses :** 28 g/portion
■ **Glucides :** 27 g/portion
■ **Fibres :** 3 g/portion

2	mangues	2
4 c. à tab	jus de lime fraîchement pressé	60 ml
32 à 36	grosses crevettes, fraîches ou surgelées, décongelées (environ 1 1/2 lb/750 g en tout)	32 à 36
1	boîte de lait de coco non sucré (398 ml)	1
2 c. à tab	huile d'olive	30 ml
1	oignon haché finement ou râpé	1
4	gousses d'ail hachées finement	4
1	morceau de gingembre frais de 1 po (2,5 cm) de largeur, pelé et coupé en tranches fines	1
1/2	poivron vert épépiné et haché finement	1/2
1/2	poivron rouge épépiné et haché finement	1/2
1	piment chili frais (de type jalapeño), épépiné et haché finement (facultatif)	1
1/3 t	coriandre fraîche, hachée	80 ml
	brins de coriandre fraîche	
	quartiers de lime	
	sel et poivre noir du moulin	

1. À l'aide d'un long couteau bien aiguisé, couper chaque mangue en deux, en longeant le noyau de manière à obtenir deux tranches épaisses. À l'aide d'un petit couteau, tailler des cubes dans chaque tranche de mangue sans entamer la peau. En poussant sur la peau, dégager les cubes de mangue. Mettre les cubes de mangue dans un bol. Arroser les cubes de mangue de 1 cuillerée à table (15 ml) du jus de lime et mélanger délicatement pour bien les enrober. Réserver.

2. Rincer les crevettes à l'eau froide et les éponger à l'aide d'essuie-tout. En tenant chaque crevette par la queue, ouvrir la carapace entre les pattes et dégager toute la crevette en prenant soin de conserver la queue intacte. À l'aide du petit couteau, pratiquer une incision le long du dos de la crevette et retirer la veine. Enfiler les crevettes sur des brochettes de bois préalablement trempées dans l'eau, en les faisant alterner avec les cubes de mangue réservés. Réserver les brochettes de crevettes et de mangues au réfrigérateur.

3. Dans un bol, à l'aide d'un fouet, mélanger le lait de coco, le reste du jus de lime, l'huile, l'oignon, l'ail, le gingembre, les poivrons vert et rouge, le piment chili, si désiré, et la coriandre hachée. Saler et poivrer. Verser la marinade dans un grand plat en verre peu profond (ne pas utiliser de plat en métal). Ajouter les brochettes de crevettes et de mangues réservées et les retourner à l'aide d'une pince pour bien les enrober. Couvrir le plat d'une pellicule de plastique et laisser mariner au réfrigérateur de 1 à 2 heures (retourner les brochettes de temps à autre).

4. Préparer une braise d'intensité moyenne-vive ou régler le barbecue au gaz à puissance moyenne-élevée. Retirer les brochettes de crevettes et de mangues de la marinade (réserver la marinade) et les mettre sur la grille huilée du barbecue. Cuire de 4 à 6 minutes ou jusqu'à ce que les crevettes soient grillées et rosées (badigeonner les brochettes de la marinade réservée et les retourner une fois en cours de cuisson).

5. Verser le reste de la marinade dans une petite casserole. Porter à ébullition. Réduire le feu et laisser mijoter pendant environ 5 minutes ou jusqu'à ce que la marinade ait la consistance d'une sauce. Répartir les brochettes de crevettes et de mangues dans quatre assiettes. Garnir de brins de coriandre fraîche et de quartiers de lime. Servir aussitôt les brochettes accompagnées de la sauce au lait de coco.

EXQUISES MARINADES

Classiques ou inédites, ces marinades peuvent être utilisées pour rehausser bœuf, poulet, porc, agneau, poisson et fruits de mer (sauf indication contraire). Faites à base de vin, de vinaigre, d'huile, de yogourt, de jus de fruits, d'aromates ou d'épices, elles imprègnent les grillades d'un bouquet d'arômes. Comme elles contiennent habituellement un élément acide (du vinaigre ou du jus de citron, par exemple), elles contribuent à attendrir la viande et à en faire ressortir la saveur. Quelques points importants à retenir.

■ Il faut habituellement 1/3 de tasse (80 ml) de marinade pour faire mariner 1 lb (500 g) de viande, de volaille ou de poisson (environ 4 portions).

■ Sauf indication contraire, toujours faire mariner au réfrigérateur, dans un plat en verre couvert d'une pellicule de plastique, pendant environ 30 minutes pour le poisson, et de 4 à 12 heures pour la viande et la volaille.

■ Vous pouvez préparer ces marinades à l'avance et les mettre dans un contenant hermétique. Elles se conserveront jusqu'à 2 jours au réfrigérateur.

Marinade au citron et à l'ail

Ne pas utiliser cette marinade pour le poisson, car elle est trop acide et « cuirait » le poisson. Si vous le désirez, vous pouvez faire bouillir l'excédent de marinade pendant 3 minutes et l'utiliser comme sauce d'accompagnement.

**DONNE ENVIRON
1 1/4 TASSE (310 ML)**

⏱ **Préparation :** 10 minutes
⏱ **Cuisson :** aucune ■ **Coût :** faible
■ **Calories :** 51/portion de
1 c. à table (15 ml)
■ **Protéines :** traces
■ **Matières grasses :** 5 g/portion de
1 c. à table (15 ml)
■ **Glucides :** 1 g/portion de
1 c. à table (15 ml)
■ **Fibres :** aucune

1/2 t	jus de citron fraîchement pressé (environ 2 gros citrons)	125 ml
4	grosses gousses d'ail, hachées	4
2 c. à thé	origan séché	10 ml
1 c. à thé	sel	5 ml
1 c. à thé	poivre noir légèrement broyé	5 ml
1/2 t	huile d'olive	125 ml

1. Dans un petit bol, à l'aide d'un fouet, mélanger le jus de citron, l'ail, l'origan, le sel et le poivre. Ajouter l'huile, en fouettant, et mélanger jusqu'à ce que la marinade soit homogène.

Marinade asiatique

**DONNE ENVIRON
1/3 DE TASSE (80 ML)**

⏱ **Préparation :** 10 minutes
⏱ **Cuisson :** aucune
■ **Coût :** moyen
■ **Calories :** 22/portion
de 1 c. à table (15 ml)
■ **Protéines :** traces
■ **Matières grasses :** 1 g/portion de
1 c. à table (15 ml)
■ **Glucides :** 3 g/portion de
1 c. à table (15 ml)
■ **Fibres :** aucune

1/4 t	jus d'orange fraîchement pressé	60 ml
2 c. à tab	sauce soja	30 ml
1/2	petit oignon, haché finement	1/2
1 c. à tab	gingembre frais, haché finement	15 ml
1 c. à thé	cinq-épices moulu	5 ml
1 c. à thé	huile de sésame	5 ml
1/4 c. à thé	piment de Cayenne	1 ml

1. Dans un petit bol, à l'aide d'un fouet, mélanger le jus d'orange, la sauce soja, l'oignon, le gingembre, le cinq-épices, l'huile de sésame et le piment de Cayenne.

Marinade marocaine

**DONNE ENVIRON
1/3 DE TASSE (80 ML)**

⏱ **Préparation :** 10 minutes
⏱ **Cuisson :** aucune
■ **Coût :** faible
■ **Calories :** 105/portion
de 1 c. à table (15 ml)
■ **Protéines :** traces
■ **Matières grasses :** 9 g/portion de
1 c. à table (15 ml)
■ **Glucides :** 8 g/portion de
1 c. à table (15 ml)
■ **Fibres :** 1 g/portion de
1 c. à table (15 ml)

3 c. à tab	huile d'olive	45 ml
2 c. à tab	cumin moulu	30 ml
2 c. à tab	paprika	30 ml
2 c. à tab	sucre	30 ml
2 c. à tab	jus de citron fraîchement pressé	30 ml
2	gousses d'ail hachées finement	2
1/2 c. à thé	sel	2 ml
1/2 c. à thé	poivre noir du moulin	2 ml
1/4 c. à thé	cannelle moulue	1 ml

1. Dans un petit bol, à l'aide d'un fouet, mélanger l'huile, le cumin, le paprika, le sucre, le jus de citron, l'ail, le sel, le poivre et la cannelle.

Marinade à l'indienne

**DONNE ENVIRON
1/3 DE TASSE (80 ML)**

⏱ **Préparation :** 10 minutes
⏱ **Cuisson :** aucune
■ **Coût :** moyen
■ **Calories :** 18/portion
de 1 c. à table (15 ml)
■ **Protéines :** 1 g/portion de
1 c. à table (15 ml)
■ **Matières grasses :** aucune
■ **Glucides :** 3 g/portion de
1 c. à table (15 ml)
■ **Fibres :** aucune

1/3 t	yogourt nature	80 ml
1 c. à tab	gingembre frais, haché finement	15 ml
2	gousses d'ail hachées finement	2
1/2	piment chili frais (de type jalapeño), épépiné et haché finement	1/2
1 c. à thé	cardamome moulue	5 ml
1 c. à thé	cumin moulu	5 ml
1/2 c. à thé	sel	2 ml
1/2 c. à thé	muscade fraîchement râpée	2 ml

1. Dans un petit bol, à l'aide d'un fouet, mélanger le yogourt, le gingembre, l'ail, le piment chili, la cardamome, le cumin, le sel et la muscade.

Marinade aux fines herbes

Une marinade délicieuse qui fait ressortir le goût délicat de l'agneau (environ 8 petites côtelettes de 1 po/ 2,5 cm d'épaisseur) ou celui, plus robuste, du bœuf (un bifteck d'environ 2 lb/1 kg).

DONNE ENVIRON 1/2 TASSE (125 ML)

- **Préparation :** 10 minutes
- **Cuisson :** aucune ■ **Coût :** moyen
- **Calories :** 60/portion de 1 c. à table (15 ml)
- **Protéines :** traces
- **Matières grasses :** 7 g/portion de 1 c. à table (15 ml)
- **Glucides :** aucun
- **Fibres :** traces

1/4 t	huile d'olive	60 ml
2 c. à tab	thym frais, haché finement	30 ml
1 c. à tab	romarin frais, haché finement	15 ml
2	grosses gousses d'ail, hachées finement	2
1 c. à tab	vinaigre de vin rouge	15 ml
	sel et poivre du moulin	

1. Dans un grand plat peu profond, à l'aide d'un fouet, mélanger l'huile, le thym, le romarin, l'ail et le vinaigre de vin. Saler et poivrer la viande après la cuisson.

Marinade balsamique

Une marinade parfumée qui convient bien à l'agneau (un gigot d'environ 3 lb/1,5 kg) ou au bœuf (un bifteck d'environ 2 lb/1 kg).

DONNE ENVIRON 1/2 TASSE (125 ML)

- **Préparation :** 5 minutes
- **Cuisson :** aucune ■ **Coût :** moyen
- **Calories :** 23/portion de 1 c. à table (15 ml)
- **Protéines :** traces
- **Matières grasses :** 2 g/portion de 1 c. à table (15 ml)
- **Glucides :** 1 g/portion de 1 c. à table (15 ml)
- **Fibres :** traces

1/4 t	moutarde de Dijon	60 ml
2 c. à tab	vinaigre balsamique	30 ml
1 c. à tab	huile d'olive	15 ml
2	gousses d'ail hachées finement	2
1 c. à thé	thym séché	5 ml
	sel et poivre du moulin	

1. Dans un grand plat peu profond, à l'aide d'un fouet, mélanger la moutarde de Dijon, le vinaigre balsamique, l'huile, l'ail et le thym. Saler et poivrer la viande après la cuisson.

Marinade à la bière et à la moutarde

Exquise pour les grosses pièces de bœuf (un rôti d'environ 4 lb/2 kg) ou d'agneau (un gigot d'environ 4 lb/ 2 kg).

DONNE ENVIRON 2 TASSES (500 ML)

- **Préparation :** 5 minutes
- **Cuisson :** aucune ■ **Coût :** moyen
- **Calories :** 25/portion de 1 c. à table (15 ml)
- **Protéines :** traces
- **Matières grasses :** 2 g/portion de 1 c. à table (15 ml)
- **Glucides :** 1 g/portion de 1 c. à table (15 ml)
- **Fibres :** traces

1	bouteille de bière brune (de type stout) (341 ml)	1
1/2 t	moutarde de Meaux (moutarde à l'ancienne)	125 ml
1/4 t	huile végétale	60 ml
2 c. à tab	cassonade tassée	30 ml
1 c. à thé	poivre	5 ml
3/4 c. à thé	sel	4 ml

1. Dans un bol, à l'aide d'un fouet, mélanger la bière, la moutarde de Meaux, l'huile, la cassonade, le poivre et le sel.

DÉLICIEUX MÉLANGES D'ÉPICES

Ces mélanges d'épices sont en quelque sorte des marinades sèches qui rehaussent le goût et l'aspect des grillades sans ajouter trop de matières grasses. Pratiques comme tout, ils peuvent être préparés longtemps à l'avance. Il suffit d'en frotter la viande pour varier les saveurs et les couleurs. Voici comment procéder.

■ Il faut habituellement 2 cuillerées à table (30 ml) de mélange d'épices pour enrober 1 lb (500 g) de viande, de volaille ou de poisson (environ 4 portions).

■ Pour que les aliments s'imprègnent bien de leurs parfums, les frotter du mélange sur toute leur surface de manière à bien les enrober. Couvrir le plat d'une pellicule de plastique et laisser reposer au réfrigérateur de 4 à 12 heures.

■ Pour gagner du temps, vous pouvez également préparer un enrobage express avec le mélange d'épices de votre choix. Pour 4 portions de viande ou de volaille (environ 1 lb/500 g), mélanger dans un bol 4 cuillerées à thé (20 ml) du mélange, 1 cuillerée à table (15 ml) d'huile végétale et une gousse d'ail hachée finement, puis en badigeonner les aliments à faire griller. Laisser reposer pendant 5 minutes à la température ambiante ou couvrir le plat d'une pellicule de plastique et laisser reposer jusqu'à 4 heures au réfrigérateur.

■ Les mélanges d'épices peuvent se conserver jusqu'à 6 mois dans un contenant hermétique et dans un endroit sec, à l'abri de la lumière.

Mélange d'épices
à la mexicaine

Mélange d'épices
indien

Mélange d'épices
à la cajun

Mélange d'épices
méditerranéen

Mélange d'épices à la cajun

**DONNE ENVIRON
1/3 DE TASSE (80 ML)**

🕐 **Préparation :** 5 minutes
🕐 **Cuisson :** aucune
■ **Coût :** moyen
■ **Calories :** 51/portion de
1 c. à table (15 ml)
■ **Protéines :** 1 g/portion de
1 c. à table (15 ml)
■ **Matières grasses :** 1 g/portion de
1 c. à table (15 ml)
■ **Glucides :** 10 g/portion de
1 c. à table (15 ml)
■ **Fibres :** 2 g/portion de
1 c. à table (15 ml)

3 c. à tab	thym séché	45 ml
2 c. à tab	paprika	30 ml
2 c. à tab	cassonade tassée	30 ml
1 c. à tab	cumin moulu	15 ml
1 c. à tab	moutarde en poudre	15 ml
1 c. à tab	flocons de piment fort	15 ml
1 c. à thé	sel	5 ml

1. Dans un petit bol, mélanger le thym, le paprika, la cassonade, le cumin, la moutarde en poudre, les flocons de piment fort et le sel.

Mélange d'épices indien

**DONNE ENVIRON
1/3 DE TASSE (80 ML)**

- **Préparation :** 5 minutes
- **Cuisson :** aucune
- **Coût :** moyen
- **Calories :** 27/portion de
  1 c. à table (15 ml)
- **Protéines :** 1 g/portion de
  1 c. à table (15 ml)
- **Matières grasses :** 1 g/portion de
  1 c. à table (15 ml)
- **Glucides :** 5 g/portion de
  1 c. à table (15 ml)
- **Fibres :** 1 g/portion de
  1 c. à table (15 ml)

3 c. à tab	coriandre moulue	45 ml
3 c. à tab	curcuma moulu	45 ml
2 c. à thé	cumin moulu	10 ml
1 c. à thé	sel	5 ml
1/2 c. à thé	piment de Cayenne	2 ml
1/2 c. à thé	moutarde en poudre	2 ml

1. Dans un petit bol, mélanger la coriandre, le curcuma, le cumin, le sel, le piment de Cayenne et la moutarde en poudre.

Mélange d'épices à la mexicaine

**DONNE ENVIRON
1/3 DE TASSE (80 ML)**

- **Préparation :** 5 minutes
- **Cuisson :** aucune
- **Coût :** moyen ■ **Calories :** 47/portion de
  1 c. à table (15 ml)
- **Protéines :** 1 g/portion de
  1 c. à table (15 ml)
- **Matières grasses :** 1 g/portion de
  1 c. à table (15 ml)
- **Glucides :** 10 g/portion de
  1 c. à table (15 ml)
- **Fibres :** 2 g/portion de
  1 c. à table (15 ml)

3 c. à tab	assaisonnement au chili	45 ml
2 c. à tab	paprika	30 ml
2 c. à tab	cassonade tassée	30 ml
1 c. à tab	cumin moulu	15 ml
1 c. à thé	poudre d'ail	5 ml
1/2 c. à thé	sel	2 ml
1/2 c. à thé	poivre noir du moulin	2 ml

1. Dans un petit bol, mélanger l'assaisonnement au chili, le paprika, la cassonade, le cumin, la poudre d'ail, le sel et le poivre.

Mélange d'épices méditerranéen

**DONNE ENVIRON
1/3 DE TASSE (80 ML)**

- **Préparation :** 5 minutes
- **Cuisson :** aucune
- **Coût :** moyen
- **Calories :** 25/portion de
  1 c. à table (15 ml)
- **Protéines :** 1 g/portion de
  1 c. à table (15 ml)
- **Matières grasses :** 1 g/portion de
  1 c. à table (15 ml)
- **Glucides :** 4 g/portion de
  1 c. à table (15 ml)
- **Fibres :** 1 g/portion de
  1 c. à table (15 ml)

3 c. à tab	romarin séché	45 ml
2 c. à tab	cumin moulu	30 ml
2 c. à tab	coriandre moulue	30 ml
1 c. à tab	origan séché	15 ml
2 c. à thé	cannelle moulue	10 ml
1/2 c. à thé	sel	2 ml

1. Dans un petit bol, mélanger le romarin, le cumin, la coriandre, l'origan, la cannelle et le sel.

SAVOUREUSES SAUCES À BADIGEONNER

Faciles et rapides à préparer, simples ou raffinées, ces sauces sauront renouveler votre répertoire. Elles peuvent servir autant à mariner qu'à badigeonner la viande, la volaille, le poisson et les légumes pendant la cuisson. Pratique, quand on est à la dernière minute ! Quelques détails à retenir.

■ Il faut habituellement 1/2 tasse (125 ml) de sauce pour badigeonner 1 lb (500 g) de viande, de volaille, de poisson ou de légumes (environ 4 portions).

■ Pour utiliser ces sauces en marinades, mettre les aliments dans un plat en verre et couvrir d'une pellicule de plastique. Laisser mariner au réfrigérateur pendant environ 30 minutes pour le poisson ou de 4 à 12 heures pour la viande et la volaille.

■ Sauf indication contraire, vous pouvez préparer ces sauces à l'avance, les laisser refroidir, si nécessaire, et les mettre dans un contenant hermétique. Elles se conserveront jusqu'à 2 semaines au réfrigérateur.

Sauce au rhum et au beurre

**DONNE ENVIRON
1 3/4 TASSE (430 ML)**

⏱ **Préparation :** 10 minutes
⏱ **Cuisson :** 20 minutes
■ **Coût :** élevé ■ **Calories :** 65/portion
de 1 c. à table (15 ml)
■ **Protéines :** traces
■ **Matières grasses :** 4 g/portion
de 1 c. à table (15 ml)
■ **Glucides :** 8 g/portion de
1 c. à table (15 ml)
■ **Fibres :** aucune

1 t	cassonade tassée	250 ml
1/2 t	beurre	125 ml
1/2 t	rhum brun	125 ml
1/2 t	moutarde de Dijon	125 ml
2 c. à tab	vinaigre de cidre	30 ml
1/2 c. à thé	poivre noir du moulin	2 ml

1. Dans une casserole, mélanger la cassonade, le beurre, le rhum, la moutarde de Dijon, le vinaigre de cidre et le poivre. Porter à ébullition. Réduire à feu moyen-doux et laisser mijoter, en brassant de temps à autre à l'aide d'un fouet, pendant environ 20 minutes ou jusqu'à ce que la sauce ait épaissi et qu'elle soit homogène. (Vous pouvez préparer la sauce à l'avance, la laisser refroidir et la mettre dans un contenant hermétique. Elle se conservera jusqu'à 2 jours au réfrigérateur.)

Sauce barbecue piquante

**DONNE ENVIRON
2 TASSES (500 ML)**

🕐 **Préparation :** 10 minutes
🕐 **Cuisson :** 20 minutes
■ **Coût :** moyen ■ **Calories :** 100/portion de 1/4 de tasse (60 ml)
■ **Protéines :** 1 g/portion de 1/4 de tasse (60 ml)
■ **Matières grasses :** 1 g/portion de 1/4 de tasse (60 ml)
■ **Glucides :** 24 g/portion de 1/4 de tasse (60 ml)
■ **Fibres :** 2 g/portion de 1/4 de tasse (60 ml)

1 t	bouillon de bœuf	250 ml
1 t	sauce chili	250 ml
1/2 t	mélasse	125 ml
2 c. à tab	vinaigre de vin rouge	30 ml
4 c. à thé	moutarde de Dijon	20 ml
2 c. à thé	assaisonnement au chili	10 ml
2 c. à thé	sauce Worcestershire	10 ml
1 c. à thé	graines de céleri broyées	5 ml
1 c. à thé	cumin moulu	5 ml
1/2 c. à thé	sel	2 ml
1/2 c. à thé	poivre noir du moulin	2 ml
2/3 t	eau	160 ml

1. Dans une grande casserole, mélanger le bouillon de bœuf, la sauce chili, la mélasse, le vinaigre de vin, la moutarde de Dijon, l'assaisonnement au chili, la sauce Worcestershire, les graines de céleri, le cumin, le sel, le poivre et l'eau. Porter à ébullition. Réduire à feu moyen-doux et laisser mijoter pendant 20 minutes ou jusqu'à ce que la préparation ait réduit à environ 2 tasses (500 ml).

Sauce épicée à l'argentine

**DONNE ENVIRON
1 TASSE (250 ML)**

🕐 **Préparation :** 10 minutes
🕐 **Cuisson :** aucune
■ **Coût :** moyen
■ **Calories :** 45/portion de 1 c. à table (15 ml)
■ **Protéines :** traces
■ **Matières grasses :** 4 g/portion de 1 c. à table (15 ml)
■ **Glucides :** 1 g/portion de 1 c. à table (15 ml)
■ **Fibres :** aucune

2 t	persil frais, tassé	500 ml
1/3 t	huile d'olive	80 ml
1/4 t	origan frais, tassé	60 ml
1/4 t	vinaigre de vin rouge	60 ml
1	piment chili frais (de type jalapeño), épépiné	1
4	gousses d'ail	4
1/2 c. à thé	sel	2 ml
1/2 c. à thé	poivre noir du moulin	2 ml

1. Au mélangeur ou au robot culinaire, mélanger le persil, l'huile, l'origan, le vinaigre de vin, le piment chili, l'ail, le sel et le poivre jusqu'à ce que le persil et l'origan soient finement hachés, sans plus (ne pas réduire en pâte).

Sauce thaïe aux piments chilis

**DONNE ENVIRON
1 TASSE (250 ML)**

🕐 **Préparation :** 10 minutes
🕐 **Cuisson :** 15 minutes
■ **Coût :** faible
■ **Calories :** 53/portion de 1 c. à table (15 ml)
■ **Protéines :** traces
■ **Matières grasses :** aucune
■ **Glucides :** 14 g/portion de 1 c. à table (15 ml)
■ **Fibres :** aucune

1 t	sucre	250 ml
1/2 t	vinaigre de cidre	125 ml
1/2 t	eau	125 ml
4	gousses d'ail hachées finement	4
2	piments chilis frais (de type jalapeño), épépinés et coupés en tranches fines ou	2
1 c. à tab	flocons de piment fort	15 ml
1/2 c. à thé	sel	2 ml

1. Dans une casserole, mélanger le sucre, le vinaigre de cidre, l'eau, l'ail, les piments chilis et le sel. Porter à ébullition. Réduire à feu moyen-doux et laisser mijoter, en brassant de temps à autre, pendant 15 minutes ou jusqu'à ce que la sauce ait épaissi. Laisser refroidir.

Pique-**nique**

Salade de tomates et
de concombres,
vinaigrette à l'origan

Salade de haricots,
vinaigrette au parmesan
et au citron

Salade de pois chiches
et de pita croustillant

Salade de haricots, vinaigrette au parmesan et au citron

Pour en faire un repas léger, vous pouvez ajouter une boîte de thon égoutté à cette salade. Pour éviter que l'acidité du jus de citron n'altère la couleur des haricots, ajouter la vinaigrette au moment de servir ou tout au plus 1 heure avant.

4 À 6 PORTIONS

⏱ **Préparation :** 15 minutes
⏱ **Cuisson :** 5 à 8 minutes
■ **Coût :** moyen
■ **Calories :** 153/portion
■ **Protéines :** 3 g/portion
■ **Matières grasses :** 12 g/portion
■ **Glucides :** 10 g/portion
■ **Fibres :** 3 g/portion

2 1/2 t	haricots verts parés (8 oz/250 g)	625 ml
2 1/2 t	haricots jaunes parés (8 oz/250 g)	625 ml
3 c. à tab	huile de noix ou d'olive	45 ml
2 c. à tab	parmesan fraîchement râpé	30 ml
1/2 c. à thé	zeste de citron râpé	2 ml
1 c. à tab	jus de citron fraîchement pressé	15 ml
1/4 c. à thé	sel	1 ml
1/4 c. à thé	poivre	1 ml
1/4	oignon rouge coupé en tranches fines	1/4
1/3 t	noix de Grenoble hachées, grillées	80 ml

1. Dans une grande casserole d'eau bouillante, cuire les haricots verts et jaunes de 5 à 8 minutes ou jusqu'à ce qu'ils soient tendres mais encore croquants. Égoutter et rafraîchir sous l'eau froide. Égoutter de nouveau et éponger sur un grand linge. (Vous pouvez préparer les haricots à l'avance, les envelopper dans un linge et les mettre dans un sac de plastique. Ils se conserveront jusqu'à 24 heures au réfrigérateur.)

2. Entre-temps, dans un petit bol, à l'aide d'un fouet, mélanger l'huile, le parmesan, le zeste et le jus de citron, le sel et le poivre. (Vous pouvez préparer la vinaigrette à l'avance et la mettre dans un pot hermétique. Elle se conservera jusqu'à 4 heures au réfrigérateur ou dans la glacière.)

3. Au moment de servir, mettre les haricots cuits, l'oignon et les noix de Grenoble dans un bol. Ajouter la vinaigrette et mélanger délicatement pour bien enrober tous les ingrédients.

Salade de pois chiches et de pita croustillant

4 À 6 PORTIONS

⏱ **Préparation :** 20 minutes
⏱ **Cuisson :** 8 minutes
■ **Coût :** moyen
■ **Calories :** 259/portion
■ **Protéines :** 7 g/portion
■ **Matières grasses :** 11 g/portion
■ **Glucides :** 35 g/portion
■ **Fibres :** 4 g/portion

1/4 t	huile d'olive	60 ml
3 c. à tab	jus de citron fraîchement pressé	45 ml
1 c. à thé	sumac moulu ou	5 ml
1 c. à thé	zeste de citron râpé	5 ml
2	gousses d'ail hachées finement	2
1/2 c. à thé	sel	2 ml
1/2 c. à thé	poivre	2 ml
2	pains pitas	2
1/2	concombre anglais coupé en morceaux de 1 po (2,5 cm)	1/2
4	oignons verts coupés en tranches	4
1	boîte de pois chiches, égouttés et rincés (19 oz/540 ml)	1
1 t	maïs en grains	250 ml
1/4 t	persil frais, haché	60 ml
1/4 t	menthe fraîche, hachée	60 ml
3 t	laitue romaine déchiquetée	750 ml

1. Dans un petit bol, à l'aide d'un fouet, mélanger l'huile, le jus de citron, le sumac, l'ail, le sel et le poivre. Réserver. (Vous pouvez préparer la vinaigrette à l'avance et la mettre dans un pot hermétique. Elle se conservera jusqu'à 4 heures au réfrigérateur ou dans la glacière.)

2. Disposer les pains pitas sur une plaque de cuisson munie de rebords. Cuire au four préchauffé à 425°F (220°C) pendant 8 minutes ou jusqu'à ce que les pains pitas soient dorés et croustillants. Laisser refroidir et couper en bouchées. (Vous pouvez préparer les bouchées de pita à l'avance, les laisser refroidir et les mettre dans un contenant hermétique. Elles se conserveront jusqu'à 2 jours à la température ambiante.)

3. Au moment de servir, dans un bol, mettre le concombre, les oignons verts, les pois chiches, le maïs, le persil et la menthe. Ajouter la vinaigrette réservée et mélanger pour bien enrober tous les ingrédients. Ajouter les bouchées de pain pita refroidies et la laitue romaine et mélanger.

Salade de tomates et de concombres, vinaigrette à l'origan

4 À 6 PORTIONS

⏱ **Préparation :** 15 minutes
⏱ **Cuisson :** aucune
■ **Coût :** moyen
■ **Calories :** 93/portion
■ **Protéines :** 1 g/portion
■ **Matières grasses :** 7 g/portion
■ **Glucides :** 8 g/portion
■ **Fibres :** 2 g/portion

3 c. à tab	huile d'olive	45 ml
2 c. à tab	vinaigre de vin rouge	30 ml
1	gousse d'ail hachée finement	1
1 c. à tab	origan frais, haché	15 ml
1/2 c. à thé	sel	2 ml
1/4 c. à thé	poivre	1 ml
4	tomates coupées en gros quartiers	4
1	concombre anglais coupé en deux sur la longueur, puis en tranches de 1/2 po (1 cm) d'épaisseur	1
2	branches de céleri coupées en tranches	2
1/3 t	oignon coupé en tranches fines	80 ml
1/4 t	persil frais, haché	60 ml
2 c. à tab	basilic frais (ou menthe fraîche), haché	30 ml

1. Dans un petit bol, à l'aide d'un fouet, mélanger l'huile, le vinaigre de vin, l'ail, l'origan, le sel et le poivre. Réserver. (Vous pouvez préparer la vinaigrette à l'avance et la mettre dans un pot hermétique. Elle se conservera jusqu'à 4 heures au réfrigérateur ou dans la glacière.)

2. Au moment de servir, dans un bol, mettre les tomates, le concombre, le céleri, l'oignon et la vinaigrette réservée et mélanger pour bien enrober tous les ingrédients. Parsemer du persil et du basilic et mélanger.

Salade de pâtes aux noix de Grenoble

8 PORTIONS

🕐 **Préparation :** 20 minutes
🕐 **Cuisson :** 17 à 18 minutes
■ **Coût :** moyen
■ **Calories :** 243/portion
■ **Protéines :** 6 g/portion
■ **Matières grasses :** 13 g/portion
■ **Glucides :** 27 g/portion
■ **Fibres :** 2 g/portion

1 1/2 t	petites boucles ou autres petites pâtes	375 ml
1 c. à tab	huile végétale	15 ml
1/2	oignon haché	1/2
3/4 t	noix de Grenoble hachées	180 ml
1/2 t	poivron vert haché	125 ml
2 c. à tab	huile d'olive	30 ml
1 c. à tab	jus de citron fraîchement pressé	15 ml
1/4 c. à thé	sel	1 ml
1	pincée de poivre	1
2 c. à tab	coriandre fraîche, hachée	30 ml
1 t	tomates cerises coupées en quartiers ou tomates hachées	250 ml
	brins de coriandre fraîche	

1. Dans un poêlon, faire griller 1/2 tasse (125 ml) des pâtes à feu moyen, en brassant souvent, pendant environ 5 minutes ou jusqu'à ce qu'elles soient légèrement dorées. Mettre les pâtes grillées dans une casserole d'eau bouillante salée. Ajouter le reste des pâtes et cuire de 7 à 8 minutes ou jusqu'à ce qu'elles soient al dente. Égoutter et passer sous l'eau froide. Bien égoutter les pâtes et les mettre dans un saladier. Réserver.

2. Dans un poêlon, chauffer l'huile végétale à feu moyen. Ajouter l'oignon et cuire, en brassant souvent, pendant 2 minutes ou jusqu'à ce qu'il ait légèrement ramolli, sans plus. Ajouter les noix de Grenoble et cuire pendant 2 minutes. Ajouter le poivron vert et cuire pendant 1 minute. Mettre la préparation de noix sur les pâtes réservées et mélanger. Laisser refroidir.

3. Dans un petit bol, à l'aide d'un fouet, mélanger l'huile d'olive, le jus de citron, le sel et le poivre. Verser sur la préparation de pâtes. Ajouter la coriandre hachée et mélanger. (Vous pouvez préparer la salade de pâtes jusqu'à cette étape et la couvrir. Elle se conservera jusqu'au lendemain au réfrigérateur.) Au moment de servir, garnir des tomates cerises et de brins de coriandre.

Salade de pâtes au thon

4 PORTIONS

- 🕐 **Préparation :** 15 minutes
- 🕐 **Cuisson :** 8 à 10 minutes
- 🕐 **Réfrigération :** 2 heures
- ■ **Coût :** moyen
- ■ **Calories :** 596/portion
- ■ **Protéines :** 28 g/portion
- ■ **Matières grasses :** 30 g/portion
- ■ **Glucides :** 54 g/portion
- ■ **Fibres :** 4 g/portion

2 t	fusilli, rotini ou autres pâtes courtes	500 ml
2/3 t	petits pois surgelés	160 ml
1/2 t	céleri haché finement	125 ml
3 oz	emmenthal, cheddar ou provolone coupé en cubes (environ 3/4 tasse/180 ml)	90 g
2 c. à tab	basilic frais, haché finement	30 ml
1/2 t	sauce à salade crémeuse à l'ail rôti du commerce (environ)	125 ml
1	boîte de thon blanc en morceaux, conservé dans l'eau, non égoutté (170 g)	1
3/4 t	poivrons rouges grillés (piments doux rôtis) du commerce, égouttés et hachés grossièrement	180 ml
	feuilles de laitue romaine, lavées et essorées	
1/3 t	noix de cajou grillées, hachées grossièrement	80 ml

1. Dans une grande casserole d'eau bouillante salée, cuire les pâtes de 8 à 10 minutes ou jusqu'à ce qu'elles soient al dente. Égoutter les pâtes, les rincer sous l'eau froide et les égoutter de nouveau. Mettre les pâtes dans un bol.

2. Ajouter les petits pois, le céleri, le fromage et le basilic et mélanger. Ajouter la sauce à salade et mélanger délicatement pour bien enrober tous les ingrédients. Ajouter le thon et les poivrons rouges grillés et mélanger délicatement. Couvrir d'une pellicule de plastique et réfrigérer pendant environ 2 heures ou jusqu'à ce que la salade soit froide. (Vous pouvez préparer la salade de pâtes à l'avance et la couvrir. Elle se conservera jusqu'au lendemain au réfrigérateur.)

3. Au moment de servir, tapisser quatre assiettes individuelles de feuilles de laitue. Répartir la salade de pâtes refroidie sur la laitue (au besoin, ajouter quelques cuillerées à table de sauce à salade pour que la préparation soit plus crémeuse). Parsemer des noix de cajou.

Salade de poulet, sauce crémeuse à la moutarde

Fraîche et croquante, cette petite salade de poulet fait aussi une garniture exquise pour les croissants ou en sandwichs, avec des tranches de pain au levain.

4 PORTIONS

⏱ **Préparation :** 15 minutes
⏱ **Cuisson :** aucune
⏱ **Réfrigération :** 1 heure
■ **Coût :** moyen
■ **Calories :** 345/portion
■ **Protéines :** 23 g/portion
■ **Matières grasses :** 27 g/portion
■ **Glucides :** 3 g/portion
■ **Fibres :** 1 g/portion

1/4 t	mayonnaise	60 ml
2 c. à tab	moutarde de Dijon	30 ml
2 c. à tab	moutarde à l'ancienne (moutarde de Meaux)	30 ml
2 1/2 t	poulet ou dindon cuit, haché	625 ml
1/4 t	céleri haché finement	60 ml
1/4 t	oignons verts hachés finement	60 ml
2 c. à tab	pignons grillés	30 ml
1 c. à tab	persil frais, haché finement	15 ml
1 c. à tab	tomates séchées conservées dans l'huile, égouttées et hachées finement	15 ml
	sel et poivre noir du moulin	

1. Dans un petit bol, à l'aide d'un fouet, mélanger la mayonnaise, la moutarde de Dijon et la moutarde à l'ancienne.

2. Dans un grand bol, mélanger le poulet, le céleri, les oignons verts, les pignons, le persil et les tomates séchées. Saler et poivrer. Ajouter le mélange de mayonnaise à la préparation de poulet et mélanger délicate-ment pour bien enrober tous les ingrédients. Couvrir d'une pellicule de plastique et réfrigérer pendant environ 1 heure ou jusqu'à ce que la salade soit froide. (Vous pouvez préparer la salade de poulet à l'avance et la couvrir. Elle se conservera jusqu'à 4 heures au réfrigérateur.)

Panini au dindon, salade au concombre et aux tomates

6 PORTIONS

🕐 **Préparation :** 20 minutes
🕐 **Cuisson :** aucune
■ **Coût :** élevé
■ **Calories :** 581/portion
■ **Protéines :** 31 g/portion
■ **Matières grasses :** 26 g/portion
■ **Glucides :** 56 g/portion
■ **Fibres :** 5 g/portion

4 oz	parmesan non râpé	125 g
8 oz	fromage à la crème ramolli	250 g
1/2 t	tomates séchées conservées dans l'huile, égouttées	125 ml
2 c. à thé	huile des tomates séchées	10 ml
1/4 t	yogourt nature	60 ml
1/4 t	lait	60 ml
2 c. à thé	vinaigre de vin blanc	10 ml
1 c. à thé	sucre	5 ml
1/8 c. à thé	sel	0,5 ml
1/8 c. à thé	poivre noir du moulin	0,5 ml
1	pain rond italien coupé en 12 tranches de 1/2 po (1 cm) d'épaisseur	1
3/4 lb	tranches de poitrine de dindon fumé	375 g
1	pot de poivrons rouges grillés (piments doux rôtis), égouttés et coupés en lanières (8 oz/250 ml)	1
1	botte de roquette (arugula) parée	1
1	concombre épépiné, coupé en deux sur la longueur, puis coupé en tranches sur le biais	1
5	tomates épépinées et coupées en quartiers	5

1. À l'aide d'une râpe, râper finement la moitié du parmesan. À l'aide d'un couteau-éplucheur, râper le reste du parmesan de manière à former des copeaux. Au robot culinaire, mélanger le parmesan râpé finement, le fromage à la crème, les tomates séchées et l'huile des tomates séchées pendant environ 1 minute ou jusqu'à ce que les tomates séchées soient hachées grossièrement et que la préparation ait la consistance d'une tartinade. Mettre 1/2 tasse (125 ml) de la tartinade aux tomates séchées dans un petit bol. À l'aide d'un fouet, incorporer le yogourt, le lait, le vinaigre de vin, le sucre, le sel et le poivre. Réserver.

2. Au moment de servir, badigeonner chaque tranche de pain de 1 cuillerée à table (15 ml) du reste de la tartinade aux tomates séchées. Garnir la moitié des tranches de pain de tranches de dindon, de lanières de poivrons rouges grillés, de feuilles de roquette et de copeaux de parmesan. Couvrir du reste des tranches de pain. Ajouter le concombre et les tomates à la préparation aux tomates séchées et au yogourt réservée et mélanger. Servir les panini accompagnés de la salade de tomates et de concombres.

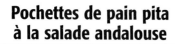

Pochettes de pain pita à la salade andalouse

6 PORTIONS

🕐 **Préparation :** 15 minutes
🕐 **Cuisson :** aucune
■ **Coût :** moyen
■ **Calories :** 374/portion
■ **Protéines :** 14 g/portion
■ **Matières grasses :** 18 g/portion
■ **Glucides :** 41 g/portion
■ **Fibres :** 4 g/portion

1/4 t	huile d'olive	60 ml
2 c. à tab	jus de citron fraîchement pressé	30 ml
1/2 c. à thé	sel	2 ml
1/4 c. à thé	poivre noir du moulin	1 ml
2 à 3 t	tomates épépinées, hachées grossièrement (2 à 3 tomates)	500 à 750 ml
2 t	fromage feta émietté grossièrement (environ 1/2 lb/250 g)	500 ml
2 t	concombre anglais pelé et haché grossièrement	500 ml
2 à 3 t	roquette (arugula), hachée grossièrement	500 à 750 ml
1/2 t	oignon rouge haché grossièrement	125 ml
6	pains pitas coupés en deux	6

1. Dans un grand bol, à l'aide d'un fouet, mélanger l'huile, le jus de citron, le sel et le poivre. Ajouter les tomates, le fromage feta, le concombre, la roquette et l'oignon et mélanger pour bien enrober tous les ingrédients. (Vous pouvez préparer la salade à l'avance et la mettre dans un contenant hermétique. Elle se conservera jusqu'à 4 heures au réfrigérateur ou dans la glacière.)

2. Ouvrir chaque demi-pita de manière à former une pochette. Garnir chaque pochette d'environ 1/2 tasse (125 ml) de la salade andalouse. Servir aussitôt.

Pan-bagnat au thon

Pan-bagnat est un mot provençal qui signifie « pain baigné » (d'huile d'olive). Spécialité niçoise, c'est une sorte de sandwich dont nous vous proposons une variante adaptée aux goûts d'ici (nous avons remplacé les anchois de la recette classique par du thon en boîte). Nourrissant et savoureux !

4 PORTIONS

🕐 **Préparation :** 20 minutes
🕐 **Cuisson :** aucune
■ **Coût :** moyen
■ **Calories :** 363/portion
■ **Protéines :** 19 g/portion
■ **Matières grasses :** 14 g/portion
■ **Glucides :** 43 g/portion
■ **Fibres :** 3 g/portion

1	pain baguette d'environ 22 po (56 cm) de longueur	1
3 c. à tab	huile d'olive	45 ml
1 c. à tab	vinaigre de vin rouge	15 ml
2 c. à thé	pâte d'anchois (facultatif)	10 ml
1/4 c. à thé	sel	1 ml
1/4 c. à thé	poivre	1 ml
1/2 t	poivron vert épépiné, coupé en tranches fines	125 ml
1/4 t	olives noires dénoyautées, coupées en tranches	60 ml
1/4 t	oignon rouge haché	60 ml
1	petite tomate, coupée en tranches fines	1
2 c. à tab	câpres égouttées	30 ml
1	boîte de thon blanc entier, égoutté et défait en gros morceaux	1

1. À l'aide d'un couteau bien aiguisé, ouvrir le pain baguette en deux horizontalement sans le couper complètement.

2. Dans un petit bol, à l'aide d'un fouet, mélanger l'huile, le vinaigre de vin, la pâte d'anchois, si désiré, le sel et le poivre. À l'aide d'un pinceau à pâtisserie, badigeonner la mie du pain baguette de la moitié du mélange d'huile.

3. Garnir la moitié inférieure du pain baguette du poivron, des olives, de l'oignon, de la tomate, des câpres et du thon. Arroser du reste du mélange d'huile. Refermer la partie supérieure du pain baguette sur la garniture. À l'aide du couteau, couper le pan-bagnat en quatre portions. (Vous pouvez préparer le pan-bagnat à l'avance et l'envelopper d'une pellicule de plastique. Il se conservera jusqu'à 24 heures au réfrigérateur.)

Sandwichs au poulet grillé, mayonnaise piquante

4 PORTIONS

🕐 **Préparation :** 20 minutes
🕐 **Cuisson :** 13 minutes
■ **Coût :** moyen
■ **Calories :** 443/portion
■ **Protéines :** 39 g/portion
■ **Matières grasses :** 14 g/portion
■ **Glucides :** 37 g/portion
■ **Fibres :** 4 g/portion

2 c. à tab	huile végétale	30 ml
1 c. à tab	jus de lime fraîchement pressé	15 ml
2	gousses d'ail hachées finement	2
1 c. à thé	cumin moulu	5 ml
1/2 c. à thé	assaisonnement au chili	2 ml
1/4 c. à thé	sel	1 ml
4	poitrines de poulet désossées, la peau et le gras enlevés (environ 1 lb/500 g en tout)	4
4	petits pains croûtés, coupés en deux horizontalement	4
	mayonnaise piquante (voir recette)	
4	feuilles de laitue romaine déchiquetées	4
1	tomate épépinée et coupée en tranches	1

1. Dans un grand plat en verre peu profond, à l'aide d'un fouet, mélanger l'huile, le jus de lime, l'ail, le cumin, l'assaisonnement au chili et le sel. Ajouter les poitrines de poulet et les retourner pour bien les enrober. Laisser mariner pendant 10 minutes. (Vous pouvez préparer les poitrines de poulet à l'avance et les couvrir d'une pellicule de plastique. Elles se conserveront jusqu'au lendemain au réfrigérateur.)

2. Préparer une braise d'intensité moyenne-vive ou régler le barbecue au gaz à puissance moyenne-élevée. Retirer les poitrines de poulet de la marinade (jeter la marinade) et les mettre sur la grille huilée du barbecue. Fermer le couvercle et cuire pendant 12 minutes ou jusqu'à ce que les poitrines de poulet aient perdu leur teinte rosée à l'intérieur (retourner les poitrines de poulet une fois en cours de cuisson). Laisser refroidir. À l'aide d'un couteau bien aiguisé, couper les poitrines de poulet en tranches épaisses sur le biais.

3. Mettre les pains, le côté coupé vers le bas, sur la grille huilée du barbecue et cuire pendant environ 1 minute. Badigeonner le côté coupé des pains grillés de la mayonnaise piquante. Tapisser la moitié inférieure des pains des feuilles de laitue. Garnir des tranches de tomate. Couvrir des tranches de poulet et de la moitié supérieure des pains. Servir aussitôt.

Mayonnaise piquante

DONNE ENVIRON 1/2 TASSE (125 ML)

1/3 t	mayonnaise légère	80 ml
2 c. à tab	piment chili frais (de type jalapeño), épépiné et haché finement	30 ml
2 c. à tab	coriandre fraîche, hachée	30 ml
2 c. à thé	jus de lime fraîchement pressé	10 ml

1. Dans un petit bol, mélanger la mayonnaise, le piment chili, la coriandre et le jus de lime. (Vous pouvez préparer la mayonnaise piquante à l'avance et la couvrir d'une pellicule de plastique. Elle se conservera jusqu'à 4 heures au réfrigérateur.)

Sandwichs italiens au salami

4 PORTIONS

🕐 **Préparation :** 10 minutes
🕐 **Cuisson :** aucune
■ **Coût :** moyen
■ **Protéines :** 20 g/portion
■ **Calories :** 386/portion
■ **Matières grasses :** 19 g/portion
■ **Glucides :** 35 g/portion
■ **Fibres :** 2 g/portion

1	paquet de croûtes à pizza prêtes à utiliser (2 croûtes par paquet de 8 oz/250 g)	1
4 c. à thé	vinaigrette à l'italienne	20 ml
1	pot de poivrons rouges grillés (pimientos), égouttés (170 ml)	1
1/4 lb	salami coupé en tranches	125 g
1/4 lb	fromage provolone coupé en tranches	125 g
4	feuilles de laitue	4

1. Couper les croûtes à pizza en deux horizontalement. Arroser la moitié inférieure de chaque croûte à pizza de 1 cuillerée à thé (5 ml) de la vinaigrette à l'italienne. Garnir des poivrons rouges grillés, des tranches de salami et de provolone, et des feuilles de laitue. Arroser du reste de la vinaigrette à l'italienne. Couvrir des moitiés supérieures des croûtes à pizza.

Salade de fruits tropicaux

4 PORTIONS

🕐 **Préparation :** 15 minutes
🕐 **Réfrigération :** 2 heures
■ **Coût :** moyen
■ **Calories :** 153/portion
■ **Protéines :** 1 g/portion
■ **Matières grasses :** aucune
■ **Glucides :** 40 g/portion
■ **Fibres :** 4 g/portion

1	papaye mûre, pelée, épépinée et coupée en cubes	1
1/2 t	dattes coupées en morceaux de 1/2 po (1 cm)	125 ml
1	mangue mûre, pelée et coupée en cubes ou	1
2	grosses bananes, coupées en tranches	2
1/4 t	jus de lime fraîchement pressé (jus de 2 limes)	60 ml
2 c. à tab	sucre extra fin	30 ml

1. Dans un bol, mélanger la papaye, les dattes, la mangue, le jus de lime et le sucre. Couvrir et réfrigérer pendant au moins 2 heures ou jusqu'au lendemain.

Sablés aux brisures de chocolat

DONNE 16 SABLÉS

🕐 **Préparation :** 20 minutes
🕐 **Cuisson :** 25 minutes
■ **Coût :** moyen
■ **Calories :** 172/sablé
■ **Protéines :** 2 g/sablé
■ **Matières grasses :** 10 g/sablé
■ **Glucides :** 20 g/sablé
■ **Fibres :** 1 g/sablé

1 1/4 t	farine à gâteau et à patisserie	310 ml
1/2 t	fécule de maïs	125 ml
10 c. à tab	beurre non salé, ramolli	150 ml
1/4 t	sucre glace	60 ml
2 c. à tab	sucre	30 ml
1/4 c. à thé	sel	1 ml
1 t	brisures de chocolat miniatures	250 ml

1. Dans un petit bol, mélanger la farine et la fécule de maïs. Réserver.

2. Dans un grand bol, à l'aide d'un batteur électrique, battre le beurre à vitesse moyenne-élevée jusqu'à ce qu'il soit lisse et crémeux. Ajouter le sucre glace, le sucre et le sel et battre de 3 à 5 minutes ou jusqu'à ce que la préparation soit très légèrement colorée et gonflée. En battant à faible vitesse, ajouter petit à petit les ingrédients secs réservés en les tamisant jusqu'à ce que la pâte commence à se tenir (elle sera ferme et aura l'apparence d'une chapelure grossière).

3. Sur une surface de travail légèrement farinée, ajouter 1/2 tasse (125 ml) des brisures de chocolat à la pâte. Pétrir la pâte jusqu'à ce que les brisures de chocolat soient réparties uniformément. Diviser la pâte en deux portions. Ajouter de la farine sur la surface de travail. Abaisser chaque portion de pâte en un cercle de 8 po (20 cm) de diamètre. Déposer délicatement les cercles de pâte sur une plaque de cuisson non graissée. À l'aide d'un couteau bien aiguisé, couper chaque cercle de pâte en huit pointes. À l'aide d'une fourchette, piquer la pâte sur toute sa surface et canneler le pourtour, si désiré.

4. Cuire au four préchauffé à 325°F (160°C) pendant 25 minutes ou jusqu'à ce que les sablés soient légèrement dorés. Mettre les sablés sur des grilles et laisser refroidir.

5. Dans une casserole, faire fondre le reste des brisures de chocolat. Verser le chocolat fondu dans un sac de plastique et couper l'un des coins. Arroser les sablés du chocolat fondu.

Fruits **d'été**

Petits shortcakes au chocolat et aux fraises

9 PORTIONS

🕐 **Préparation :** 40 minutes
🕐 **Réfrigération :** 20 minutes (pâte)
🕐 **Cuisson :** 18 à 20 minutes
🕐 **Repos :** 30 minutes
à 2 heures (fraises)
■ **Coût :** moyen ■ **Calories :** 685/portion
■ **Protéines :** 9 g/portion
■ **Matières grasses :** 49 g/ portion
■ **Glucides :** 60 g/portion
■ **Fibres :** 3 g/portion

PÂTE SABLÉE AU CHOCOLAT

6 oz	chocolat mi-amer ou mi-sucré	180 g
2 1/4 t	farine	560 ml
1/2 t	poudre de cacao non sucrée	125 ml
1/4 t + 1 c. à tab	sucre	75 ml
1 1/2 c. à tab	poudre à pâte	22 ml
1/4 c. à thé	sel	1 ml
1/2 t	beurre non salé froid, coupé en petits morceaux	125 ml
1 1/4 t	crème à 35 %	310 ml
1 1/2 c. à thé	vanille	7 ml

GARNITURE AUX FRAISES

5 t	fraises fraîches, équeutées et coupées en tranches	1,25 L
1 à 3 c. à tab	sucre (environ)	15 à 45 ml

GARNITURE À LA CRÈME

1 t	mascarpone ou fromage à la crème, à la température ambiante	250 ml
1 t	crème à 35 %	250 ml
2 c. à tab	sucre	30 ml
1 c. à thé	vanille	5 ml

Préparation de la pâte sablée au chocolat

1. Au robot culinaire, hacher finement le chocolat. Dans un grand bol, tamiser la farine, la poudre de cacao, 1/4 de tasse (60 ml) du sucre, la poudre à pâte et le sel, et mélanger à l'aide d'une fourchette. Ajouter le beurre et, à l'aide d'un coupe-pâte ou de deux couteaux, travailler la préparation jusqu'à ce qu'elle ait la texture d'une chapelure grossière (**photo a**).

2. Ajouter le chocolat haché au mélange de farine et bien mélanger. Dans une tasse à mesurer, mélanger la crème et la vanille. Faire un puits au centre du mélange de farine et y verser la préparation à la crème. Mélanger à l'aide d'une fourchette jusqu'à ce que la pâte soit homogène, sans plus (ne pas trop mélanger). Pétrir la pâte cinq ou six fois ou jusqu'à ce qu'elle se tienne.

3. Sur une surface de travail légèrement farinée, abaisser la pâte avec les mains en la façonnant en un carré d'environ 8 po (20 cm) de côté et de 3/4 à 1 po (2 à 2,5 cm) d'épaisseur (**photo b**). Déposer l'abaisse sur une plaque de cuisson tapissée de papier-parchemin ou de papier ciré. Couvrir d'une pellicule de plastique et réfrigérer pendant 20 minutes.

4. Retirer l'abaisse du réfrigérateur. À l'aide d'un couteau, égaliser les côtés de l'abaisse, au besoin, puis la couper en 9 carrés d'environ 2 1/2 po (6,5 cm) de côté chacun. Disposer les carrés de pâte sur la plaque de cuisson en laissant un espace d'environ 2 po (5 cm) entre chacun. Parsemer du reste du sucre. Cuire au four préchauffé à 350°F (180°C) de 18 à 20 minutes ou jusqu'à ce que les biscuits soient fermes sous une légère pression du doigt. Mettre la plaque de cuisson sur une grille et laisser refroidir légèrement.

Préparation de la garniture aux fraises

5. Entre-temps, dans un grand bol, mélanger délicatement les fraises avec le sucre pour bien les enrober. Laisser reposer à la température ambiante pendant au moins 30 minutes ou jusqu'à 2 heures pour permettre aux fraises de libérer leur jus.

Préparation de la garniture à la crème

6. Dans un autre bol, à l'aide d'un fouet, mélanger le mascarpone, la crème, le sucre et la vanille jusqu'à ce que la préparation soit lisse.

Assemblage des shortcakes

7. Au moment de servir, à l'aide d'un couteau dentelé, couper les biscuits encore légèrement chauds en deux horizontalement (**photo c**). Répartir les bases de biscuits dans des assiettes à dessert, le côté coupé dessus. À l'aide d'une grosse cuillère, couvrir chacune d'environ 1/2 tasse (125 ml) de la garniture aux fraises, puis d'environ 2 cuillerées à table (30 ml) de la garniture à la crème. Couvrir des chapeaux des biscuits et du reste de la garniture à la crème. Garnir les shortcakes du reste de la garniture aux fraises.

Tarte rustique aux fraises et à la rhubarbe

Pour donner du croquant à la croûte, on la parsème ici de petits biscuits aux amandes émiettés qu'on appelle *amaretti* et qu'on trouve dans les épiceries italiennes. Si désiré, on peut les remplacer par des gaufrettes de type Graham, ou même simplement les omettre.

8 PORTIONS

⏱ **Préparation :** 35 minutes
⏱ **Cuisson :** 1 heure à 1 heure 10 minutes
⏱ **Réfrigération :** 30 minutes
⏱ **Refroidissement :** 30 minutes
■ **Coût :** moyen ■ **Calories :** 465/portion
■ **Protéines :** 6 g/portion
■ **Matières grasses :** 19 g/portion
■ **Glucides :** 69 g/portion
■ **Fibres :** 4 g/portion

PÂTE À TARTE

2 1/2 t	farine (environ)	625 ml
2 c. à tab	sucre	30 ml
1/4 c. à thé	sel	1 ml
3/4 t	beurre froid, coupé en petits dés	180 ml
3/4 t	eau glacée	180 ml

GARNITURE AUX FRAISES ET À LA RHUBARBE

5 t	rhubarbe fraîche, coupée en morceaux de 1 po (2,5 cm) de longueur	1,25 L
2 t	fraises fraîches, équeutées et coupées en deux	500 ml
3/4 t	sucre	180 ml
1/3 t	farine	80 ml
1/3 t	petits biscuits aux amandes (de type *amaretti*), émiettés	80 ml

GLACE

1	jaune d'œuf	1
1 c. à tab	eau	15 ml
2 c. à thé	sucre	10 ml
2 c. à tab	gelée de pommes fondue	30 ml

Préparation de la pâte à tarte

1. Dans un grand bol, mélanger la farine, le sucre et le sel. Ajouter le beurre et, à l'aide d'un coupe-pâte ou de deux couteaux, travailler la préparation jusqu'à ce qu'elle ait la texture d'une chapelure grossière. Ajouter l'eau glacée petit à petit en brassant rapidement à l'aide d'une fourchette jusqu'à ce que la pâte se tienne. Façonner la pâte en boule, l'aplatir en un disque et l'envelopper d'une pellicule de plastique. Réfrigérer pendant environ 30 minutes ou jusqu'à ce que la pâte soit très froide. (Vous pouvez préparer la pâte à l'avance et l'envelopper d'une pellicule de plastique. Elle se conservera jusqu'à 2 jours au réfrigérateur.)

Préparation de la garniture aux fraises et à la rhubarbe

2. Dans un bol, mélanger la rhubarbe, les fraises, le sucre et la farine. Réserver.

Assemblage de la tarte

3. Sur une surface de travail, étendre une feuille de papier-parchemin de 20 po x 15 po (50 cm x 38 cm) et la parsemer légèrement de farine. Mettre la pâte au centre du papier-parchemin. À l'aide d'un rouleau à pâtisserie fariné, abaisser la pâte en un cercle de 17 po (43 cm) de diamètre (ne pas égaliser les bords). Glisser l'abaisse avec le papier-parchemin sur une plaque de cuisson sans rebord ou sur une plaque à pizza. Couper l'excédent de papier-parchemin.

4. Parsemer l'abaisse des biscuits émiettés en laissant une bordure de 4 po (10 cm) sur le pourtour. À l'aide d'une cuillère, étendre la garniture aux fraises et à la rhubarbe réservée sur les biscuits. Relever délicatement les bords de l'abaisse et les laisser tomber vers le centre, sur la garniture (des plis se formeront naturellement dans la pâte).

Préparation de la glace

5. Dans un petit bol, à l'aide d'une fourchette, battre le jaune d'œuf et l'eau. Badigeonner la pâte du mélange de jaune d'œuf, puis la parsemer du sucre.

6. Cuire au four préchauffé à 425°F (220°C) pendant 10 minutes. Réduire la température du four à 375°F (190°C) et poursuivre la cuisson de 50 à 60 minutes ou jusqu'à ce que la tarte soit dorée et que la garniture soit bouillonnante. Déposer la plaque sur une grille et laisser refroidir pendant 30 minutes. Badigeonner la garniture aux fraises et à la rhubarbe de la gelée de pommes.

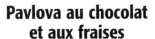
Pavlova au chocolat et aux fraises

8 À 10 PORTIONS

🕐 **Préparation :** 25 minutes
🕐 **Cuisson :** 1 heure
🕐 **Repos :** 1 heure
■ **Coût :** moyen ■ **Calories :** 205/portion
■ **Protéines :** 3 g/portion
■ **Matières grasses :** 12 g/portion
■ **Glucides :** 26 g/portion
■ **Fibres :** 2 g/portion

4	blancs d'œufs	4
1 t	sucre	250 ml
1 c. à thé	fécule de maïs	5 ml
1 c. à thé	vinaigre	5 ml
1 c. à thé	vanille	5 ml
2 oz	chocolat mi-amer haché, fondu et légèrement refroidi	60 g
1 t	crème à 35 %	250 ml
3 t	fraises fraîches, équeutées et coupées en quatre (environ 12 oz/375 g)	750 ml

1. Tapisser une grande plaque de cuisson munie d'un rebord de papier-parchemin ou de papier d'aluminium beurré. À l'aide d'un moule à gâteau de 8 po (20 cm) de diamètre retourné, tracer un cercle sur la feuille de papier-parchemin. Retourner le papier-parchemin (ne pas retourner le papier d'aluminium beurré). Réserver.

2. Dans un bol, à l'aide d'un batteur électrique, battre les blancs d'œufs jusqu'à ce qu'ils forment des pics mous. Ajouter le sucre, 2 cuillerées à table (30 ml) à la fois, en battant jusqu'à ce que le mélange forme des pics fermes et brillants. Ajouter la fécule de maïs et le vinaigre en battant. À l'aide d'une spatule, incorporer la vanille, puis le chocolat en soulevant délicatement la masse.

3. À l'aide d'une cuillère, étendre uniformément la meringue au chocolat à l'intérieur du cercle tracé sur le papier-parchemin. Avec le dos de la cuillère, creuser légèrement le centre de la meringue de manière à former un nid de 5 po (12 cm) de diamètre avec une bordure d'environ 1 po (2,5 cm) de hauteur. Cuire au centre du four préchauffé à 275°F (135°C) pendant environ 1 heure ou jusqu'à ce que la meringue soit croustillante à l'extérieur, mais encore moelleuse à l'intérieur. Éteindre le four et laisser reposer la meringue dans le four pendant 1 heure. À l'aide d'une spatule, détacher délicatement la meringue du papier-parchemin, et déposer dans une assiette de service plate. (Vous pouvez préparer la meringue à l'avance et la laisser refroidir. Elle se conservera jusqu'à 2 heures à la température ambiante.)

4. Dans un bol refroidi, à l'aide du batteur électrique (utiliser des fouets propres), battre la crème jusqu'à ce qu'elle forme des pics fermes. À l'aide d'une cuillère, déposer la crème fouettée dans le nid de meringue en laissant la bordure intacte. En commençant par l'extérieur, disposer les quartiers de fraises, la pointe vers le haut, sur la crème fouettée. Au moment de servir, à l'aide d'un couteau dentelé, couper le pavlova en pointes.

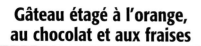
Gâteau étagé à l'orange, au chocolat et aux fraises

6 À 8 PORTIONS

- 🕐 **Préparation :** 45 minutes
- 🕐 **Cuisson :** 30 à 35 minutes
- 🕐 **Repos :** 30 minutes
  (garniture aux fraises)
- 🕐 **Réfrigération :** 15 à 20 minutes
  (crème au chocolat)
- ■ **Coût :** élevé ■ **Calories :** 545/portion
- ■ **Protéines :** 9 g/portion
- ■ **Matières grasses :** 28 g/portion
- ■ **Glucides :** 70 g/portion
- ■ **Fibres :** 4 g/portion

GÂTEAU À L'ORANGE

1/2 t	beurre ramolli	125 ml
1 t	sucre	250 ml
2	œufs	2
1 c. à tab	zeste d'orange râpé finement	15 ml
1/2 c. à thé	vanille	2 ml
1 1/2 t	farine	375 ml
1 1/2 c. à thé	poudre à pâte	7 ml
1/4 c. à thé	bicarbonate de sodium	1 ml
1/4 c. à thé	sel	1 ml
2/3 t	jus d'orange fraîchement pressé	160 ml

GARNITURE AUX FRAISES

2 t + 1 t	fraises fraîches, coupées en tranches	750 ml
2 c. à tab	sucre	30 ml
2 c. à tab	liqueur d'orange (de type Grand Marnier) ou jus d'orange	30 ml

CRÈME AU CHOCOLAT ET À L'ORANGE

1 c. à tab	eau froide	15 ml
1 c. à thé	gélatine sans saveur	5 ml
2	œufs	2
2	jaunes d'œufs	2
1/3 t	sucre	80 ml
1/3 t	jus d'orange fraîchement pressé	80 ml
2 c. à tab	jus de citron fraîchement pressé	30 ml
3 oz	chocolat mi-amer, haché	90 g
	crème fouettée	
	brins de menthe fraîche (facultatif)	

Préparation du gâteau à l'orange

1. Dans un grand bol, à l'aide d'un batteur électrique, battre le beurre et le sucre jusqu'à ce que le mélange soit léger et gonflé. Ajouter les œufs, un à un, en battant bien après chaque addition. Incorporer le zeste d'orange et la vanille.

2. Dans un autre bol, à l'aide d'un fouet, mélanger la farine, la poudre à pâte, le bicarbonate de sodium et le sel. Incorporer les ingrédients secs à la préparation aux œufs en trois fois, en alternant avec le jus d'orange. Tapisser un moule à gâteau carré de 8 po (20 cm) de côté de papier-parchemin (**photo a**) ou le graisser légèrement et le fariner (secouer pour enlever l'excédent). Verser la pâte à gâteau dans le moule et lisser le dessus.

3. Cuire au four préchauffé à 350°F (180°C) de 30 à 35 minutes ou jusqu'à ce qu'un cure-dents inséré au centre du gâteau en ressorte propre. Mettre le moule sur une grille et laisser refroidir pendant 10 minutes. Démouler le gâteau sur la grille et retirer délicatement le papier-parchemin. Laisser refroidir complètement. (Vous pouvez préparer le gâteau à l'avance, le laisser refroidir et le couvrir. Il se conservera jusqu'à 2 jours à la température ambiante et jusqu'à 1 mois au congélateur.)

Préparation de la garniture aux fraises

4. Entre-temps, dans un bol, mélanger délicatement 2 tasses (500 ml) des fraises, le sucre et la liqueur d'orange. Laisser reposer pendant 30 minutes.

Préparation de la crème au chocolat et à l'orange

5. Entre-temps, mettre l'eau dans un petit bol allant au micro-ondes ou dans une petite casserole. Saupoudrer la gélatine sur l'eau et laisser reposer pendant 5 minutes.

Chauffer au micro-ondes, à intensité maximum, pendant environ 10 secondes ou à feu doux sur la cuisinière pendant environ 1 minute et brasser jusqu'à ce que la gélatine soit dissoute. Réserver.

6. Dans un bol en métal placé sur une casserole d'eau chaude mais non bouillante, à l'aide d'un fouet, battre les œufs, les jaunes d'œufs, le sucre et les jus d'orange et de citron (**photo b**). Cuire, en fouettant, de 3 à 5 minutes ou jusqu'à ce que la préparation soit suffisamment épaisse pour napper le dos d'une cuillère. Retirer du feu.

7. Ajouter le chocolat mi-amer et mélanger à l'aide du fouet jusqu'à ce qu'il ait fondu. Incorporer la préparation de gélatine réservée. Réfrigérer la crème au chocolat de 15 à 20 minutes ou jusqu'à ce qu'elle ait la consistance d'un pouding (fouetter la crème au chocolat de temps à autre).

Assemblage du gâteau

8. À l'aide d'un long couteau dentelé, couper le gâteau refroidi en deux horizontalement (au besoin, mettre des cure-dents comme repères sur le pourtour du gâteau) (**photo c**). Mettre la base du gâteau dans une assiette de service, le côté coupé vers le haut. À l'aide d'une spatule, étendre environ la moitié de la crème au chocolat refroidie sur la base du gâteau. Couvrir de la garniture aux fraises, de manière que les tranches de fraises se chevauchent légèrement. À l'aide d'une grosse cuillère, déposer le reste de la crème au chocolat sur les fraises. Couvrir de l'autre tranche de gâteau, le côté coupé vers le bas. Au moment de servir, à l'aide d'un long couteau dentelé, couper le gâteau en morceaux. Garnir chaque portion de crème fouettée, du reste des fraises et d'un brin de menthe, si désiré.

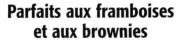
Parfaits aux framboises et aux brownies

Pour se simplifier la tâche, on peut se procurer des petits brownies du commerce. Il est aussi important de bien laisser ramollir le fromage à la crème à la température ambiante (au moins 1 heure) avant de le fouetter, ou encore on peut utiliser la tartinade de fromage à la crème (en contenant de plastique), qui est plus onctueuse.

6 PORTIONS

⊕ **Préparation :** 20 minutes
⊕ **Réfrigération :** 2 heures
⊕ **Cuisson :** aucune
■ **Coût :** moyen ■ **Calories :** 613/portion
■ **Protéines :** 9 g/portion
■ **Matières grasses :** 36 g/portion
■ **Glucides :** 63 g/portion
■ **Fibres :** 7 g/portion

MOUSSE AU FROMAGE À LA CRÈME

1 1/2 t	fromage à la crème à la température ambiante	375 ml
2/3 t	sucre	160 ml
1 t	crème sure	250 ml
1 c. à thé	vanille	5 ml

GARNITURE AUX FRAMBOISES ET AUX BROWNIES

4 t	framboises fraîches	1 L
2 c. à tab	sucre	30 ml
12 à 15	bouchées de brownies du commerce ou biscuits-brownies maison (voir recette)	12 à 15
	brins de menthe fraîche (facultatif)	

Préparation de la mousse au fromage à la crème

1. Dans un bol, à l'aide d'un batteur électrique, battre le fromage à la crème et le sucre jusqu'à ce que le mélange soit crémeux. Ajouter la crème sure et la vanille et mélanger jusqu'à ce que la mousse soit homogène. Réserver.

Préparation de la garniture aux framboises et aux brownies

2. Dans un autre bol, à l'aide d'une fourchette, réduire en purée 1 tasse (250 ml) des framboises. Ajouter le sucre et mélanger. Ajouter le reste des framboises et, à l'aide d'une grosse cuillère, mélanger délicatement pour bien les enrober. Émietter grossièrement les bouchées de brownies (vous devriez obtenir 1 1/2 tasse/375 ml de brownies émiettés).

3. Dans six verres à parfaits d'une capacité d'environ 1 1/2 tasse (375 ml) chacun, répartir environ le tiers de la mousse au fromage à la crème réservée. Couvrir d'environ le tiers de la préparation aux framboises, puis parsemer du tiers des brownies émiettés. Procéder de la même manière avec le reste des ingrédients de manière à obtenir deux autres couches. Couvrir les verres à parfaits d'une pellicule de plastique et réfrigérer pendant au moins 2 heures ou jusqu'à ce que les parfaits soient bien froids. (Vous pouvez préparer les parfaits à l'avance et les réfrigérer. Ils se conserveront jusqu'à 8 heures au réfrigérateur.)

4. Au moment de servir, garnir les parfaits de menthe, si désiré.

Biscuits-brownies maison

DONNE ENVIRON 3 DOUZAINES

6 oz	chocolat mi-sucré ou mi-amer, haché grossièrement	180 g
4 oz	chocolat non sucré, haché grossièrement	125 g
6 c. à tab	beurre	90 ml
1 t	sucre	250 ml
3	œufs	3
2 c. à thé	vanille	10 ml
1 t	farine	250 ml
1 c. à thé	poudre à pâte	5 ml
1/4 c. à thé	sel	1 ml
2 t	pacanes hachées (facultatif)	500 ml

1. Dans un grand bol allant au micro-ondes, mettre le chocolat mi-sucré, le chocolat non sucré et le beurre. Cuire au micro-ondes à intensité maximum de 1 1/2 à 2 minutes ou jusqu'à ce que le chocolat commence à fondre (remuer une fois à la mi-cuisson). Retirer le bol du micro-ondes et remuer à l'aide d'une cuillère de bois jusqu'à ce que le chocolat soit complètement fondu. À l'aide d'un batteur électrique, incorporer le sucre à la préparation de chocolat fondu. Incorporer les œufs et la vanille en battant. Ajouter la farine, la poudre à pâte et le sel et mélanger. Ajouter les noix, si désiré, et mélanger.

2. Environ 1 1/2 cuillerée à table (22 ml) à la fois, laisser tomber la pâte sur des plaques à biscuits non graissées, en laissant un espace d'environ 1 1/2 po (4 cm) entre chaque biscuit. Cuire au four préchauffé à 325°F (160°C) pendant environ 12 minutes ou jusqu'à ce que les biscuits soient cuits mais encore mous sous une légère pression du doigt (ne pas trop cuire). Mettre les plaques à biscuits sur des grilles et laisser refroidir pendant environ 5 minutes. À l'aide d'une spatule, mettre les biscuits sur les grilles et laisser refroidir complètement. (Vous pouvez préparer les biscuits-brownies à l'avance, les laisser refroidir et les mettre dans un contenant hermétique. Ils se conserveront jusqu'à 2 jours à la température ambiante et jusqu'à 2 semaines au congélateur.)

Tarte sublime aux petits fruits

6 À 8 PORTIONS

🕐 **Préparation :** 40 minutes
🕐 **Réfrigération :** 2 heures
🕐 **Cuisson :** 25 minutes
🕐 **Égouttage :** 8 heures (fromage)
■ **Coût :** élevé ■ **Calories :** 600/portion
■ **Protéines :** 18 g/portion
■ **Matières grasses :** 35 g/portion
■ **Glucides :** 63 g/portion
■ **Fibres :** 3 g/portion

PÂTE SABLÉE

2 t	farine	500 ml
1/3 t	sucre	80 ml
1 c. à tab	zeste de citron râpé finement	15 ml
1/2 c. à thé	sel	2 ml
3/4 t	beurre non salé, coupé en morceaux	180 ml
2	gros jaunes d'œufs	2
1 c. à tab	jus de citron fraîchement pressé	15 ml
1 c. à thé	vanille	5 ml
3 c. à tab	eau	45 ml

GARNITURE AU FROMAGE ET AUX PETITS FRUITS

2 t	fromage frais, crémeux (de type Petit Suisse) (2 contenants de 230 g chacun) ou	500 ml
2 t	mascarpone	500 ml
1 t	crème à 35 %	250 ml
1/2 t	sucre	125 ml
1 1/2 t	fraises équeutées, coupées en quatre sur la longueur	375 ml
1 t	framboises	250 ml
1 t	bleuets	250 ml
1/2 t	mûres	125 ml
2 c. à tab	marmelade d'oranges	30 ml
2 c. à tab	liqueur de cassis, de framboise ou d'orange	30 ml

Préparation de la pâte sablée

1. Dans un grand bol, mélanger la farine, le sucre, le zeste de citron et le sel. À l'aide d'un coupe-pâte ou de deux couteaux, incorporer le beurre jusqu'à ce que la préparation ait la texture d'une chapelure grossière. Dans un petit bol, à l'aide d'un fouet, mélanger les jaunes d'œufs, le jus de citron, la vanille et l'eau. Incorporer la préparation aux jaunes d'œufs au mélange à la farine en brassant à l'aide d'une fourchette jusqu'à ce que la pâte soit homogène. Façonner la pâte en boule, l'aplatir légèrement et l'envelopper d'une pellicule de plastique en serrant bien. Réfrigérer pendant 1 heure.

2. Sur une surface de travail légèrement farinée, abaisser la pâte en un cercle d'environ 13 po (33 cm) de diamètre. À l'aide d'une spatule, déposer délicatement l'abaisse dans un moule à flan (assiette à tarte à fond amovible) de 9 po (23 cm) de diamètre, en pressant délicatement la pâte dans le fond et sur les côtés du moule. Couper l'excédent de pâte. À l'aide d'une fourchette, piquer uniformément le fond de l'abaisse. Couvrir le moule d'une pellicule de plastique et réfrigérer pendant 1 heure.

3. Retirer l'abaisse du réfrigérateur et enlever la pellicule de plastique. Tapisser l'abaisse de papier d'aluminium et remplir le moule de haricots secs ou de riz cru. Cuire au four préchauffé à 400°F (200°C) pendant 10 minutes. Retirer délicatement les haricots secs et le papier d'aluminium et poursuivre la cuisson de 11 à 13 minutes ou jusqu'à ce que la croûte soit dorée. Laisser refroidir dans le moule sur une grille. (Vous pouvez préparer la croûte à l'avance, la laisser refroidir et la couvrir. Elle se conservera jusqu'au lendemain à la température ambiante.)

Préparation de la garniture au fromage et aux petits fruits

4. Dans une passoire fine tapissée d'étamine (coton à fromage) et placée au-dessus d'un bol, mettre le fromage frais. Laisser égoutter jusqu'au lendemain au réfrigérateur.

5. Dans un bol, à l'aide d'un batteur électrique, battre le fromage frais égoutté (jeter le liquide), la crème et le sucre jusqu'à ce que la préparation soit homogène et épaisse. (Vous pouvez préparer la garniture au fromage à l'avance et la mettre dans un contenant hermétique. Elle se conservera jusqu'au lendemain au réfrigérateur.) À l'aide d'une grosse cuillère, étendre la garniture au fromage dans la croûte refroidie. Lisser le dessus.

6. Dans un grand bol, mettre les fraises, les framboises, les bleuets et les mûres. Dans une petite casserole, mélanger la marmelade et la liqueur de cassis. Cuire à feu moyen-doux, en brassant, jusqu'à ce que la marmelade ait fondu. À l'aide d'une petite passoire fine, filtrer la préparation à la marmelade sur les petits fruits. À l'aide d'une spatule de caoutchouc, mélanger délicatement les petits fruits pour bien les enrober. À l'aide d'une grosse cuillère, déposer la préparation de petits fruits sur la garniture au fromage. Servir aussitôt.

Croustillants aux petits fruits

Pour préparer ce merveilleux dessert de saison, laissez-vous séduire par les petits fruits offerts sur le marché : fraises, bleuets, framboises, mûres, etc. À servir chaud ou tiède, coiffé d'une boule de crème glacée ou d'une cuillerée de crème fouettée.

6 PORTIONS

🕐 **Préparation :** 15 minutes
🕐 **Repos :** 15 minutes
🕐 **Cuisson :** 40 minutes

■ **Coût :** moyen ■ **Calories :** 366/portion
■ **Protéines :** 6 g/portion
■ **Matières grasses :** 9 g/portion
■ **Glucides :** 68 g/portion
■ **Fibres :** 6 g/portion

6 t	petits fruits frais, mélangés	1,5 L
1 c. à thé	zeste de citron râpé finement	5 ml
1 c. à tab	jus de citron fraîchement pressé	15 ml
2/3 t + 1 c. à tab	sucre	175 ml
1/4 t	tapioca minute	60 ml
1 t	farine	250 ml
2 c. à tab	germe de blé grillé	30 ml
1 1/2 c. à thé	poudre à pâte	7 ml
1/4 c. à thé	sel	1 ml
1/4 t	beurre non salé froid, coupé en dés	60 ml
1/2 t	lait	125 ml
1	blanc d'œuf légèrement battu	1

1. Dans un grand bol, à l'aide d'une cuillère, mélanger délicatement les petits fruits, le zeste et le jus de citron, 2/3 de tasse (160 ml) du sucre et le tapioca. Laisser reposer à la température ambiante pendant 15 minutes. À l'aide d'une cuillère, répartir la préparation aux petits fruits dans six ramequins d'une capacité de 1 tasse (250 ml) chacun. Déposer les ramequins sur une plaque de cuisson. Cuire au four préchauffé à 375°F (190°C) pendant 20 minutes ou jusqu'à ce que la préparation soit bouillonnante.

2. Entre-temps, dans un autre bol, mélanger la farine, le germe de blé, la poudre à pâte et le sel. À l'aide d'un coupe-pâte ou de deux couteaux, incorporer le beurre jusqu'à ce que le mélange ait la texture d'une chapelure grossière. Ajouter le lait et mélanger jusqu'à ce que la pâte se tienne (la pâte sera collante).

3. Retirer les ramequins du four. Mélanger délicatement la préparation aux petits fruits dans chaque ramequin. À l'aide d'une cuillère, répartir la pâte sur la préparation aux petits fruits. À l'aide d'un pinceau à pâtisserie, badigeonner la pâte du blanc d'œuf. Parsemer uniformément du reste du sucre.

4. Poursuivre la cuisson au four pendant environ 20 minutes ou jusqu'à ce que la pâte soit dorée. Déposer les ramequins sur une grille et laisser refroidir légèrement.

Choux à la crème aux petits fruits

12 PORTIONS

🕐 **Préparation :** 40 minutes
🕐 **Cuisson :** 36 à 37 minutes
■ **Coût :** élevé ■ **Calories :** 254/portion
■ **Protéines :** 4 g/portion
■ **Matières grasses :** 17 g/portion
■ **Glucides :** 21 g/portion
■ **Fibres :** 3 g/portion

PÂTE À CHOUX

1 t	eau	250 ml
1/2 t	beurre non salé	125 ml
1/4 c. à thé	sel	1 ml
1 t	farine	250 ml
4	œufs	4

GARNITURE AUX PETITS FRUITS

1/4 t	vinaigre balsamique	60 ml
2 c. à tab	cassonade	30 ml
1 c. à thé	zeste d'orange râpé	5 ml
1 c. à tab	liqueur d'orange (de type Grand Marnier)	15 ml
2 t	bleuets frais	500 ml
2 t	framboises fraîches	500 ml
2 t	fraises fraîches, équeutées et coupées en tranches	500 ml

CRÈME FOUETTÉE À L'ORANGE

1 t	crème à 35 %	250 ml
2 c. à tab	sucre glace	30 ml
1 c. à tab	liqueur d'orange (de type Grand Marnier)	15 ml

Préparation de la pâte à choux

1. Dans une casserole, mettre l'eau, le beurre et le sel. Porter à ébullition à feu vif. Ajouter la farine d'un seul coup et, à l'aide d'une cuillère de bois, brasser vigoureusement jusqu'à ce que la pâte se détache des parois de la casserole et forme une boule. Cuire, en brassant, de 1 à 2 minutes. Mettre la pâte dans un grand bol. À l'aide de la cuillère de bois, incorporer les œufs, un à un, puis battre jusqu'à ce que la pâte soit lisse et brillante.

2. À l'aide de la cuillère, mettre la pâte à choux dans une grande poche à douille sans embout. Presser la pâte en 12 cercles d'environ 2 po (5 cm) de diamètre sur des plaques de cuisson non graissées, en laissant un espace d'environ 2 po (5 cm) entre chacun. Cuire au four préchauffé à 400°F (200°C) pendant 35 minutes ou jusqu'à ce que les choux soient gonflés et dorés. Éteindre le four, entrouvrir la porte, et y laisser reposer les choux pendant 10 minutes. Déposer les choux sur une grille et laisser refroidir. (Vous pouvez préparer les choux à l'avance et les mettre dans un contenant hermétique. Ils se conserveront jusqu'à 2 jours à la température ambiante.)

Préparation de la garniture aux petits fruits

3. Entre-temps, dans une tasse à mesurer allant au micro-ondes d'une capacité de 2 tasses (500 ml), mélanger le vinaigre balsamique, la cassonade et le zeste d'orange. Cuire au micro-ondes, à intensité maximum, pendant environ 3 minutes ou jusqu'à ce que la préparation ait la texture d'un sirop clair (le sirop épaissira en refroidissant). (Vous pouvez préparer le sirop à l'avance et le mettre dans un contenant hermétique. Il se conservera jusqu'à 12 heures à la température ambiante.)

Préparation de la crème fouettée à l'orange

4. Dans un autre bol, à l'aide d'un batteur électrique, fouetter la crème jusqu'à ce qu'elle soit mousseuse. Ajouter le sucre glace et la liqueur d'orange et battre jusqu'à ce que la préparation forme des pics mous. Réfrigérer jusqu'au moment d'assembler les choux.

Assemblage des choux à la crème aux petits fruits

5. Au moment de servir, dans un bol, mélanger le sirop, la liqueur d'orange, les bleuets, les framboises et les fraises. À l'aide d'un couteau dentelé, couper les choux refroidis en deux horizontalement. À l'aide d'une cuillère, retirer la pâte humide au centre de chaque chou. Étendre 2 cuillerées à table (30 ml) de la crème fouettée à l'orange sur la moitié inférieure de chaque chou. Couvrir de 1/3 de tasse (80 ml) de la garniture aux petits fruits, puis de la moitié supérieure des choux. Servir aussitôt.

Carrés au chocolat blanc et aux petits fruits

À noter que ces carrés exquis sont plus faciles à couper lorsqu'ils sont bien refroidis, mais ils sont encore meilleurs si on les sert à la température ambiante.

DONNE ENVIRON 16 CARRÉS

⏱ **Préparation :** 20 minutes
⏱ **Cuisson :** 45 à 50 minutes
■ **Coût :** moyen ■ **Calories :** 182/carré
■ **Protéines :** 3 g/carré
■ **Matières grasses :** 8 g/carré
■ **Glucides :** 25 g/carré
■ **Fibres :** 1 g/carré

6 oz	chocolat blanc, haché	180 g
5 c. à tab	beurre non salé coupé en dés	75 ml
2	œufs	2
2/3 t	sucre	160 ml
1 c. à thé	vanille	5 ml
1 1/3 t	farine	330 ml
1 c. à thé	poudre à pâte	5 ml
1/2 c. à thé	sel	2 ml
1 t	framboises fraîches	250 ml
1 t	bleuets frais	250 ml

1. Tapisser de papier d'aluminium un moule à gâteau carré de 9 po (23 cm) de côté. Beurrer le papier d'aluminium. Réserver.

2. Dans un bol à l'épreuve de la chaleur placé sur une casserole d'eau chaude mais non bouillante, faire fondre le chocolat et le beurre en brassant jusqu'à ce que la préparation soit lisse. Laisser refroidir la préparation au chocolat jusqu'à ce qu'elle soit à la température ambiante.

3. Dans un grand bol, à l'aide d'un batteur électrique, battre les œufs, le sucre et la vanille pendant 3 minutes ou jusqu'à ce que le mélange soit pâle et ait épaissi. En battant à faible vitesse, incorporer petit à petit la préparation au chocolat refroidie. Dans un autre bol, tamiser la farine, la poudre à pâte et le sel. Incorporer les ingrédients secs au mélange au chocolat, en battant jusqu'à ce que la préparation soit homogène. À l'aide d'une cuillère, étendre uniformément la pâte dans le moule à gâteau réservé. Parsemer des framboises et des bleuets.

4. Cuire au centre du four préchauffé à 325°F (160°C) de 45 à 50 minutes ou jusqu'à ce que le gâteau soit légèrement doré et reprenne sa forme sous une légère pression du doigt. Déposer le moule sur une grille et laisser refroidir complètement. À l'aide d'un couteau bien aiguisé, couper en carrés. (Vous pouvez préparer les carrés à l'avance, les laisser refroidir et les mettre dans un contenant hermétique. Ils se conserveront jusqu'à 2 jours au réfrigérateur ou jusqu'à 1 mois au congélateur.)

Croustillant à la rhubarbe et aux bleuets

8 PORTIONS

🕐 **Préparation :** 15 minutes
🕐 **Cuisson :** 40 minutes
▪ **Coût :** moyen ▪ **Calories :** 281/portion
▪ **Protéines :** 4 g/portion
▪ **Matières grasses :** 11 g/portion
▪ **Glucides :** 44 g/portion
▪ **Fibres :** 3 g/portion

GARNITURE CROUSTILLANTE AUX PISTACHES

3/4 t	farine	180 ml
1/3 t	sucre	80 ml
1/3 t	cassonade	80 ml
6 c. à tab	beurre non salé froid, coupé en petits dés	90 ml
1/3 t	pistaches non salées, écalées et hachées grossièrement	80 ml

GARNITURE À LA RHUBARBE ET AUX BLEUETS

1/3 t	farine	80 ml
3 c. à tab	sucre	45 ml
2 t	rhubarbe hachée	500 ml
2 t	bleuets frais	500 ml
2 c. à tab	jus de citron fraîchement pressé	30 ml
	crème glacée à la vanille (facultatif)	

Préparation de la garniture croustillante aux pistaches

1. Dans un petit bol, mélanger la farine, le sucre et la cassonade. Ajouter le beurre et, à l'aide d'un coupe-pâte ou de deux couteaux, travailler la préparation jusqu'à ce qu'elle ait la texture d'une chapelure grossière. Ajouter les pistaches et mélanger pour bien les répartir dans le mélange.

Préparation de la garniture à la rhubarbe et aux bleuets

2. Dans un grand bol, mélanger la farine et le sucre. Ajouter la rhubarbe et les bleuets et mélanger pour bien enrober les fruits. Ajouter le jus de citron et mélanger. À l'aide d'une grosse cuillère, étendre uniformément la garniture aux fruits dans un plat peu profond allant au four d'une capacité de 4 tasses (1 L), légèrement beurré ou vaporisé d'un enduit végétal antiadhésif (de type Pam). Parsemer uniformément de la garniture croustillante aux pistaches.

3. Cuire au four préchauffé à 375°F (190°C) pendant environ 40 minutes ou jusqu'à ce que le dessus du croustillant soit doré et que la garniture soit bouillonnante. Déposer le plat sur une grille et laisser refroidir pendant environ 15 minutes. (Vous pouvez préparer le croustillant à l'avance, le laisser refroidir et le couvrir d'une pellicule de plastique. Il se conservera jusqu'à 2 jours au réfrigérateur. Laisser revenir à la température ambiante avant de servir.) Au moment de servir, garnir chaque portion de crème glacée à la vanille, si désiré.

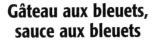

Gâteau aux bleuets, sauce aux bleuets

12 PORTIONS

🕐 **Préparation :** 20 minutes
🕐 **Cuisson :** 45 à 50 minutes
■ **Coût :** moyen ■ **Calories :** 475/portion
■ **Protéines :** 5 g/portion
■ **Matières grasses :** 22 g/portion
■ **Glucides :** 65 g/portion
■ **Fibres :** 1 g/portion

GÂTEAU AUX BLEUETS

3 t	farine à gâteau et à pâtisserie	750 ml
2 1/2 c. à thé	poudre à pâte	12 ml
1/4 c. à thé	sel	1 ml
1 1/4 t	beurre non salé, à la température ambiante	310 ml
1 3/4 t	sucre	430 ml
4	œufs	4
1 c. à tab	zeste de citron râpé	15 ml
2 c. à thé	vanille	10 ml
1 t	limonade	250 ml
1 1/2 t	bleuets frais	375 ml

SAUCE AUX BLEUETS

1 t	bleuets frais	250 ml
1/4 t	sucre	60 ml
2 c. à thé	fécule de maïs	10 ml
1/4 t	eau	60 ml

Préparation du gâteau aux bleuets

1. Dans un bol, tamiser la farine à gâteau, la poudre à pâte et le sel. Réserver. Dans un autre bol, à l'aide d'un batteur électrique, battre le beurre jusqu'à ce qu'il soit lisse. Ajouter le sucre et battre de 2 à 3 minutes ou jusqu'à ce que le mélange soit léger et gonflé. Ajouter les œufs, un à un, en battant. Ajouter le zeste de citron et la vanille, et mélanger. Incorporer le mélange de farine réservé à la préparation aux œufs en trois fois, en battant et en alternant deux fois avec la limonade. Incorporer les bleuets en soulevant délicatement la masse.

2. À l'aide d'une spatule, étendre la pâte dans un moule à cheminée (de type Bundt) de 10 po (25 cm) de diamètre, vaporisé d'un enduit végétal antiadhésif (de type Pam). Cuire au four préchauffé à 350°F (180°C) de 45 à 50 minutes ou jusqu'à ce que le dessus du gâteau soit doré et qu'un cure-dents inséré au centre en ressorte propre.

Préparation de la sauce aux bleuets

3. Entre-temps, dans une casserole, mélanger les bleuets, le sucre, la fécule de maïs et l'eau. Cuire à feu moyen de 5 à 7 minutes ou jusqu'à ce que le sucre soit dissous, que le liquide soit clair et que les bleuets commencent à ouvrir. Au robot culinaire ou au mélangeur, réduire en purée lisse la préparation aux bleuets. Laisser refroidir.

4. Au moment de servir, couper le gâteau en tranches et le napper de la sauce aux bleuets, chaude ou à la température ambiante.

Mini-shortcakes
à l'avoine et aux pêches

8 PORTIONS

⏱ **Préparation :** 30 minutes
⏱ **Repos :** 40 minutes à 1 heure
⏱ **Cuisson :** 25 à 27 minutes
■ **Coût :** moyen ■ **Calories :** 295/portion
■ **Protéines :** 8 g/portion
■ **Matières grasses :** 4 g/portion
■ **Glucides :** 62 g/portion
■ **Fibres :** 3 g/portion

1 t	eau	250 ml
1/2 t	sucre	125 ml
2 c. à tab	jus de citron fraîchement pressé	30 ml
1 t	basilic frais	250 ml
6	pêches ou nectarines fraîches, pelées et dénoyautées	6
1 1/4 t	flocons d'avoine à l'ancienne	310 ml
1 t	farine	250 ml
1/4 t	sucre	60 ml
2 c. à thé	poudre à pâte	10 ml
1 c. à thé	bicarbonate de sodium	5 ml
1/2 c. à thé	sel	2 ml
1/4 t	fromage à la crème léger	60 ml
3/4 t + 2 c. à tab	babeurre	210 ml
1 c. à tab	huile de canola	15 ml
1 c. à thé	vanille	5 ml
2 t	yogourt glacé à la vanille, léger	500 ml

1. Dans une casserole, mélanger l'eau, le sucre et le jus de citron. Porter à ébullition à feu moyen. Retirer la casserole du feu, ajouter le basilic et laisser infuser pendant 10 minutes.

2. Mettre les pêches dans un bol. À l'aide d'une passoire fine placée au-dessus du bol contenant les pêches, filtrer le sirop (jeter le basilic). Laisser reposer à la température ambiante, en brassant de temps à autre, de 30 minutes à 1 heure ou jusqu'à ce que le sirop devienne rose.

3. Étendre les flocons d'avoine sur une plaque de cuisson. Cuire au four préchauffé à 350°F (180°C) pendant 15 minutes ou jusqu'à ce qu'ils soient légèrement dorés et qu'ils dégagent leur arôme (remuer deux fois en cours de cuisson).

4. Dans un bol, à l'aide d'un fouet, mélanger 1 tasse (250 ml) des flocons d'avoine grillés, la farine, le sucre, la poudre à pâte, le bicarbonate de sodium et le sel. Ajouter le fromage à la crème et, à l'aide d'un coupe-pâte ou des doigts, travailler la préparation jusqu'à ce qu'elle ait la texture d'une chapelure grossière.

5. Dans une tasse à mesurer en verre, mélanger 3/4 de tasse (180 ml) du babeurre, l'huile et la vanille. Faire un puits au centre du mélange de flocons d'avoine. Ajouter les ingrédients liquides et mélanger à l'aide d'une fourchette jusqu'à ce que tous les ingrédients soient mélangés, sans plus (ne pas trop mélanger ; la pâte sera humide et collante).

6. À l'aide d'une cuillère, laisser tomber huit portions de pâte sur une plaque de cuisson légèrement huilée ou vaporisée d'un enduit végétal antiadhésif (de type Pam). Badigeonner les portions de pâte du reste du babeurre et les parsemer du reste des flocons d'avoine grillés.

7. Cuire au four préchauffé à 425°F (220°C) de 10 à 12 minutes ou jusqu'à ce que les shortcakes soient dorés. Laisser refroidir légèrement sur une grille. À l'aide d'un couteau bien aiguisé, couper chaque shortcake refroidi en deux horizontalement. Mettre les bases des shortcakes dans huit assiettes à dessert. À l'aide d'une cuillère, couvrir les bases des shortcakes de la garniture aux pêches et garnir du yogourt glacé. Couvrir de la partie supérieure des shortcakes. Servir aussitôt.

Gâteau streusel aux pêches

10 À 12 PORTIONS

🕐 **Préparation :** 30 minutes
🕐 **Cuisson :** 1 heure
■ **Coût :** moyen ■ **Calories :** 466/portion
■ **Protéines :** 7 g/portion
■ **Matières grasses :** 20 g/portion
■ **Glucides :** 65 g/portion
■ **Fibres :** 2 g/portion

GÂTEAU AUX PÊCHES

3/4 t	beurre ramolli	180 ml
1 1/2 t	sucre	375 ml
3	œufs	3
1 1/2 c. à thé	vanille	7 ml
3 t	farine	750 ml
1 1/2 c. à thé	poudre à pâte	7 ml
1 1/2 c. à thé	bicarbonate de sodium	7 ml
1 1/2 c. à thé	gingembre moulu	7 ml
3/4 c. à thé	sel	4 ml
1 1/2 t	crème sure	375 ml
4	pêches mûres, pelées, dénoyautées et coupées en tranches fines (environ 1 1/4 lb/ 625 g en tout)	4

GARNITURE CROUSTILLANTE AUX AMANDES

1/3 t	cassonade tassée	80 ml
1/4 t	farine	60 ml
1/4 t	amandes hachées	60 ml
2 c. à tab	gingembre confit, haché finement	30 ml
2 c. à tab	beurre froid, coupé en dés	30 ml

Préparation du gâteau aux pêches

1. Dans un grand bol, à l'aide d'un batteur électrique, battre le beurre et le sucre jusqu'à ce que le mélange soit léger et gonflé. Ajouter les œufs, un à un, en battant bien après chaque addition. Ajouter la vanille en battant. Réserver.

2. Dans un autre bol, à l'aide d'un fouet, mélanger la farine, la poudre à pâte, le bicarbonate de sodium, le gingembre et le sel. Incorporer les ingrédients secs à la préparation au beurre réservée en trois fois, en alternant deux fois avec la crème sure.

3. À l'aide d'une spatule, étendre uniformément la pâte dans un plat allant au four de 13 po x 9 po (33 cm x 23 cm), graissé. Disposer les tranches de pêches côte à côte sur la pâte, sans les faire se chevaucher.

Préparation de la garniture croustillante aux amandes

4. Dans un bol, mélanger la cassonade, la farine, les amandes et le gingembre confit. À l'aide d'un coupe-pâte ou de deux couteaux, incorporer le beurre jusqu'à ce que la préparation soit grumeleuse. Parsemer uniformément la garniture croustillante sur les pêches.

5. Cuire au four préchauffé à 350°F (180°C) pendant environ 1 heure ou jusqu'à ce qu'un cure-dents inséré au centre du gâteau en ressorte propre. Déposer le plat sur une grille et laisser refroidir. (Vous pouvez préparer le gâteau à l'avance, le laisser refroidir et le couvrir. Il se conservera jusqu'à 2 jours à la température ambiante.)

Tourte aux pêches

Pour varier, vous pouvez préparer ce délicieux dessert avec des tranches de pommes, de nectarines ou de prunes.

DONNE 1 TOURTE OU 10 PORTIONS

🕐 **Préparation :** 20 minutes
🕐 **Cuisson :** 30 minutes
■ **Coût :** moyen ■ **Calories :** 200/portion
■ **Protéines :** 3 g/portion
■ **Matières grasses :** 6 g/portion
■ **Glucides :** 34 g/portion
■ **Fibres :** 2 g/portion

GARNITURE AUX PÊCHES

2 lb	pêches pelées et coupées en tranches	1 kg
3 c. à tab	sucre	45 ml
1/4 t	cassonade	60 ml
1 c. à thé	fécule de maïs	5 ml
1 c. à thé	cannelle	5 ml

PÂTE À TARTE

1 1/3 t	farine	330 ml
2 c. à tab	sucre	30 ml
1 1/2 c. à thé	poudre à pâte	7 ml
1/2 c. à thé	sel	2 ml
5 c. à tab	beurre non salé froid, coupé en morceaux	75 ml
1/2 t	lait	125 ml

Préparation de la garniture aux pêches

1. Dans un grand bol, mettre les pêches, le sucre, la cassonade, la fécule de maïs et la cannelle et bien mélanger. Verser la garniture aux pêches dans un plat en céramique allant au four d'une capacité de 6 tasses (1,5 L) ou dans une assiette à tarte profonde de 10 po (25 cm) de diamètre. Réserver.

Préparation de la pâte à tarte

2. Dans un bol, mélanger la farine, le sucre, la poudre à pâte et le sel. À l'aide d'un coupe-pâte ou de deux couteaux, incorporer le beurre jusqu'à ce que la préparation ait la texture d'une chapelure grossière. Ajouter le lait et mélanger jusqu'à ce que la pâte se tienne, sans plus. Façonner la pâte en boule (ne pas la pétrir). Sur une surface de travail farinée, abaisser la pâte à 1/2 po (1 cm) d'épaisseur de manière à obtenir une abaisse qui couvre le plat.

3. Déposer l'abaisse sur la garniture aux pêches réservée et canneler le pourtour, si désiré. À l'aide d'un couteau bien aiguisé, faire de petites entailles sur le dessus de la tourte pour permettre à la vapeur de s'échapper. Cuire au four préchauffé à 350°F (180°C) pendant 30 minutes ou jusqu'à ce que la croûte soit dorée et que les pêches soient tendres. Servir chaud ou à la température ambiante.

Tarte aux cerises

8 PORTIONS

🕐 **Préparation :** 25 minutes
🕐 **Réfrigération :** 20 minutes
🕐 **Cuisson :** 40 à 70 minutes
■ **Coût :** moyen ■ **Calories :** 315/portion
■ **Protéines :** 7 g/portion
■ **Matières grasses :** 10 g/portion
■ **Glucides :** 61 g/portion
■ **Fibres :** 2 g/portion

PÂTE À TARTE

1	gros œuf	1
2 c. à thé	jus de citron fraîchement pressé	10 ml
1/2 t	fromage cottage léger	125 ml
1/3 t	huile de canola	80 ml
2 c. à tab	sucre	30 ml
1 c. à thé	vanille	5 ml
1/2 c. à thé	sel	2 ml
2 t	farine	500 ml
2 c. à tab	beurre froid, coupé en quatre morceaux	30 ml

GARNITURE AUX CERISES

5 t	cerises aigres fraîches, dénoyautées (environ 2 lb/1 kg en tout)	1,25 L
3/4 t + 2 c. à thé	sucre	190 ml
3 c. à tab	fécule de maïs	45 ml
2 c. à tab	jus de citron fraîchement pressé	30 ml
1/4 c. à thé	essence d'amande	1 ml
1 c. à tab	lait	15 ml

Préparation de la pâte à tarte

1. Dans une tasse à mesurer en verre, à l'aide d'une fourchette, mélanger l'œuf et le jus de citron. Réserver.

2. Au robot culinaire, mélanger le fromage cottage, l'huile, le sucre, la vanille et le sel jusqu'à ce que la préparation soit lisse et crémeuse (racler les parois du récipient vers le bas une fois). Ajouter la farine et le beurre et actionner l'appareil six fois ou jusqu'à ce que la préparation ait la texture d'une chapelure grossière. Ajouter la préparation à l'œuf réservée et mélanger jusqu'à ce que la pâte commence à se tenir (ne pas attendre qu'elle forme une boule). Sur une surface légèrement farinée, couper la pâte en deux, une portion légèrement plus grosse que l'autre. Aplatir chaque portion de pâte de manière à former un cercle. Envelopper chaque cercle de pâte d'une pellicule de plastique et réfrigérer pendant au moins 20 minutes ou jusqu'à 2 jours.

3. Sur une surface légèrement farinée, à l'aide d'un rouleau à pâtisserie fariné, abaisser la plus grosse portion de pâte en un cercle de 12 po (30 cm) de diamètre. Enrouler l'abaisse sur le rouleau à pâtisserie, puis la dérouler dans une assiette à tarte de 9 po (23 cm) de diamètre, huilée légèrement ou vaporisée d'un enduit végétal antiadhésif (de type Pam). Presser délicatement la pâte dans le fond et sur les côtés. Couper l'abaisse en laissant un excédent de pâte de 3/4 po (2 cm). Couvrir l'abaisse d'une pellicule de plastique et réfrigérer jusqu'au moment de l'utiliser.

Préparation de la garniture aux cerises

4. Dans un grand bol, mélanger les cerises, 3/4 de tasse (180 ml) du sucre, la fécule de maïs, le jus de citron et l'essence d'amande. À l'aide d'une cuillère, étendre la garniture aux cerises dans l'abaisse. Sur une surface légèrement farinée, abaisser l'autre portion de pâte en un cercle de 11 po (28 cm) de diamètre. À l'aide d'une roulette à pâtisserie ou d'un couteau bien aiguisé, découper la pâte en lanières de 1/2 po (1 cm) de largeur. Disposer les lanières de pâte sur la garniture aux cerises de manière à former un treillis, en laissant un espace d'environ 1/2 po (1 cm) entre chacune. Presser le bout des lanières de pâte sur le pourtour de l'abaisse du dessous et canneler le pourtour. Badigeonner la pâte du lait et parsemer le dessus de la tarte du reste du sucre.

5. Mettre la tarte sur une plaque de cuisson et cuire sur la grille inférieure du four préchauffé à 425°F (220°C) pendant 20 minutes. Réduire la température du four à 375°F (190°C) et cuire de 40 à 50 minutes ou jusqu'à ce que la croûte soit dorée et que la garniture soit bouillonnante. Déposer la tarte sur une grille et laisser refroidir.

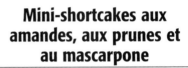
Mini-shortcakes aux amandes, aux prunes et au mascarpone

8 PORTIONS

🕐 **Préparation :** 30 minutes
🕐 **Cuisson :** 10 à 15 minutes
■ **Coût :** élevé ■ **Calories :** 530/portion
■ **Protéines :** 10 g/portion
■ **Matières grasses :** 9 g/portion
■ **Glucides :** 66 g/portion
■ **Fibres :** 3 g/portion

1/3 t	eau	80 ml
1/3 t	liqueur d'amande (de type Amaretto)	80 ml
1/4 t	sucre	60 ml
2 lb	prunes bleues ou rouges, dénoyautées et coupées en tranches de 1/2 po (1 cm) d'épaisseur	1 kg
1 t	farine tout usage	250 ml
1 t	farine à gâteau et à pâtisserie	250 ml
3 c. à tab + 2 c. à tab	sucre	75 ml
2 c. à thé	poudre à pâte	10 ml
1 c. à thé	bicarbonate de sodium	5 ml
1/2 c. à thé	sel	2 ml
1/4 t	pâte d'amandes	60 ml
3/4 t + 1 c. à tab	babeurre	· 195 ml
1 c. à tab	huile de canola	15 ml
1 c. à thé	vanille	5 ml
1/3 t	amandes coupées en tranches	80 ml
	crème de mascarpone (voir recette)	

1. Dans une casserole, mélanger l'eau, la liqueur d'amande et le sucre. Porter à ébullition à feu moyen. Ajouter les prunes et porter de nouveau à ébullition. Cuire de 1 à 3 minutes ou jusqu'à ce que les prunes commencent à ramollir. Retirer la casserole du feu et laisser refroidir à la température ambiante.

2. Dans un bol, à l'aide d'un fouet, mélanger la farine tout usage, la farine à gâteau, 3 cuillerées à table (45 ml) du sucre, la poudre à pâte, le bicarbonate de sodium et le sel. Ajouter la pâte d'amandes et, à l'aide d'un coupe-pâte ou des doigts, travailler la préparation jusqu'à ce qu'elle ait la texture d'une chapelure fine.

3. Dans une tasse à mesurer en verre, mélanger 3/4 de tasse (180 ml) du babeurre, l'huile et la vanille. Faire un puits au centre du mélange de farine. Ajouter les ingrédients liquides et mélanger à l'aide d'une fourchette jusqu'à ce que tous les ingrédients soient mélangés, sans plus (ne pas trop mélanger ; la pâte sera légèrement collante).

4. Sur une surface légèrement farinée, aplatir la pâte en un cercle de 3/4 de po (2 cm) d'épaisseur. À l'aide d'un emporte-pièce rond et fariné de 3 à 3 1/2 po (7 à 8 cm) de diamètre, découper huit cercles dans la pâte (au besoin, rassembler les retailles de pâte et abaisser la pâte de nouveau). Déposer les cercles de pâte sur une plaque de cuisson légèrement huilée ou vaporisée d'un enduit végétal antiadhésif (de type Pam). Dans un petit bol, mélanger les amandes et le reste du sucre et du babeurre. Presser légèrement la préparation aux amandes sur les cercles de pâte.

5. Cuire au four préchauffé à 425°F (220°C) de 10 à 12 minutes ou jusqu'à ce que les shortcakes soient légèrement dorés. Laisser refroidir légèrement sur une grille. À l'aide d'un couteau bien aiguisé, couper chaque shortcake refroidi en deux horizontalement. Mettre les bases des shortcakes dans huit assiettes à dessert. À l'aide d'une cuillère, couvrir la base des shortcakes de la garniture aux prunes refroidie et garnir de la crème de mascarpone. Couvrir de la partie supérieure des shortcakes. Servir aussitôt.

Crème de mascarpone

DONNE 1 TASSE (250 ML)

1/3 t	fromage mascarpone	80 ml
1 c. à tab	sucre	15 ml
1/2 c. à thé	vanille	2 ml
2/3 t	yogourt nature, réduit en matières grasses	160 ml

1. Dans un petit bol, à l'aide d'un fouet, mélanger le fromage mascarpone, le sucre et la vanille. Ajouter le yogourt et, à l'aide du fouet, mélanger jusqu'à ce que la préparation soit lisse. Réfrigérer la crème de mascarpone pendant environ 1 heure ou jusqu'à ce qu'elle ait refroidi. (Vous pouvez préparer la crème à l'avance et la couvrir. Elle se conservera jusqu'à 2 jours au réfrigérateur.)

5 à 7 sur la **terrasse**

Crostini aux poivrons rouges et au romarin

DONNE 12 CROSTINI

🕐 **Préparation :** 15 minutes
🕐 **Cuisson :** 4 minutes
■ **Coût :** moyen ■ **Calories :** 124/crostini
■ **Protéines :** 3 g/crostini
■ **Matières grasses :** 10 g/crostini
■ **Glucides :** 6 g/crostini ■ **Fibres :** traces

1/4 t + 2 c. à tab	huile d'olive	90 ml
2 c. à tab	romarin frais (environ 1 brin)	30 ml
12	tranches de pain baguette de 1/2 po (1 cm) d'épaisseur, coupées sur le biais	12
1 t	poivrons rouges grillés en conserve (piments doux rôtis), égouttés et coupés en fines lanières	250 ml
1 t	roquette (arugula), parée et déchiquetée	250 ml
1	gousse d'ail hachée finement	1
1	pincée de sel	1
1	pincée de poivre	1
1 t	fromage ricotta	250 ml

1. Dans une petite casserole, chauffer 1/4 de tasse (60 ml) de l'huile d'olive et le romarin à feu moyen-vif pendant 3 minutes ou jusqu'à ce que le romarin ait pâli. Dans une passoire fine placée sur un petit bol, filtrer l'huile (retirer le romarin).

2. Étendre les tranches de pain baguette sur une plaque de cuisson et les badigeonner de l'huile parfumée au romarin. Cuire sous le gril préchauffé du four pendant environ 1 minute ou jusqu'à ce que les croûtons soient dorés. Laisser refroidir.

3. Dans un bol, mélanger les poivrons rouges grillés, la roquette, l'ail, le reste de l'huile d'olive, le sel et le poivre. (Vous pouvez préparer les croûtons et la garniture aux poivrons à l'avance et les couvrir d'une pellicule de plastique. Ils se conserveront séparément jusqu'à 4 heures à la température ambiante.)

4. Au moment de servir, étendre le fromage ricotta sur les croûtons refroidis. Couvrir de la garniture aux poivrons.

Aubergine grillée sur mini-pitas

6 PORTIONS

🕐 **Préparation :** 20 minutes
🕐 **Cuisson :** 10 minutes
◾ **Coût :** moyen ◾ **Calories :** 322/portion
◾ **Protéines :** 12 g/portion
◾ **Matières grasses :** 21 g/portion
◾ **Glucides :** 24 g/portion
◾ **Fibres :** 3 g/portion

3 c. à tab	vinaigre de vin blanc	45 ml
1	gousse d'ail hachée	1
1 c. à tab	menthe fraîche, hachée	15 ml
1/2 c. à thé	origan séché	2 ml
1/2 c. à thé	sel	2 ml
1/4 c. à thé	poivre noir du moulin	1 ml
1/4 t	huile d'olive	60 ml
1	grosse aubergine, coupée en tranches de 1/2 po (1 cm) d'épaisseur	1
6	mini-pains pitas séparés en deux	6
8 oz	fromage de chèvre émietté	250 g
	brins de menthe fraîche (facultatif)	

1. Dans un petit bol, à l'aide d'un fouet, mélanger le vinaigre de vin, l'ail, la menthe hachée, l'origan, le sel et le poivre. Ajouter petit à petit l'huile en fouettant jusqu'à ce que la marinade soit homogène. Mettre les tranches d'aubergine dans un grand plat en verre. Verser la marinade sur les tranches d'aubergine et les retourner pour bien les enrober.

2. Préparer une braise d'intensité moyenne-vive ou régler le barbecue au gaz à puissance moyenne-élevée. Mettre les demi-pains pitas, le côté coupé dessous, sur la grille huilée du barbecue et cuire pendant environ 1 1/2 minute ou jusqu'à ce qu'ils soient dorés. Retirer les demi-pains pitas du barbecue et les réserver dans une assiette. Retirer les tranches d'aubergine de la marinade (réserver la marinade) et les mettre sur la grille huilée du barbecue. Cuire pendant environ 3 minutes de chaque côté ou jusqu'à ce que les tranches d'aubergine soient tendres.

3. Mettre une tranche d'aubergine sur chaque demi-pain pita. Arroser de la marinade réservée et parsemer du fromage de chèvre. Remettre les demi-pains pitas garnis sur la grille du barbecue, fermer le couvercle et poursuivre en cuisson indirecte (voir La cuisson indirecte, p. 162) pendant environ 2 minutes ou jusqu'à ce que le fromage commence à fondre. Au moment de servir, garnir de brins de menthe fraîche, si désiré.

Croque-monsieur aux légumes grillés

6 PORTIONS

🕐 **Préparation :** 25 minutes
🕐 **Cuisson :** 21 à 25 minutes
■ **Coût :** moyen ■ **Calories :** 520/portion
■ **Protéines :** 18 g/portion
■ **Matières grasses :** 30 g/portion
■ **Glucides :** 47 g/portion
■ **Fibres :** 7 g/portion

1	aubergine coupée sur la longueur en six tranches d'environ 1/2 po (1 cm) d'épaisseur	1
3	courgettes jaunes, coupées sur la longueur en six tranches d'environ 1/2 po (1 cm) d'épaisseur	3
2	oignons rouges coupés en six tranches d'environ 1/2 po (1 cm) d'épaisseur	2
1	paquet de champignons, les pieds enlevés, coupés en tranches (10 oz/227 g)	1
1	gros poivron rouge épépiné et coupé en tranches d'environ 1/2 po (1 cm) d'épaisseur	1
1/4 t	huile végétale	60 ml
1/2 c. à thé	sel (environ)	2 ml
1/4 c. à thé	poivre noir du moulin (environ)	1 ml
1 c. à tab	vinaigre balsamique	15 ml
1	gousse d'ail hachée finement	1
1/2 c. à thé	moutarde de Dijon	2 ml
1 1/2 c. à thé	cassonade	7 ml
3 c. à tab	huile d'olive	45 ml
1	gros pain (de type parisien), coupé en six tranches d'environ 1 po (2,5 cm) d'épaisseur	1
1	grosse gousse d'ail, pelée et coupée en deux	1
8 oz	fromage fontina ou mozzarella, râpé	250 g

1. Dans un plat peu profond, mélanger délicatement les tranches d'aubergine, de courgettes et d'oignons rouges, les champignons, le poivron rouge, l'huile végétale, le sel et le poivre. Préparer une braise d'intensité moyenne-vive ou régler le barbecue au gaz à puissance moyenne-élevée. Mettre les tranches d'aubergine, de courgette et d'oignon rouge sur la grille huilée du barbecue. Cuire de 3 à 4 minutes de chaque côté ou jusqu'à ce que les légumes soient tendres (retourner les légumes souvent en cours de cuisson pour éviter de les brûler). Mettre les légumes dans un grand bol, couvrir de papier d'aluminium et réserver au chaud. Mettre les champignons et le poivron rouge sur une plaque à griller et cuire de 6 à 8 minutes ou jusqu'à ce qu'ils soient tendres (les retourner plusieurs fois en cours de cuisson). Mettre les champignons et le poivron rouge avec les autres légumes réservés (ne pas éteindre le barbecue).

2. Dans un petit bol, à l'aide d'un fouet, mélanger le vinaigre balsamique, l'ail haché, une pincée de sel et de poivre, la moutarde de Dijon et la cassonade. Ajouter petit à petit l'huile d'olive en fouettant jusqu'à ce que la vinaigrette soit homogène. Ajouter la vinaigrette aux légumes grillés et mélanger. Réserver au chaud.

3. Mettre les tranches de pain sur la grille huilée du barbecue et cuire de 2 à 3 minutes de chaque côté ou jusqu'à ce qu'elles soient dorées. Retirer les tranches de pain du barbecue et frotter chacune avec les demi-gousses d'ail. Répartir les légumes réservés sur les tranches de pain grillé et parsemer du fromage. Remettre sur le barbecue et poursuivre en cuisson indirecte (voir La cuisson indirecte, p. 162) pendant environ 5 minutes ou jusqu'à ce que les croque-monsieur soient chauds.

Satés de bœuf à la menthe

Servir ces délicieuses petites brochettes avec des pointes de pain pita grillées.

DONNE DE 14 À 20 SATÉS

🕐 **Préparation :** 25 minutes
🕐 **Marinade :** 1 heure
🕐 **Cuisson :** 4 minutes
🕐 **Réfrigération :** 4 heures (sauce tzatziki)
■ **Coût :** moyen ■ **Calories :** 40/saté
■ **Protéines :** 5 g/saté
■ **Matières grasses :** 1 g/saté
■ **Glucides :** 3 g/saté ■ **Fibres :** aucune

1/2 t	vinaigre de malt	125 ml
1/4 t	cassonade	60 ml
1/2	petit oignon, haché finement	1/2
1/3 t	menthe fraîche, hachée (environ)	80 ml
2 c. à tab	basilic frais, haché (environ)	30 ml
1/4 c. à thé	flocons de piment fort	1 ml
1	bifteck de surlonge désossé de 1 po (2,5 cm) d'épaisseur (environ 1 lb/500 g)	1
1 t	sauce tzatziki (facultatif) (voir recette)	250 ml
	sel et poivre noir du moulin	

1. Dans un bol autre qu'en métal, mélanger le vinaigre de malt et la cassonade jusqu'à ce que la cassonade soit dissoute. Ajouter l'oignon, la menthe, le basilic et les flocons de piment fort et bien mélanger. Verser la marinade dans un grand plat en verre peu profond. Réserver.

2. Mettre le bifteck sur une planche à découper. À l'aide d'un couteau bien aiguisé, couper le bifteck sur la longueur en lanières de 1/4 po (5 mm). Sur des brochettes de bois préalablement trempées dans l'eau, enfiler les lanières de bœuf en rubans. Mettre les brochettes dans la marinade réservée et les retourner pour bien les enrober. Couvrir le plat d'une pellicule de plastique et laisser mariner au réfrigérateur pendant au moins 1 heure (retourner les brochettes de temps à autre). (Vous pouvez préparer les brochettes de bœuf à l'avance et les couvrir. Elles se conserveront jusqu'à 4 heures au réfrigérateur.)

3. Préparer une braise d'intensité moyenne-vive ou régler le barbecue au gaz à puissance moyenne-élevée. Retirer les brochettes de la marinade (jeter la marinade) et les éponger légèrement à l'aide d'essuie-tout. Mettre les brochettes sur la grille huilée du barbecue et cuire pendant environ 4 minutes ou jusqu'au degré de cuisson désiré (retourner les brochettes une fois en cours de cuisson). Saler et poivrer. Parsemer de menthe et de basilic. Servir aussitôt les satés accompagnés de sauce tzatziki, si désiré.

Sauce tzatziki

DONNE ENVIRON 1 TASSE (250 ML)

1 t	yogourt nature	250 ml
1	gousse d'ail hachée finement	1
1 c. à thé	huile d'olive	5 ml
1 c. à thé	menthe fraîche, hachée finement	5 ml
1 c. à thé	aneth frais, haché finement	5 ml

1. Dans un petit bol, mélanger le yogourt, l'ail, l'huile, la menthe et l'aneth jusqu'à ce que la préparation soit homogène. Couvrir le bol d'une pellicule de plastique et réfrigérer pendant 4 heures. (Vous pouvez préparer la sauce tzatziki à l'avance et la couvrir. Elle se conservera jusqu'à 2 jours au réfrigérateur.)

Canapés de saumon teriyaki

Préparée à partir de raifort japonais, la pâte de wasabi donne ici un petit côté piquant à la sauce teriyaki. On la trouve dans les épiceries asiatiques et dans certains magasins d'aliments naturels.

DONNE DE 24 À 30 CANAPÉS

⏱ **Préparation :** 30 minutes
⏱ **Cuisson :** 5 à 6 minutes
⏱ **Repos :** 24 heures (crème fraîche)
⏱ **Réfrigération :** 2 heures
(crème fraîche)
■ **Coût :** moyen ■ **Calories :** 80/canapé
■ **Protéines :** 4 g/canapé
■ **Matières grasses :** 5 g/canapé
■ **Glucides :** 5 g/canapé ■ **Fibres :** aucune

1/4 t	sirop d'érable	60 ml
1/4 t	sauce soja	60 ml
1/8 c. à thé	pâte de wasabi ou	0,5 ml
1	trait de sauce tabasco	1
24 à 30	mini-tortillas (voir Des mini-tortillas en un tournemain, ci-contre)	24 à 30
1 c. à tab	huile végétale	15 ml
1	filet de saumon avec la peau, les arêtes enlevées (environ 1 lb/500 g)	1
1	concombre anglais coupé en tranches très fines	1
1 t	crème fraîche (voir recette) ou crème fouettée non sucrée	250 ml
24 à 30	brins d'aneth ou de persil frais	24 à 30
	poivre noir du moulin	

1. Dans un petit bol, mélanger le sirop d'érable, la sauce soja et la pâte de wasabi. Réserver la sauce teriyaki.

2. Préparer une braise d'intensité moyenne-vive ou régler le barbecue au gaz à puissance moyenne-élevée. Badigeonner légèrement chaque côté des mini-tortillas d'un peu de l'huile. Mettre les mini-tortillas sur la grille huilée du barbecue et cuire pendant environ 30 secondes de chaque côté ou jusqu'à ce qu'elles soient légèrement marquées. Mettre les mini-tortillas grillées dans une assiette et réserver.

3. Badigeonner le filet de saumon du reste de l'huile. Mettre le filet de saumon, le côté peau vers le haut, sur la grille huilée du barbecue et cuire pendant environ 2 minutes ou jusqu'à ce que la chair soit marquée. À l'aide d'une spatule, retourner le filet de saumon, le côté peau vers le bas, et le badigeonner de la préparation à la sauce teriyaki réservée. Poivrer. Poursuivre la cuisson de 2 à 3 minutes ou jusqu'à ce que la chair du saumon soit opaque et se défasse facilement à la fourchette. Mettre le filet de saumon sur une planche à découper. À l'aide d'un couteau bien aiguisé, couper le filet de saumon en bouchées en prenant soin de retirer la peau.

4. Mettre les mini-tortillas grillées réservées sur une surface de travail. Garnir chaque mini-tortilla de quelques tranches de concombre anglais, de crème fraîche et d'une bouchée de saumon. Badigeonner délicatement le saumon du reste de la préparation à la sauce teriyaki. Garnir d'un brin d'aneth. Servir aussitôt.

Crème fraîche

DONNE ENVIRON 1 TASSE (250 ML)

1/2 t	crème sure	125 ml
1/2 t	crème à 35 %	125 ml

1. Dans un petit bol, mélanger la crème sure et la crème à 35 %. Couvrir le bol d'une pellicule de plastique, sans serrer. Laisser reposer à la température ambiante pendant 24 heures ou jusqu'à ce que la préparation ait épaissi. Réfrigérer pendant 2 heures. (Vous pouvez préparer la crème fraîche à l'avance et la mettre dans un contenant hermétique. Elle se conservera jusqu'à 2 semaines au réfrigérateur.)

Coup de pouce

Des mini-tortillas en un tournemain
Les mini-tortillas font une jolie base pour nos canapés d'été. Pour les préparer, il faut de 6 à 8 tortillas de farine blanche de 8 po (20 cm) de diamètre. Mettre d'abord les tortillas dans une assiette et les couvrir d'un essuie-tout humide ou de papier ciré. Puis les chauffer au micro-ondes, à intensité maximum, de 1 à 2 minutes ou jusqu'à ce qu'elles aient ramolli. À l'aide d'un emporte-pièce rond de 2 à 3 po (5 à 8 cm) de diamètre, découper quatre cercles dans chaque tortilla de manière à obtenir de 24 à 30 mini-tortillas.

Trempette au yogourt et à l'aneth

**DONNE ENVIRON
1 1/2 TASSE (375 ML)**

🕐 **Préparation :** 10 minutes
🕐 **Cuisson :** aucune
🕐 **Réfrigération :** 1 heure
■ **Coût :** moyen
■ **Calories :** 73/portion
de 1 c. à table (15 ml)
■ **Protéines :** 1 g/portion de
1 c. à table (15 ml)
■ **Matières grasses :** 8 g/portion
de 1 c. à table (15 ml)
■ **Glucides :** 1 g/portion de
1 c. à table (15 ml)
■ **Fibres :** aucune

1 t	yogourt nature	250 ml
1/2 t	mayonnaise	125 ml
1/2 t	aneth frais, haché finement	125 ml
2 c. à tab	câpres égouttées, légèrement écrasées	30 ml
3/4 c. à thé	sucre	4 ml
1/4 c. à thé	poudre d'oignon	1 ml
1/4 c. à thé	sel	1 ml
1/8 c. à thé	poivre noir du moulin	0,5 ml
	brins d'aneth frais	

1. Dans un bol, mélanger le yogourt et la mayonnaise. Ajouter l'aneth haché, les câpres, le sucre, la poudre d'oignon et le poivre et bien mélanger. Couvrir d'une pellicule de plastique et réfrigérer pendant 1 heure pour permettre aux saveurs de se mélanger. (Vous pouvez préparer la trempette à l'avance et la couvrir. Elle se conservera jusqu'au lendemain au réfrigérateur.) Au moment de servir, garnir de brins d'aneth frais.

Bouchées de cantaloup et de jambon

**DONNE ENVIRON
24 BOUCHÉES**

🕐 **Préparation :** 10 minutes
🕐 **Cuisson :** aucune
■ **Coût :** moyen ■ **Calories :** 13/bouchée
■ **Protéines :** 1 g/bouchée
■ **Matières grasses :** aucune
■ **Glucides :** 2 g/bouchée
■ **Fibres :** aucune

8	fines tranches de jambon Forêt-Noire (environ 1/4 lb/ 125 g en tout)	8
1	petit cantaloup, pelé, épépiné et coupé en 24 cubes de 1 1/2 po (4 cm)	1
4 c. à thé	jus de lime fraîchement pressé	20 ml
1/8 c. à thé	piment de Cayenne	0,5 ml

1. Étendre les tranches de jambon côte à côte sur une surface de travail. À l'aide d'un couteau bien aiguisé, couper les tranches de jambon en trois lanières sur la longueur. Déposer un cube de cantaloup au centre de chaque lanière de jambon. Arroser le cantaloup du jus de lime et le parsemer du piment de Cayenne. Envelopper les cubes de cantaloup des lanières de jambon et les fixer à l'aide de cure-dents. (Vous pouvez préparer les bouchées à l'avance et les couvrir d'une pellicule de plastique. Elles se conserveront jusqu'à 2 heures au réfrigérateur.)

Salsa aux tomates fraîches

DONNE 4 TASSES (1 L)

🕐 **Préparation :** 10 minutes
🕐 **Cuisson :** aucune
🕐 **Réfrigération :** 1 heure
■ **Coût :** moyen ■ **Calories :** 14/portion
de 2 c. à table (30 ml)
■ **Protéines :** traces
■ **Matières grasses :** 1 g/portion
de 2 c. à table (30 ml)
■ **Glucides :** 2 g/portion de
2 c. à table (30 ml)
■ **Fibres :** traces

1 lb	tomates fraîches, épépinées et hachées (environ 2 t/500 ml)	500 g
1	oignon haché	1
1/2	poivron vert épépiné et haché (environ 1/2 t/125 ml)	1/2
1 à 2	piments chilis frais (de type jalapeño), épépinés et hachés finement	1 à 2
1 c. à tab	sucre	15 ml
1/2 c. à thé	sel	2 ml
1/2 c. à thé	origan séché	2 ml
1 c. à tab	huile d'olive	15 ml
1 c. à tab	jus de lime ou de citron fraîchement pressé	15 ml
1 c. à tab	vinaigre	15 ml
1	boîte de sauce tomate (7 1/2 oz/213 ml)	1

1. Dans un grand bol, mélanger délicatement les tomates, l'oignon, le poivron vert, les piments chilis, le sucre, le sel, l'origan, l'huile, le jus de lime, le vinaigre et la sauce tomate. Couvrir le bol d'une pellicule de plastique et réfrigérer pendant au moins 1 heure pour permettre aux saveurs de se mélanger. (Vous pouvez préparer la salsa à l'avance et la mettre dans un contenant hermétique. Elle se conservera jusqu'à 2 jours au réfrigérateur.)

Trempette aux poivrons verts grillés

DONNE 1 1/2 TASSE (375 ML)

🕐 **Préparation :** 15 minutes
🕐 **Cuisson :** 15 à 20 minutes
■ **Coût :** moyen ■ **Calories :** 23/portion
de 2 c. à table (30 ml)
■ **Protéines :** 1 g/portion
■ **Matières grasses :** 1 g/portion
de 2 c. à table (30 ml)
■ **Glucides :** 3 g/portion
de 2 c. à table (30 ml)
■ **Fibres :** traces

1 lb	poivrons verts grillés, épépinés et pelés	500 g
2 c. à tab	oignon haché	30 ml
1	gousse d'ail hachée	1
1 c. à thé	sel	5 ml
1/2 c. à thé	origan séché	2 ml
1	pincée de poivre noir du moulin	1
2 c. à tab	jus de lime fraîchement pressé	30 ml
6	brins de coriandre fraîche, avec les feuilles (environ)	6
1/4 t	crème sure	60 ml

1. Au mélangeur ou au robot culinaire, mélanger les poivrons verts grillés, l'oignon, l'ail, le sel, l'origan, le poivre, le jus de lime et les brins de coriandre jusqu'à ce que la préparation soit lisse. À l'aide d'une spatule, verser la trempette dans un petit bol. Ajouter la crème sure et bien mélanger. Garnir de coriandre fraîche, si désiré. (Vous pouvez préparer la trempette à l'avance et la mettre dans un contenant hermétique. Elle se conservera jusqu'à 2 jours au réfrigérateur.)

Duo de bruschettas aux tomates fraîches

Si vous ne trouvez pas de mini-pitas, vous pouvez les remplacer par des tranches de pain baguette d'environ 1/2 po (1 cm) d'épaisseur. Badigeonnez chaque côté des tranches de pain d'huile d'olive. Faites ensuite griller les tranches de pain au four ou sur la grille huilée du barbecue pendant environ 5 minutes ou jusqu'à ce qu'elles soient croustillantes.

DONNE ENVIRON 24 BRUSCHETTAS

🕐 **Préparation :** 30 minutes
🕐 **Cuisson :** 10 minutes
■ **Coût :** moyen
■ **Calories :** 75/bruschettas
■ **Protéines :** 1 g/bruschettas
■ **Matières grasses :** 6 g/bruschettas
■ **Glucides :** 5 g/bruschettas
■ **Fibres :** 1 g/bruschettas

GARNITURE AUX TOMATES ET À LA CORIANDRE

3	tomates orange épépinées et coupées en dés	3
3 c. à tab	huile d'olive	45 ml
2 c. à tab	coriandre fraîche, hachée	30 ml
1	gousse d'ail hachée finement	1
1/2 c. à thé	graines de cumin	2 ml

GARNITURE AUX TOMATES ET AU BASILIC

3	tomates rouges épépinées et coupées en dés	3
3 c. à tab + 1 c. à tab	huile d'olive	60 ml
2 c. à tab	basilic frais, haché	30 ml
1	gousse d'ail hachée finement	1
12	mini-pitas	12

Préparation de la garniture aux tomates et à la coriandre

1. Dans un bol, mélanger les tomates orange, l'huile, la coriandre, l'ail et les graines de cumin. Couvrir le bol d'une pellicule de plastique et réfrigérer. (Vous pouvez préparer la garniture à l'avance et la couvrir. Elle se conservera jusqu'au lendemain au réfrigérateur.)

Préparation de la garniture aux tomates et au basilic

2. Dans un bol, mélanger les tomates rouges, 3 cuillerées à table (45 ml) de l'huile, le basilic et l'ail. Couvrir le bol d'une pellicule de plastique et réfrigérer. (Vous pouvez préparer la garniture à l'avance et la couvrir. Elle se conservera jusqu'au lendemain au réfrigérateur.)

Préparation des bruschettas

3. À l'aide d'un couteau bien aiguisé, couper les mini-pitas en deux horizontalement. Badigeonner le côté coupé de chaque mini-pita du reste de l'huile. Mettre les moitiés de mini-pitas sur une plaque de cuisson. Cuire au four préchauffé à 375°F (190°C) pendant 10 minutes ou jusqu'à ce que les mini-pitas soient croustillants. Laisser refroidir légèrement.

4. Au moment de servir, garnir les moitiés de mini-pitas grillés des garnitures aux tomates.

Récoltes

Poivrons farcis au riz arborio et aux champignons

Ce plat tout à fait de saison est délicieux servi sur un coulis de tomates.

6 PORTIONS

🕐 **Préparation :** 10 minutes
🕐 **Cuisson :** 55 minutes
■ **Coût :** moyen ■ **Calories :** 360/portion
■ **Protéines :** 15 g/portion
■ **Matières grasses :** 21 g/portion
■ **Glucides :** 34 g/portion
■ **Fibres :** 4 g/portion

6	gros poivrons jaunes ou rouges	6
1/2 t	riz arborio	125 ml
2 1/2 c. à tab	huile d'olive	37 ml
1	petit oignon, haché	1
1	gousse d'ail broyée	1
1/4 t	pignons	60 ml
1/2 lb	veau haché	250 g
1 c. à thé	cumin moulu	5 ml
1 t	tomates coupées en dés	250 ml
3 c. à tab	raisins de Corinthe	45 ml
	zeste râpé de 1 citron	
1/3 t	persil frais, haché	80 ml
1/4 t	basilic frais, haché	60 ml
3/4 t	champignons coupés en quatre	180 ml
1/3 t	parmesan fraîchement râpé	80 ml
	sel et poivre du moulin	

1. Mettre les poivrons sur la grille du four et cuire sous le gril préchauffé pendant 2 minutes ou jusqu'à ce que la peau soit noircie et boursouflée par endroits (**photo a**). Réserver. Dans une casserole d'eau bouillante salée, cuire le riz pendant 10 minutes. Égoutter et réserver.

2. Dans un poêlon à surface antiadhésive, chauffer 2 cuillerées à table (30 ml) de l'huile à feu moyen-vif. Ajouter l'oignon, l'ail et les pignons et cuire pendant 2 minutes ou jusqu'à ce que l'oignon soit translucide. Mettre la préparation d'oignons dans un bol et réserver.

3. Dans le poêlon, ajouter le veau haché et le cumin et cuire pendant 4 minutes ou jusqu'à ce que la viande soit dorée. Ajouter les tomates, le riz réservé, les raisins de Corinthe, le zeste de citron, le persil et le basilic. Poursuivre la cuisson pendant 2 minutes. Saler et poivrer. Ajouter le mélange à la viande à la préparation d'oignons réservée.

4. Dans le poêlon, ajouter le reste de l'huile et les champignons et cuire de 2 à 3 minutes ou jusqu'à ce qu'ils soient dorés. Ajouter les champignons à la préparation à la viande. Ajouter le parmesan et bien mélanger (**photo b**).

5. Couper le dessus de chaque poivron. Enlever le cœur des poivrons (**photo c**), les épépiner et les farcir de la préparation à la viande en tassant légèrement. Replacer le dessus des poivrons et les mettre dans un plat allant au four huilé (**photo d**). Cuire au four préchauffé à 350°F (180°C) pendant 30 minutes. Servir aussitôt.

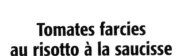
Tomates farcies au risotto à la saucisse

6 PORTIONS

⏱ **Préparation :** 15 minutes
🕐 **Cuisson :** 60 minutes
■ **Coût :** moyen ■ **Calories :** 302/portion
■ **Protéines :** 12 g/portion
■ **Matières grasses :** 11 g/portion
■ **Glucides :** 51 g/portion
■ **Fibres :** 4 g/portion

6	grosses tomates	6
5 à 6 t	bouillon de poulet	1,25 à 1,5 L
1/2 lb	saucisses italiennes douces, la peau enlevée	250 g
3/4 t	oignons hachés	180 ml
1 1/2 t	riz arborio ou autre riz à grain rond	375 ml
6 c. à tab	parmesan fraîchement râpé	90 ml
1/2 c. à thé	poivre	2 ml
1/2 c. à thé	sel	2 ml
2 c. à tab	persil frais, haché	30 ml

1. À l'aide d'un couteau bien aiguisé, couper une tranche fine sous chacune des tomates pour qu'elles tiennent debout. Retirer le cœur. À l'aide d'une cuillère, évider les tomates et réserver 1 tasse (250 ml) de la chair. Retourner les tomates évidées sur une grande assiette tapissée d'essuie-tout et les laisser égoutter.

2. Entre-temps, verser le bouillon de poulet dans une casserole et porter à ébullition à feu moyen. Réduire à feu très doux, couvrir et laisser mijoter.

3. Dans une grande casserole, cuire les saucisses à feu moyen, en défaisant la chair à l'aide d'une fourchette, pendant environ 7 minutes ou jusqu'à ce qu'elles soient dorées. À l'aide d'une écumoire, retirer les saucisses de la casserole et les mettre dans une assiette. Réserver.

4. Dans la casserole, ajouter les oignons et cuire à feu moyen-doux pendant environ 8 minutes ou jusqu'à ce qu'ils soient très tendres. Ajouter la chair des tomates réservée et cuire à feu moyen, en brassant de temps à autre, pendant environ 5 minutes ou jusqu'à ce que le liquide ait réduit de moitié.

5. Ajouter le riz et mélanger pour bien l'enrober. Ajouter 1/2 tasse (125 ml) du bouillon de poulet bouillant et cuire à feu moyen-vif, en brassant sans arrêt, jusqu'à ce que le bouillon soit absorbé. Ajouter le reste du bouillon de poulet, 1/2 tasse (125 ml) à la fois, en brassant sans arrêt (attendre que le bouillon soit complètement absorbé avant d'en ajouter) et cuire pendant environ 20 minutes ou jusqu'à ce que le riz soit onctueux mais encore légèrement croquant. Ajouter les saucisses réservées, 4 cuillerées à table (60 ml) du parmesan et le poivre et mélanger.

6. Huiler un plat allant au four de 15 po x 10 po (38 cm x 25 cm). Parsemer l'intérieur des tomates évidées du sel. Farcir les tomates du risotto à la saucisse. Mettre les tomates farcies dans le plat et couvrir de papier d'aluminium, sans serrer.

7. Cuire au four préchauffé à 400°F (200°C) de 15 à 20 minutes ou jusqu'à ce que les tomates soient tendres et le risotto chaud (ne pas trop cuire pour que les tomates gardent leur forme). Parsemer les tomates du reste du parmesan et du persil. Servir aussitôt.

Coup de pouce

Le riz arborio

Le riz arborio est le plus renommé des riz italiens. Avec ses grains ronds et blancs, il convient parfaitement aux risottos, aux poudings au riz et aux croquettes. On en trouve dans les épiceries italiennes et dans certains magasins d'aliments naturels.

Tarte aux tomates et aux olives

12 PORTIONS

- ⏱ **Préparation :** 30 minutes
- ⏱ **Réfrigération :** 40 minutes
- ⏱ **Cuisson :** 50 minutes
- ■ **Coût :** moyen ■ **Calories :** 263/portion
- ■ **Protéines :** 7 g/portion
- ■ **Matières grasses :** 18 g/portion
- ■ **Glucides :** 19 g/portion
- ■ **Fibres :** 1 g/portion

PÂTE AU FENOUIL

1 c. à tab	graines de fenouil	15 ml
2 t	farine	500 ml
3/4 c. à thé	sel	4 ml
3/4 t	beurre coupé en petits morceaux	180 ml
3 c. à tab	eau glacée	45 ml
1	blanc d'œuf battu légèrement	1

GARNITURE AUX TOMATES ET AUX OLIVES

10	olives noires dénoyautées et hachées	10
2 c. à tab	échalotes hachées	30 ml
1 c. à tab	thym frais, haché ou	15 ml
1 c. à thé	thym séché	5 ml
1 c. à tab	huile d'olive	15 ml
1 1/2 t	fromage fontina ou cheddar râpé	375 ml
3	grosses tomates, coupées en tranches de 1/8 po (3 mm) d'épaisseur, bien égouttées (environ 1 1/2 lb/ 750 g en tout)	3
3/4 c. à thé	sel	4 ml
1/2 c. à thé	poivre noir du moulin	2 ml
	brins de thym frais	

Préparation de la pâte au fenouil

1. Sur une planche à découper, à l'aide du côté plat d'un couteau large, broyer les graines de fenouil. (Ou encore, broyer les graines de fenouil dans un moulin à café.) Au robot culinaire, mélanger la farine, les graines de fenouil broyées et le sel. Actionner l'appareil pendant 3 secondes. Ajouter le beurre et mélanger jusqu'à ce que la préparation ait la texture d'une chapelure grossière. Sans arrêter l'appareil, ajouter l'eau glacée, 1 cuillerée à table (15 ml) à la fois, et mélanger jusqu'à ce que la pâte commence à se tenir (ne pas trop mélanger). Façonner la pâte en boule et l'aplatir en un cercle de 8 po (20 cm) de diamètre. Envelopper la pâte de papier ciré et réfrigérer pendant environ 40 minutes ou jusqu'à ce qu'elle soit ferme.

2. Sur une surface légèrement farinée, abaisser la pâte de manière à obtenir un cercle de 14 po (35 cm) de diamètre. Déposer l'abaisse dans un moule à flan (moule à tarte à fond amovible) de 12 po (30 cm) de diamètre (ne pas étirer la pâte). Couper l'excédent de pâte. À l'aide d'une fourchette, piquer le fond de l'abaisse sur toute sa surface (ne pas piquer les côtés). Tapisser l'abaisse de papier d'aluminium, puis la remplir de haricots secs.

3. Cuire sur la grille inférieure du four préchauffé à 400°F (200°C) pendant 15 minutes. Retirer délicatement les haricots secs et le papier d'aluminium. Badigeonner le fond de la croûte du blanc d'œuf. Poursuivre la cuisson pendant 10 minutes ou jusqu'à ce que la croûte soit dorée. Laisser refroidir légèrement sur une grille.

Préparation de la garniture aux tomates

4. Entre-temps, dans un petit bol, mélanger les olives noires, les échalotes, le thym et l'huile. Réserver. Parsemer la croûte refroidie du fromage. Disposer les tranches de tomates en cercles concentriques dans le fond de la croûte, en les faisant se chevaucher légèrement. Parsemer du sel et du poivre. À l'aide d'une cuillère, répartir la préparation aux olives réservée sur les tranches de tomates.

5. Cuire au four préchauffé à 400°F (200°C) de 20 à 25 minutes ou jusqu'à ce que le fromage ait fondu et que les tomates soient dorées et bouillonnantes. Mettre la tarte sur une grille et laisser refroidir légèrement avant de servir. Garnir de brins de thym frais.

Pâtes aux tomates, aux noix et aux bocconcini

Pendant la cuisson des pâtes, on prépare la sauce : ce plat est donc prêt en 10 minutes à peine... Qui dit mieux ?

4 PORTIONS

🕐 **Préparation :** 10 minutes

🕐 **Cuisson :** 8 à 10 minutes

■ **Coût :** moyen ■ **Calories :** 680/portion

■ **Protéines :** 34 g/portion

■ **Matières grasses :** 33 g/portion

■ **Glucides :** 75 g/portion

■ **Fibres :** 5 g/portion

12 oz	penne ou autres pâtes courtes	375 g
6	tranches fines de pancetta ou	6
4	tranches de bacon coupées en morceaux	4
1/3 t	noix de Grenoble, pignons ou pacanes	80 ml
2	gousses d'ail	2
20 à 24	tomates cerises ou	20 à 24
4	tomates (environ 4 tasses/1 L en tout)	4
6	fromages bocconcini égouttés	6
3 c. à tab	huile d'olive	45 ml
1/2 t	feuilles de basilic frais, tassées	125 ml
	parmesan fraîchement râpé (facultatif)	
	sel et poivre noir du moulin	

1. Dans une grande casserole d'eau bouillante salée, cuire les pâtes de 8 à 10 minutes ou jusqu'à ce qu'elles soient al dente.

2. Entre-temps, à l'aide d'un couteau bien aiguisé, couper la pancetta en lanières. Couper les noix de Grenoble en morceaux. Hacher finement les gousses d'ail ou les broyer. Réserver.

3. À l'aide du couteau, couper les tomates cerises en deux (ou couper les tomates en dés). Couper les bocconcini en cubes d'environ 1/2 po (1 cm) de côté.

4. Dans un grand poêlon à surface antiadhésive, cuire la pancetta et les noix réservées à feu moyen-vif, en brassant, de 3 à 4 minutes ou jusqu'à ce qu'elles soient dorées.

5. Réduire à feu doux. Ajouter l'ail, les tomates et l'huile et mélanger. Laisser mijoter pendant environ 5 minutes ou jusqu'à ce que les tomates aient ramolli.

6. Égoutter les pâtes en réservant 2 cuillerées à table (30 ml) du liquide de cuisson. Remettre les pâtes dans la casserole. Ajouter les bocconcini, la préparation aux tomates et le liquide de cuisson réservé.

7. Réserver quelques feuilles de basilic et couper le reste en fines lanières. Ajouter le basilic coupé dans la casserole et mélanger délicatement pour bien enrober les pâtes. Saler et poivrer.

8. Au moment de servir, répartir les pâtes dans quatre assiettes. Parsemer chaque portion de parmesan, si désiré, et garnir des feuilles de basilic réservées.

Linguine au pesto

6 PORTIONS

⏱ **Préparation :** 10 minutes
⏱ **Cuisson :** 8 à 10 minutes
■ **Coût :** élevé ■ **Calories :** 450/portion
■ **Protéines :** 16 g/portion
■ **Matières grasses :** 15 g/portion
■ **Glucides :** 65 g/portion
■ **Fibres :** 3 g/portion

3 t	basilic frais (environ)	750 ml
2 à 3	gousses d'ail	2 à 3
1/2 t	parmesan fraîchement râpé	125 ml
1/4 t	huile d'olive	60 ml
1/4 t	pignons grillés (environ)	60 ml
1/2 c. à thé	sel	2 ml
1/8 c. à thé	poivre noir du moulin	0,5 ml
16 oz	linguine	500 g

1. Au robot culinaire ou au mélangeur, mélanger le basilic, l'ail, le parmesan, l'huile, les pignons, le sel et le poivre jusqu'à ce que la préparation soit lisse (racler les parois du récipient du robot, au besoin). (Vous pouvez préparer le pesto à l'avance et le couvrir d'une mince couche d'huile d'olive. Il se conservera jusqu'à 1 semaine au réfrigérateur.)

2. Entre-temps, dans une grande casserole d'eau bouillante salée, cuire les pâtes de 8 à 10 minutes ou jusqu'à ce qu'elles soient al dente. Égoutter les pâtes en réservant un peu du liquide de cuisson. Remettre les pâtes dans la casserole. Ajouter le pesto et mélanger pour bien enrober les pâtes (au besoin, ajouter du liquide de cuisson des pâtes réservé). Répartir les pâtes dans six assiettes chaudes. Garnir chaque portion de pignons grillés et de feuilles de basilic. Servir aussitôt.

Haricots verts aux tomates

6 PORTIONS

◔ **Préparation :** 15 minutes
◔ **Cuisson :** 6 minutes
■ **Coût :** faible ■ **Calories :** 90/portion
■ **Protéines :** 3 g/portion
■ **Matières grasses :** 5 g/portion
■ **Glucides :** 11 g/portion
■ **Fibres :** 3 g/portion

2 c. à tab	huile d'olive	30 ml
3	filets d'anchois hachés finement ou	3
1 1/2 c. à thé	pâte d'anchois	7 ml
2	gousses d'ail hachées finement	2
3 t	tomates italiennes coupées en dés ou	750 ml
1	boîte de tomates italiennes, égouttées et hachées (28 oz/796 ml)	1
1/4 t	persil frais, haché	60 ml
1/4 c. à thé	poivre	1 ml
1	pincée de sel	1
1 lb	haricots verts parés, coupés en deux	500 g

1. Dans un grand poêlon, chauffer l'huile à feu moyen. Ajouter les filets d'anchois et l'ail et cuire, en brassant, pendant 1 minute. Ajouter les tomates et cuire, en brassant de temps à autre, pendant 5 minutes ou jusqu'à ce que la préparation ait épaissi. Ajouter le persil, le poivre et le sel et mélanger. Retirer le poêlon du feu.

2. Entre-temps, cuire les haricots verts à la vapeur pendant 6 minutes (ou dans une casserole d'eau bouillante salée pendant 2 minutes) ou jusqu'à ce qu'ils soient tendres mais encore croquants. Mettre les haricots dans un plat de service, les couvrir de la sauce aux tomates et mélanger pour bien les enrober. Servir aussitôt.

Sauce chili maison

Comme pour la sauce chili du commerce, on peut utiliser cette version maison pour badigeonner les viandes et les volailles. Elle n'a pas son pareil pour donner une délicieuse saveur barbecue aux hamburgers et côtelettes de porc.

DONNE ENVIRON 8 TASSES (2 L)

🕐 **Préparation :** 45 minutes
🕐 **Cuisson :** 1 heure 15 minutes
🕐 **Stérilisation :** 15 minutes
■ **Coût :** moyen
■ **Calories :** 14/portion de
1 c. à table (15 ml)
■ **Protéines :** traces
■ **Matières grasses :** aucune
■ **Glucides :** 3 g/portion de
1 c. à table (15 ml)
■ **Fibres :** traces/portion de
1 c. à table (15 ml)

10 t	tomates pelées, hachées	2,5 L
3 t	oignons hachés	750 ml
1 3/4 t	vinaigre de cidre	430 ml
1 1/4 t	sucre	310 ml
1 t	poivron vert épépiné et haché	250 ml
1 t	poivron rouge, haché et épépiné	250 ml
1 t	céleri haché	250 ml
1/4 t	piments chilis frais, épépinés et hachés	60 ml
1 c. à tab	sel	15 ml
1 c. à tab	graines de céleri	15 ml
2 c. à tab	épices à marinade	30 ml

1. Dans une grande casserole, mélanger les tomates, les oignons, le vinaigre de cidre, le sucre, les poivrons vert et rouge, le céleri, les piments chilis, le sel et les graines de céleri.

2. Mettre les épices à marinade sur un carré d'étamine (coton à fromage). À l'aide d'une ficelle, attacher l'étamine de manière à former une petite pochette. Ajouter la pochette d'épices aux légumes et porter à ébullition. Réduire le feu et laisser mijoter, en brassant souvent, pendant environ 1 1/4 heure ou jusqu'à ce que la sauce ait épaissi. Retirer la pochette d'épices.

3. À l'aide d'un entonnoir, verser la sauce chili dans des pots en verre stérilisés (voir L'abc de la stérilisation – Le matériel, ci-contre) d'une capacité de 2 tasses (500 ml), jusqu'à 1/2 po (1 cm) du bord. À l'aide d'une spatule, enlever les bulles d'air et essuyer le bord de chaque pot avec un linge humide. Centrer le couvercle sur le pot et visser l'anneau sans trop serrer. Stériliser dans un stérilisateur bain-marie pendant 15 minutes (voir L'abc de la stérilisation – Les conserves, ci-contre). (La sauce chili se conservera jusqu'à 1 an dans un endroit frais et sec, à l'abri de la lumière.)

Tomates séchées maison

Quel plaisir pour les gourmets que de bons petits plats agrémentés de tomates séchées ! Le hic, c'est qu'elles coûtent assez cher. Heureusement, on peut s'en préparer facilement à la maison, même sans appareil à déshydrater. Voici comment procéder.

■ Utiliser des tomates italiennes : leur chair est épaisse et leur saveur, prononcée. Mettre des grilles de métal sur des plaques de cuisson. Laver les tomates, les couper en deux ou en tranches de 1/4 po (5 mm) d'épaisseur et les épépiner. Mettre les tomates sur les grilles (pour les demi-tomates, le côté coupé vers le haut). Parsemer légèrement de sel. Cuire au four préchauffé à 250°F (120°C) pendant 30 minutes. Réduire la température du four à 200°F (95°C) et poursuivre la cuisson de 3 à 4 heures ou jusqu'à ce que les tomates soient caoutchouteuses mais sans être dures. Retirer du four.

■ Pour les conserver, mettre les tomates séchées dans un sac de plastique ou un contenant hermétique. (Elles se conserveront jusqu'à 2 mois à la température ambiante.) Ou encore, mettre une fine couche de gros sel dans le fond d'un pot de verre, ajouter les tomates séchées, quelques piments chilis séchés et un brin de romarin frais et couvrir complètement d'huile d'olive (conserver au réfrigérateur). Exquis !

Coup de pouce

L'abc de la stérilisation

Le matériel. Pour la confection des conserves maison, on doit stériliser les pots et tout le matériel nécessaire à la mise en pot. Laver les pots, les couvercles et le matériel dans une eau chaude savonneuse, puis les rincer et les laisser sécher à l'air. Mettre les pots dans un stérilisateur bain-marie rempli d'eau. Porter à ébullition et laisser bouillir pendant 10 minutes. Ou encore, déposer les pots sur une plaque de cuisson et les mettre au four préchauffé à 225°F (110°C). Éteindre le four et y laisser les pots jusqu'au moment de les utiliser. Stériliser les couvercles à rebord en caoutchouc dans une casserole d'eau bouillante pendant 5 minutes.

Les conserves. Mettre les pots remplis sur le support du stérilisateur bain-marie rempli aux deux-tiers d'eau bouillante. Ajouter suffisamment d'eau chaude pour que les pots soient couverts d'au moins 1 po (2,5 cm) d'eau (ne pas verser d'eau directement sur les couvercles). Couvrir et porter à ébullition. Laisser bouillir quelques minutes, selon le temps de stérilisation indiqué dans la recette. À l'aide d'une pince, déposer les pots sur un linge plié et laisser refroidir complètement pendant 24 heures. Vérifier si les pots sont bien scellés (le couvercle doit s'incurver vers l'intérieur). Mettre les pots mal scellés au réfrigérateur (ils se conserveront jusqu'à 3 semaines).

Relish aux courgettes

DONNE ENVIRON
7 TASSES (1,75 L)

🕐 **Préparation :** 30 minutes
🕐 **Réfrigération :** 8 à 24 heures
🕐 **Cuisson :** 45 minutes
■ **Coût :** faible
■ **Calories :** 159/portion
de 1/4 tasse (60 ml)
■ **Protéines :** 1 g/portion
de 1/4 tasse (60 ml)
■ **Matières grasses :** aucune
■ **Glucides :** 39 g/portion
de 1/4 tasse (60 ml)
■ **Fibres :** 1 g/portion
de 1/4 tasse (60 ml)

10 t	courgettes râpées (environ 3 lb/ 1,5 kg en tout)	2,5 L
4	oignons hachés	4
1/4 t	gros sel	60 ml
5 t	sucre	1,25 L
2 1/4 t	vinaigre	560 ml
1 c. à tab	graines de céleri	15 ml
1 c. à tab	curcuma moulu	15 ml
1 c. à tab	poivre noir broyé	15 ml

1. Dans un grand bol, mélanger les courgettes, les oignons et le sel. Couvrir et réfrigérer pendant au moins 8 heures ou jusqu'au lendemain.

2. Mettre la préparation aux courgettes dans une passoire et rincer. Bien égoutter, en pressant, et éponger à l'aide d'essuietout, au besoin. Dans une grosse cocotte en

Cornichons
à l'aneth

Relish
au maïs

Relish aux
courgettes

métal (autre qu'en aluminium), mélanger la préparation aux courgettes, le sucre, le vinaigre, les graines de céleri, le curcuma et le poivre. Porter à ébullition. Réduire le feu et laisser mijoter pendant 30 minutes, en brassant de temps à autre.

3. À l'aide d'une louche et d'un entonnoir, verser la relish chaude dans des pots de verre stérilisés chauds, jusqu'à 1/2 po (1 cm) du bord. Essuyer le col de chaque pot avec un linge humide. Fermer hermétiquement et mettre dans un stérilisateur bain-marie pendant 15 minutes (voir L'abc de la stérilisation, page 251). Laisser reposer à la température ambiante pendant au moins 2 semaines avant de servir. (La relish se conservera pendant au moins 6 mois dans un endroit frais et sec, à l'abri de la lumière.)

Relish au maïs

**DONNE ENVIRON
12 TASSES (3 L)**

🕐 **Préparation :** 30 minutes
🕐 **Cuisson :** 35 minutes
■ **Coût :** moyen ■ **Calories :** 75/portion
de 1/4 de tasse (60 ml)
■ **Protéines :** 1 g/portion
de 1/4 de tasse (60 ml)
■ **Matières grasses :** aucune
■ **Glucides :** 17 g/portion
de 1/4 de tasse (60 ml)
■ **Fibres :** 1 g/portion
de 1/4 de tasse (60 ml)

15	épis de maïs épluchés	15
1	gros oignon, haché	1
2	poivrons rouges hachés	2
1	poivron vert haché	1
1 1/2	branche de céleri haché	1 1/2
3 t	vinaigre	750 ml
2 1/2 t	sucre	625 ml
1/4 t	gros sel	60 ml
2 c. à tab	graines de moutarde	30 ml
1 1/2 c. à thé	graines de céleri	7 ml
3/4 c. à thé	moutarde en poudre	4 ml
1/2 c. à thé	curcuma moulu	2 ml

1. Dans une grande casserole d'eau bouillante, cuire les épis de maïs, quelques-uns à la fois si nécessaire, pendant 5 minutes. À l'aide d'une pince, retirer les épis de maïs de la casserole et les plonger dans un bol rempli d'eau glacée pour les refroidir. Égoutter. En travaillant au-dessus d'un bol, à l'aide d'un couteau bien aiguisé, détacher les grains de maïs des épis (vous devriez obtenir environ 10 tasses/2,5 L de maïs). Ajouter l'oignon, les poivrons rouges et vert et le céleri, et mélanger.

2. Dans une grosse cocotte en métal (autre qu'en aluminium), mélanger le vinaigre, le sucre, le sel, les graines de moutarde et de céleri, la moutarde en poudre et le curcuma jusqu'à ce que le sucre et le sel soient dissous. Ajouter la préparation au maïs. Porter à ébullition. Réduire le feu et laisser mijoter pendant 15 minutes, en brassant sans arrêt.

3. À l'aide d'une louche et d'un entonnoir, verser la relish chaude dans des pots de verre stérilisés chauds, jusqu'à 1/2 po (1 cm) du bord. Essuyer le col de chaque pot avec un linge humide. Fermer hermétiquement et mettre dans un stérilisateur bain-marie pendant 15 minutes (voir L'abc de la stérilisation, page 251). Laisser reposer à la température ambiante pendant au moins 2 semaines avant de servir. (La relish se conservera pendant au moins 6 mois dans un endroit frais et sec, à l'abri de la lumière.)

Cornichons à l'aneth

**DONNE ENVIRON
12 TASSES (3 L)**

🕐 **Préparation :** 30 minutes
🕐 **Cuisson :** 7 à 8 minutes
■ **Coût :** faible ■ **Calories :** 12/cornichon
■ **Protéines :** traces
■ **Matières grasses :** aucune
■ **Glucides :** 3 g/cornichon
■ **Fibres :** traces

4 t	vinaigre	1 L
3/4 t	gros sel	180 ml
8 t	eau	2 L
2/3 t	sucre	160 ml
1 1/2 c. à thé	graines d'aneth	7 ml
1 1/2 c. à thé	graines de céleri	7 ml
30	grains de poivre noir	30
12	gousses d'ail	12
12	brins d'aneth frais	12
5 lb	petits concombres à marinade	2,5 kg

1. Dans une grande casserole (autre qu'en aluminium), mélanger le vinaigre, le sel, l'eau et le sucre. Porter à ébullition. Réduire le feu et laisser mijoter de 2 à 3 minutes ou jusqu'à ce que le sel et le sucre soient dissous.

2. En utilisant six pots de verre stérilisés, mettre 1/4 de cuillerée à thé (1 ml) des graines d'aneth, 1/4 de cuillerée à thé (1 ml) des graines de céleri, 5 grains de poivre, 2 gousses d'ail et 2 brins d'aneth frais dans chaque pot. Remplir les pots des petits concombres. Verser le mélange de vinaigre chaud dans les pots, jusqu'à 1/2 po (1 cm) du bord. Essuyer le col de chaque pot avec un linge humide. Fermer hermétiquement et mettre dans un stérilisateur bain-marie pendant 5 minutes (voir L'abc de la stérilisation, page 251). Laisser reposer à la température ambiante pendant au moins 6 semaines avant de servir. (Les cornichons se conserveront pendant au moins 6 mois dans un endroit frais et sec, à l'abri de la lumière.)

Pom**mes**

Gâteau streusel aux pommes et aux noix

Pour faciliter le démoulage de ce beau gâteau, utiliser un moule à charnière (à fond amovible), car la garniture streusel est un peu fragile. Si on n'a pas ce genre de moule, on peut laisser refroidir le gâteau complètement, puis passer la lame d'un couteau le long de la paroi du moule et retourner délicatement le gâteau sur une assiette. On remet ensuite le gâteau à l'endroit en replaçant la garniture streusel, si nécessaire.

10 À 12 PORTIONS

⊙ **Préparation :** 30 minutes
⊙ **Cuisson :** 2 heures
■ **Coût :** moyen ■ **Calories :** 610/portion
■ **Protéines :** 7 g/portion
■ **Matières grasses :** 28 g/portion
■ **Glucides :** 87 g/portion
■ **Fibres :** 2 g/portion

GARNITURE AUX POMMES

2 t	jus de pomme brut (à l'ancienne)	500 ml
1/2 t	cassonade	125 ml
1 c. à tab	beurre non salé	15 ml
3 t	pommes à cuire, pelées, le cœur enlevé, coupées en tranches fines	750 ml

GÂTEAU À LA CRÈME SURE

1/4 t	chapelure nature	60 ml
3 t	farine	750 ml
1 c. à tab	poudre à pâte	15 ml
1/2 c. à thé	sel	2 ml
2 t	sucre	500 ml
1 t	huile végétale	250 ml
4	œufs	4
3/4 t	crème sure	180 ml
1/2 t	jus d'orange fraîchement pressé	125 ml
2 c. à thé	zeste d'orange râpé	10 ml
1 c. à thé	vanille	5 ml

GARNITURE STREUSEL

1/2 t	sucre	125 ml
1 c. à tab	cannelle	15 ml
1/2 t	pacanes hachées grossièrement	125 ml
1	pomme pelée, le cœur enlevé, coupée en petits dés	1

Préparation de la garniture aux pommes

1. Dans une grande casserole à fond épais, porter le jus de pomme à ébullition à feu vif. Laisser bouillir pendant environ 15 minutes ou jusqu'à ce qu'il ait réduit à environ 1/2 tasse (125 ml). Réduire à feu moyen-vif et ajouter la cassonade en brassant. Cuire, en brassant de temps à autre, pendant environ 5 minutes ou jusqu'à ce que la cassonade soit dissoute et que la préparation ait épaissi. Retirer la casserole du feu et laisser refroidir pendant 1 minute. Incorporer le beurre en brassant à l'aide d'une cuillère de bois. Ajouter les pommes et mélanger. Porter de nouveau à ébullition et cuire à feu moyen-vif, en brassant souvent, pendant environ 15 minutes ou jusqu'à ce que le liquide soit presque complètement absorbé (**photo a**). Retirer du feu et laisser refroidir complètement.

Préparation du gâteau à la crème sure

2. Entre-temps, huiler un moule à cheminée (de type Bundt) à fond amovible de 9 à 10 po (23 à 25 cm) de diamètre (ou le vaporiser d'un enduit végétal antiadhésif de type Pam). Mettre la chapelure dans le moule et le pencher de tous côtés pour bien couvrir le fond et la paroi (secouer pour enlever l'excédent) (**photo b**). Réserver.

3. Dans un bol, mélanger la farine, la poudre à pâte et le sel. Dans un grand bol, à l'aide d'un batteur électrique, mélanger le sucre, l'huile, les œufs, la crème sure, le jus et le zeste d'orange et la vanille. Ajouter les ingrédients secs et mélanger. Verser environ les deux tiers de la pâte à gâteau dans le moule réservé. Étendre la garniture aux pommes refroidie au centre de la pâte à gâteau dans le moule, en prenant soin de ne pas toucher la paroi du moule (**photo c**). Couvrir uniformément du reste de la pâte à gâteau.

Préparation de la garniture streusel

4. Dans un bol, bien mélanger le sucre, la cannelle, les pacanes et la pomme. Parsemer uniformément la garniture streusel sur le dessus du gâteau et presser délicatement pour la faire adhérer à la pâte.

5. Cuire au centre du four préchauffé à 350°F (180°C) pendant 55 minutes. Couvrir le moule de papier d'aluminium et poursuivre la cuisson pendant environ 30 minutes ou jusqu'à ce qu'un cure-dents inséré au centre du gâteau en ressorte propre. Mettre le gâteau sur une grille et laisser refroidir pendant 5 minutes. Démouler le gâteau et le laisser refroidir complètement ou servir chaud, si désiré.

Croustillant aux pommes et aux noix

8 PORTIONS

⏱ **Préparation :** 25 minutes
⏱ **Cuisson :** 55 minutes
■ **Coût :** moyen ■ **Calories :** 460/portion
■ **Protéines :** 4 g/portion
■ **Matières grasses :** 19 g/portion
■ **Glucides :** 74 g/portion
■ **Fibres :** 5 g/portion

GARNITURE CROUSTILLANTE AUX NOIX DE GRENOBLE

3/4 t	farine	180 ml
3/4 t	cassonade tassée	180 ml
3/4 c. à thé	cannelle moulue	4 ml
3/4 c. à thé	gingembre moulu	4 ml
6 c. à tab	beurre non salé, coupé en dés	90 ml
1 t	noix de Grenoble hachées	250 ml

GARNITURE AUX POMMES

3 lb	pommes (de type Spartan, McIntosh ou Empire) pelées, le cœur enlevé, coupées en tranches de 1/8 po à 1/4 po (3 mm à 5 mm) d'épaisseur	1,5 kg
1/2 t	cassonade tassée	125 ml
1/4 t	fécule de maïs	60 ml
1/2 c. à thé	gingembre moulu	2 ml
1/2 c. à thé	cannelle moulue	2 ml

Préparation de la garniture croustillante aux noix de Grenoble

1. Dans un bol, mélanger la farine, la cassonade, la cannelle et le gingembre. Ajouter le beurre et travailler la préparation avec les doigts jusqu'à ce qu'elle ait la texture d'une chapelure grossière. Ajouter les noix de Grenoble et mélanger. Façonner la préparation en boule.

Préparation de la garniture aux pommes

2. Dans un grand bol, mélanger les pommes avec la cassonade, la fécule de maïs, le gingembre et la cannelle jusqu'à ce qu'elles soient bien enrobées. À l'aide d'une cuillère, mettre la garniture aux pommes dans un plat allant au four d'une capacité de 10 tasses (2,5 L), vaporisé d'un enduit végétal antiadhésif (de type Pam) ou légèrement huilé. Avec les doigts, défaire la garniture croustillante en gros morceaux et la parsemer sur la garniture aux pommes. Couvrir le plat de papier d'aluminium.

3. Cuire au four préchauffé à 375°F (190°C) pendant 30 minutes. Retirer le papier d'aluminium et poursuivre la cuisson pendant 25 minutes ou jusqu'à ce que le dessus du croustillant soit doré et que la garniture ait épaissi et soit bouillonnante. Laisser refroidir pendant 15 minutes avant de servir.

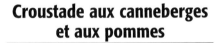

Croustade aux canneberges et aux pommes

Pour un dessert irrésistible, servir chaud, garni de crème glacée ou de yogourt glacé à la vanille.

6 PORTIONS

- ⏱ **Préparation :** 15 minutes
- ⏱ **Cuisson :** 40 à 45 minutes
- ■ **Coût :** moyen ■ **Calories :** 205/portion
- ■ **Protéines :** 2 g/portion
- ■ **Matières grasses :** 7 g/portion
- ■ **Glucides :** 36 g/portion
- ■ **Fibres :** 4 g/portion

3 c. à tab	sucre	45 ml
1 c. à thé	cannelle moulue	5 ml
3 t	pommes pelées , le cœur enlevé, coupées en tranches	750 ml
2 t	canneberges fraîches ou	500 ml
1 t	canneberges séchées	250 ml
1/2 t	flocons d'avoine à cuisson rapide	125 ml
1/4 t	cassonade tassée	60 ml
2 c. à tab	farine	30 ml
1/4 c. à thé	muscade (ou gingembre) moulue	1 ml
3 c. à tab	beurre froid, coupé en morceaux	45 ml
2 c. à tab	noix de Grenoble hachées ou flocons de noix de coco (facultatif)	30 ml

1. Dans un petit bol, mélanger le sucre et la cannelle. À l'aide d'une cuillère, disposer uniformément les tranches de pommes et les canneberges dans un plat allant au four d'une capacité de 6 tasses (1,5 L), non graissé. À l'aide de la cuillère, parsemer les fruits de la préparation au sucre et mélanger délicatement pour bien les enrober. Couvrir le plat de papier d'aluminium et cuire au four préchauffé à 375°F (190°C) pendant 25 minutes.

2. Entre-temps, dans un bol, mélanger les flocons d'avoine, la cassonade, la farine et la muscade. Ajouter le beurre et, à l'aide d'un coupe-pâte ou de deux couteaux, tra-vailler la préparation jusqu'à ce qu'elle ait la texture d'une chapelure grossière. Ajouter les noix de Grenoble, si désiré, et mélanger.

3. Retirer le plat du four. Parsemer uni-formément la préparation aux flocons d'avoine sur les fruits. Poursuivre la cuisson à découvert de 15 à 20 minutes ou jusqu'à ce que les fruits soient tendres et que la gar-niture soit dorée. Servir chaud.

Gâteau renversé aux pommes, sauce au caramel

Pour obtenir un beau gâteau épais, on utilise un moule de 9 po (23 cm) de diamètre et d'au moins 3 po (8 cm) de hauteur (de type Corning Ware). On peut le préparer avec un moule à gâteau ordinaire de 10 po (25 cm) de diamètre, mais, comme le gâteau sera moins haut, il faudra réduire le temps de cuisson d'une dizaine de minutes. Ne pas utiliser un moule à charnière, car le précieux sirop de la garniture risque de couler. La pâte d'amandes est vendue dans la plupart des supermarchés et des épiceries fines, au rayon des produits réfrigérés. Si elle est un peu dure au moment de préparer la recette, on peut la retirer de son emballage et la faire ramollir au micro-ondes, à intensité maximale, de 15 à 20 secondes.

8 PORTIONS

- 🕐 **Préparation :** 40 minutes
- 🕐 **Cuisson :** 65 à 75 minutes
- ■ **Coût :** moyen ■ **Calories :** 830/portion
- ■ **Protéines :** 8 g/portion
- ■ **Matières grasses :** 38 g/portion
- ■ **Glucides :** 118 g/portion
- ■ **Fibres :** 6 g/portion

GARNITURE AUX POMMES

3/4 t	cassonade tassée	180 ml
1/2 t	beurre non salé ramolli	125 ml
4	pommes à cuire (voir tableau, p. 267) pelées, le cœur enlevé et coupées en morceaux	4

GÂTEAU AUX AMANDES

1 1/2 t	farine	375 ml
1 c. à thé	poudre à pâte	5 ml
1/2 c. à thé	sel	2 ml
1 t	sucre	250 ml
1	paquet de pâte d'amandes (de type massepain), ramollie et coupée en morceaux (200 g)	1
1/3 t	beurre non salé ramolli	80 ml
4	œufs	4
1 c. à thé	vanille	5 ml

CARAMEL À L'ÉRABLE

1 t	sucre	250 ml
3 c. à tab	eau	45 ml
3/4 t	crème à 35 %	180 ml
1/3 t	beurre non salé	80 ml
2 c. à tab	sirop d'érable	30 ml

Préparation de la garniture aux pommes

1. Dans un bol, à l'aide d'un batteur électrique, battre la cassonade et le beurre pendant environ 2 minutes ou jusqu'à ce que le mélange soit crémeux. À l'aide d'une spatule, étendre le mélange au beurre au fond d'un plat rond allant au four de 9 po (23 cm) de diamètre et de 3 po (8 cm) de hauteur, beurré. Couvrir des pommes (**photo a**). Cuire au centre du four préchauffé à 350°F (180°C) pendant environ 15 minutes ou jusqu'à ce que les pommes aient ramolli. Mettre le plat sur une grille et laisser refroidir.

Préparation du gâteau aux amandes

2. Entre-temps, dans un bol, tamiser la farine, la poudre à pâte et le sel. Dans un autre bol, à l'aide du batteur électrique, battre le sucre et la pâte d'amandes pendant environ 5 minutes ou jusqu'à ce que le mélange soit presque homogène (il restera granuleux). Ajouter le beurre et battre pendant environ 2 minutes ou jusqu'à ce que la préparation soit crémeuse. Incorporer les œufs, un à un, en battant de 30 à 40 secondes après chaque addition (au besoin, racler les parois du bol à l'aide

d'une spatule). Incorporer la vanille. Ajouter petit à petit les ingrédients secs à la préparation au beurre en battant jusqu'à ce que la pâte soit homogène, sans plus (ne pas trop battre).

3. À l'aide d'une grosse cuillère, étendre la pâte à gâteau sur la garniture aux pommes refroidie (**photo b**). Cuire au four préchauffé à 350°F (180°C) de 50 à 60 minutes ou jusqu'à ce qu'un cure-dents inséré au centre du gâteau en ressorte propre.

Préparation du caramel à l'érable

4. Entre-temps, dans une casserole à fond épais, mélanger le sucre et l'eau. Cuire à feu moyen-vif, en brassant sans arrêt à l'aide une cuillère de bois, de 2 à 3 minutes ou jusqu'à ce que le sucre soit dissous. Augmenter à feu vif et poursuivre la cuisson pendant environ 10 minutes ou jusqu'à ce que le sirop soit doré (ne pas brasser et surveiller le sirop de près pour éviter qu'il ne brûle). Mettre aussitôt la casserole dans un bol en métal rempli d'eau glacée pendant environ 30 secondes pour arrêter la cuisson (**photo c**) (ne pas laisser la casserole plus longtemps dans l'eau glacée, sinon le sirop figera). Ajouter

petit à petit la crème (attention aux éclaboussures) et mélanger jusqu'à ce que la préparation soit lisse. Ajouter le beurre et mélanger jusqu'à ce qu'il ait fondu. Incorporer le sirop d'érable. Laisser refroidir légèrement avant de servir. (Vous pouvez préparer le caramel à l'avance, le laisser refroidir et le couvrir. Il se conservera jusqu'au lendemain au réfrigérateur. Réchauffer au micro-ondes avant de servir.)

5. Retirer le gâteau du four et laisser refroidir sur une grille pendant environ 10 minutes. Passer la lame d'un couteau sur le pourtour du gâteau pour le détacher de la paroi du plat (**photo d**). (Vous pouvez préparer le gâteau à l'avance, le démouler, le laisser refroidir et le couvrir. Il se conservera jusqu'au lendemain au réfrigérateur.) Au moment de servir, à l'aide d'un grand couteau bien aiguisé, couper le gâteau en huit portions. Arroser chaque portion de caramel à l'érable chaud ou tiède.

Gâteau aux pommes à l'ancienne

8 PORTIONS

 **Préparation :** 20 minutes
🕐 **Cuisson :** 30 minutes
■ **Coût :** faible ■ **Calories :** 278/portion
■ **Protéines :** 4 g/portion
■ **Matières grasses :** 8 g/portion
■ **Glucides :** 48 g/portion
■ **Fibres :** 1 g/portion

1 1/3 t	farine	330 ml
3/4 t + 1/3 t	sucre	260 ml
1 c. à thé	poudre à pâte	5 ml
3/4 c. à thé	cannelle moulue	4 ml
1/2 c. à thé	bicarbonate de sodium	2 ml
1/4 c. à thé	sel	1 ml
1	œuf	1
1	blanc d'œuf	1
1/2 t	yogourt nature à 2 %	125 ml
1/4 t	huile végétale	60 ml
5 c. à tab	jus de pomme	75 ml
1 c. à thé	vanille	5 ml
1	pomme pelée, le cœur enlevé et coupée en dés	1

1. Dans un grand bol, à l'aide d'un fouet, mélanger la farine, 3/4 de tasse (180 ml) du sucre, la poudre à pâte, la cannelle, le bicarbonate de sodium et le sel. Faire un puits au centre des ingrédients secs et y ajouter l'œuf et le blanc d'œuf en mélangeant à l'aide du fouet. Ajouter le yogourt, l'huile, 2 cuillerées à table (30 ml) du jus de pomme et la vanille en fouettant jusqu'à ce que la préparation soit lisse. Ajouter la pomme et mélanger.

2. Verser la pâte à gâteau dans un moule en métal carré de 8 po (20 cm) de côté, graissé. Cuire au centre du four préchauffé à 350°F (180°C) pendant 30 minutes ou jusqu'à ce que le gâteau soit doré et qu'un cure-dents inséré au centre en ressorte propre. Mettre le gâteau sur une grille et le laisser refroidir dans le moule pendant 5 minutes.

3. Entre-temps, dans une petite casserole, porter le reste du sucre et du jus de pomme à ébullition, en brassant. Laisser bouillir pendant environ 1 minute ou jusqu'à ce que le sucre soit dissous. À l'aide d'un cure-dents ou d'une brochette de bois, faire des petits trous sur le dessus du gâteau encore chaud. Verser le sirop chaud sur le gâteau de manière à bien couvrir toute la surface. Servir chaud ou à la température ambiante.

Délice aux pommes, aux noix et à la cannelle

8 PORTIONS

- 🕐 **Préparation :** 20 minutes
- 🕐 **Réfrigération :** 1 heure
- 🕐 **Cuisson :** 30 à 35 minutes
- ◼ **Coût :** moyen ◼ **Calories :** 336/portion
- ◼ **Protéines :** 5 g/portion
- ◼ **Matières grasses :** 14 g/portion
- ◼ **Glucides :** 50 g/portion
- ◼ **Fibres :** 2 g/portion

BEURRE À LA CANNELLE

1/4 t	beurre ramolli	60 ml
1 t	sucre glace tamisé	250 ml
1/2 c. à thé	cannelle moulue	2 ml
1 c. à tab	lait	15 ml
1 c. à thé	vanille	5 ml

GARNITURE AUX POMMES ET AUX NOIX

1 t	cassonade tassée	250 ml
3/4 t	farine	180 ml
1 1/2 c. à thé	poudre à pâte	7 ml
1/4 c. à thé	sel	1 ml
1/4 c. à thé	cannelle moulue	1 ml
2	œufs légèrement battus	2
1 1/2 c. à thé	vanille	7 ml
2 t	pommes pelées, le cœur enlevé et hachées	500 ml
3/4 t	noix de Grenoble hachées	180 ml

Préparation du beurre à la cannelle

1. Dans un petit bol, à l'aide d'un batteur électrique, battre le beurre pendant 30 secondes ou jusqu'à ce qu'il soit crémeux. Ajouter le sucre glace, la cannelle, le lait et la vanille, et bien mélanger. Couvrir le bol d'une pellicule de plastique et réfrigérer pendant au moins 1 heure ou jusqu'à ce que le beurre soit ferme.

Préparation de la garniture aux pommes et aux noix

2. Dans un grand bol, à l'aide d'un fouet, mélanger la cassonade, la farine, la poudre à pâte, le sel et la cannelle. Ajouter les œufs et la vanille, et mélanger jusqu'à ce que la préparation soit homogène. Ajouter les pommes et les noix, et bien mélanger. À l'aide d'une grosse cuillère, mettre la garniture aux pommes dans une assiette à tarte de 9 po (23 cm) de diamètre, graissée.

3. Cuire au four préchauffé à 350°F (180°C) de 30 à 35 minutes ou jusqu'à ce que la pâte soit ferme sous une légère pression du doigt. Mettre l'assiette à tarte sur une grille et laisser refroidir légèrement. Garnir chaque portion d'environ 1 cuillerée à table (15 ml) du beurre à la cannelle froid.

Carrés aux pommes et au granola

DONNE 9 CARRÉS

🕐 **Préparation :** 20 minutes
🕐 **Cuisson :** 1 heure
■ **Coût :** moyen ■ **Calories :** 459/carré
■ **Protéines :** 6 g/carré
■ **Matières grasses :** 21 g/carré
■ **Glucides :** 65 g/carré
■ **Fibres :** 3 g/carré

1/2 t	beurre ramolli	125 ml
1 t	cassonade tassée	250 ml
2	œufs	2
1 1/2 c. à thé	vanille	7 ml
1 1/2 t	farine	375 ml
3/4 c. à thé	poudre à pâte	4 ml
1/4 c. à thé	sel	1 ml
5 t	pommes pelées, le cœur enlevé, coupées en dés de 1/2 po (1 cm) (environ 4 pommes)	1,25 L
2 t	céréales granola aux raisins secs	500 ml
2 c. à thé	jus de citron fraîchement pressé	10 ml
1 c. à thé	cannelle moulue	5 ml
1/4 t	beurre froid, coupé en petits dés	60 ml

1. Dans un grand bol, à l'aide d'un batteur électrique, battre le beurre ramolli et 1/2 tasse (125 ml) de la cassonade pendant environ 3 minutes ou jusqu'à ce que la préparation soit lisse et crémeuse. Ajouter les œufs, un à un, en battant bien après chaque addition. Ajouter la vanille et continuer de battre jusqu'à ce que la préparation soit homogène.

2. Dans un autre bol, mélanger la farine, la poudre à pâte et le sel. En battant à faible vitesse, ajouter les ingrédients secs à la préparation au beurre en trois fois. Continuer de battre à faible vitesse de 1 à 2 minutes ou jusqu'à ce que la préparation soit parfaitement homogène. À l'aide d'une cuillère, verser la pâte dans un moule en métal de 8 po (20 cm) de côté vaporisé d'un enduit végétal antiadhésif (de type Pam) ou légèrement huilé. Lisser le dessus.

3. Dans le bol, mélanger les pommes, les céréales granola, le reste de la cassonade, le jus de citron et la cannelle. À l'aide d'une spatule, répartir uniformément la garniture aux pommes sur la pâte. Parsemer uniformément les dés de beurre sur la garniture.

4. Cuire au four préchauffé à 350°F (180°C) pendant environ 1 heure ou jusqu'à ce que les pommes soient tendres. Déposer le moule sur une grille. À l'aide d'une grosse cuillère, presser sur la garniture pour l'égaliser. Laisser refroidir complètement avant de couper en carrés.

Coup de pouce

Parce qu'elles sont assez sucrées et qu'elles gardent bien leur forme à la cuisson, les variétés Cortland, Empire, McIntosh, Spartan et Summered sont les meilleures pommes de saison pour préparer des desserts.

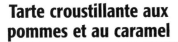

Tarte croustillante aux pommes et au caramel

10 PORTIONS

🕐 **Préparation :** 40 minutes
🕐 **Cuisson :** 50 à 55 minutes
■ **Coût :** moyen ■ **Calories :** 448/portion
■ **Protéines :** 5 g/portion
■ **Matières grasses :** 22 g/portion
■ **Glucides :** 60 g/portion
■ **Fibres :** 3 g/portion

PÂTE À TARTE

2 t	farine	500 ml
1/2 c. à thé	sel	2 ml
2/3 t	graisse végétale	160 ml
6 à 7 c. à tab	eau froide	90 à 105 ml

GARNITURE AUX POMMES

1/2 t	sucre	125 ml
1/4 t + 3 c. à tab	farine	105 ml
1 c. à thé	cannelle moulue	5 ml
6	grosses pommes pelées, le cœur enlevé, coupées en tranches (env. 6 tasses/1,5 L en tout)	6
2/3 t	flocons d'avoine à cuisson rapide	160 ml
1/4 t	cassonade tassée	60 ml
1/3 t	beurre	80 ml
1	jaune d'œuf battu	1
1 c. à tab	eau	15 ml
1/3 t	garniture au caramel pour crème glacée	80 ml

Préparation de la pâte à tarte

1. Dans un bol, mélanger la farine et le sel. Ajouter la graisse végétale et, à l'aide d'un coupe-pâte ou de deux couteaux, travailler la préparation jusqu'à ce qu'elle ait la texture d'une chapelure grossière. Arroser une petite partie de la préparation de 1 cuillerée à table (15 ml) de l'eau et mélanger délicatement avec une fourchette jusqu'à ce qu'elle soit humide. Pousser la pâte humide sur le côté du bol. Répéter ces opérations avec le reste de l'eau jusqu'à ce que toute la pâte soit humide. Façonner la pâte en boule, puis la couper en trois morceaux.

2. Sur une surface de travail légèrement farinée, à l'aide d'un rouleau à pâtisserie, abaisser les deux tiers de la pâte à tarte en un cercle d'environ 13 à 14 po (33 cm x 35 cm) de diamètre. Déposer l'abaisse dans un moule à tarte profond de 10 po (25 cm) de diamètre, en la pressant délicatement dans le fond et sur les côtés du moule (laisser dépasser l'excédent de pâte).

Préparation de la garniture aux pommes

3. Dans un grand bol, mélanger le sucre, 1/4 de tasse (60 ml) de la farine et la cannelle. Ajouter les pommes et bien mélanger. À l'aide d'une cuillère, verser la garniture aux pommes dans la croûte.

4. Dans un autre bol, mélanger les flocons d'avoine, la cassonade et le reste de la farine. Ajouter le beurre et travailler la préparation avec les doigts jusqu'à ce qu'elle soit grumeleuse. Parsemer la préparation à l'avoine sur la garniture aux pommes.

5. Sur une surface de travail légèrement farinée, à l'aide du rouleau à pâtisserie, abaisser le reste de la pâte en un cercle. À l'aide d'une roulette à pâtisserie ou d'un couteau bien aiguisé, découper l'abaisse en lanières de 1/2 po (1 cm) de largeur. Disposer les lanières de pâte sur la garniture aux pommes, en les entrelaçant de manière à former un treillis. Presser le bout des lanières sur le pourtour de l'abaisse du dessous. Replier l'excédent de pâte sur le bout des lanières. Sceller et canneler le pourtour. Dans un bol, mélanger le jaune d'œuf et l'eau. Badigeonner la croûte et les lanières de pâte du mélange au jaune d'œuf. Couvrir la croûte de papier d'aluminium pour l'empêcher de trop dorer.

6. Cuire au four préchauffé à 375°F (190°C) pendant 25 minutes. Retirer le papier d'aluminium et poursuivre la cuisson de 25 à 30 minutes ou jusqu'à ce que la garniture soit bouillonnante. Retirer la tarte du four et l'arroser de la garniture au caramel. Déposer la tarte sur une grille et laisser refroidir.

Tarte Tatin

Classique de la pâtisserie française, cette tarte aux pommes renversée (cuite à l'envers) doit son nom aux sœurs Tatin, qui en avaient fait leur spécialité, au début du xxᵉ siècle. Impossible de la rater en suivant les étapes décrites ici !

8 PORTIONS

◷ **Préparation :** 45 minutes
◷ **Réfrigération :** 30 minutes
◷ **Cuisson :** 50 minutes
■ **Coût :** moyen ■ **Calories :** 375/portion
■ **Protéines :** 3 g/portion
■ **Matières grasses :** 19 g/portion
■ **Glucides :** 66 g/portion
■ **Fibres :** 4 g/portion

PÂTE À TARTE

1 t	farine	250 ml
1 c. à tab	sucre	15 ml
1/4 c. à thé	sel	1 ml
1/2 t	beurre non salé, coupé en dés	125 ml
1 c. à thé	vinaigre	5 ml
	eau glacée	

GARNITURE AUX POMMES

8	pommes pelées, le cœur enlevé, coupées en huit quartiers (environ 4 lb/2 kg en tout)	8
2 c. à tab	jus de citron	30 ml
1/4 t	beurre non salé	60 ml
3/4 t	sucre	180 ml

Préparation de la pâte à tarte

1. Dans un grand bol, mélanger la farine, le sucre et le sel. Ajouter le beurre et, à l'aide d'un coupe-pâte ou de deux couteaux, travailler la préparation jusqu'à ce qu'elle ait la texture d'une chapelure grossière.

2. Dans une tasse à mesurer, mettre le vinaigre. Ajouter suffisamment d'eau glacée pour obtenir 1/4 de tasse (60 ml) de liquide. Arroser la préparation de farine du mélange liquide et mélanger à l'aide d'une fourchette jusqu'à ce que la pâte se tienne bien (au besoin, ajouter de l'eau). Façonner la pâte en boule, puis l'aplatir en un cercle et l'envelopper d'une pellicule de plastique. Réfrigérer pendant au moins 30 minutes. (Vous pouvez préparer la pâte à l'avance et l'envelopper d'une pellicule de plastique. Elle se conservera jusqu'à 3 jours au réfrigérateur.)

Préparation de la garniture aux pommes

3. Entre-temps, dans un bol, mélanger les pommes et le jus de citron. Dans un poêlon en fonte ou un poêlon à fond épais, de 8 po (20 cm) de diamètre, allant au four, faire fondre le beurre à feu moyen-vif. Ajouter le sucre et cuire, en brassant à l'aide d'une cuillère de bois, de 3 à 5 minutes ou jusqu'à ce que le sirop commence à bouillir. Retirer le poêlon du feu. Égoutter les pommes et les déposer dans le sirop, en cercles concentriques, le côté plat en dessous (**photo a**). Étendre le reste des pommes par-dessus de manière à couvrir uniformément le premier étage.

4. Cuire à feu moyen pendant environ 15 minutes ou jusqu'à ce que les pommes commencent à ramollir et le sirop à épaissir (badigeonner les pommes du sirop qui bouillonne ; **photo b**). Couvrir et cuire pendant 5 minutes ou jusqu'à ce que les pommes du dessus soient tendres. Retirer le poêlon du feu. Laisser refroidir pendant 5 minutes.

5. Entre-temps, sur une surface légèrement farinée, à l'aide d'un rouleau à pâtisserie fariné, abaisser la pâte de manière à obtenir un cercle de 10 po (25 cm) de diamètre. À l'aide d'un couteau aiguisé, couper quatre petites entailles sur l'abaisse pour permettre à la vapeur de s'échapper. Enrouler l'abaisse sur le rouleau à pâtisserie.

Dérouler l'abaisse sur la garniture aux pommes (**photo c**). Couper l'excédent de pâte. Rabattre le pourtour de la pâte entre les pommes et le poêlon.

6. Cuire au four préchauffé à 425°F (220°C) pendant environ 25 minutes ou jusqu'à ce que la croûte soit dorée. Laisser reposer pendant 4 minutes. Renverser une assiette de service allant au four sur le dessus du

poêlon. Après avoir enfilé des mitaines isolantes, tenir le poêlon et l'assiette ensemble, puis retourner le poêlon pour démouler la tarte. À l'aide de pinces, décoller les pommes restées dans le poêlon et les déposer sur le dessus de la tarte. Servir chaud.

Les pommes à table

Avec la dizaine de variétés du Québec et la dizaine d'autres provenant du Canada ou des États-Unis qui se retrouvent le plus souvent sur nos marchés, il n'est pas toujours facile de savoir quelle sorte utiliser. Ce tableau vous aidera à mieux choisir en fonction de vos besoins.

Utilisation	Variétés	Remarque
À croquer	**Sucrées :** Fuji, Délicieuse Jaune, Russet, Jonagold, Délicieuse Rouge, Royal Gala, Vista Bella	
	Mi-sucrées, mi-acidulées : Braeburn, Cortland, Empire, Idared, Paulared, Jerseymac, Melba, McIntosh, Spartan	
	Acidulées : Granny Smith, Lobo	
Purée de pommes lisse	Empire, McIntosh, Royal Gala	Ces pommes se brisent facilement à la cuisson, ce qui en fait des candidates idéales pour les purées de pommes, les beurres et les tartinades.
Tartes et gâteaux	Braeburn, Cortland, Délicieuse Jaune, Granny Smith, Idared, Jonagold, Spartan	Comme ces pommes conservent leur forme en cuisant, elles sont parfaites pour les tartes, les gâteaux, la cuisson au four, les sautés et les compotes avec des beaux morceaux.
Salades	Cortland	Cette pomme a la particularité de ne pas brunir rapidement.

Halloween

Bouchées de bibites

DONNE 24 BOUCHÉES

🕐 **Préparation :** 15 minutes
🕐 **Cuisson :** 10 minutes
■ **Coût :** faible ■ **Calories :** 59/bouchée
■ **Protéines :** 2 g/bouchée
■ **Matières grasses :** 3 g/bouchée
■ **Glucides :** 5 g/bouchée
■ **Fibres :** traces

12	tranches de pain blanc	12
2 c. à tab	beurre fondu	30 ml
1	boîte de thon blanc, égoutté (6,5 oz/184 g)	1
1/3 t	mayonnaise légère	80 ml
1/4 t	céleri haché finement	60 ml
1/2 c. à thé	sel	2 ml
1/4 c. à thé	poivre	1 ml
1/4 c. à thé	graines d'aneth séchées	1 ml
12	olives noires dénoyautées, coupées en deux	12
6	brins de ciboulette coupés en morceaux de 2 po (5 cm)	6

1. À l'aide d'un couteau bien aiguisé, enlever les croûtes des tranches de pain et les réserver pour un usage ultérieur. À l'aide d'un rouleau à pâtisserie, aplatir les tranches de pain à 1/8 po (3 mm) d'épaisseur. À l'aide d'un emporte-pièce rond de 2 po (5 cm) de diamètre, découper deux cercles dans chaque tranche de pain. Presser les cercles de pain dans des moules à mini-muffins ou à tartelette de 1 1/2 po (4 cm) de diamètre et les badigeonner du beurre fondu. Cuire au four préchauffé à 400°F (200°C) pendant environ 10 minutes ou jusqu'à ce que le pain soit légèrement doré. (Vous pouvez préparer les coupes de pain à l'avance, les laisser refroidir complètement et les mettre dans un contenant hermétique. Elles se conserveront jusqu'à 1 semaine à la température ambiante et jusqu'à 1 mois au congélateur.)

2. Entre-temps, dans un bol, mélanger le thon, la mayonnaise, le céleri, le sel, le poivre et les graines d'aneth. (Vous pouvez préparer la garniture au thon à l'avance et la couvrir. Elle se conservera jusqu'à 24 heures au réfrigérateur.)

3. À l'aide d'une cuillère, remplir chaque coupe de pain de 2 cuillerées à thé (10 ml) de la garniture au thon. Garnir d'une demi-olive. Piquer les brins de ciboulette dans la garniture de manière à former des antennes.

Toile d'araignée en trempette

DONNE 5 1/2 TASSES (1,375 L)

🕐 **Préparation :** 20 minutes
🕐 **Cuisson :** 10 minutes
■ **Coût :** moyen
■ **Calories :** 19/1 c. à table (15 ml)
■ **Protéines :** traces
■ **Matières grasses :**
1 g/1 c. à table (15 ml)
■ **Glucides :** 2 g/1 c. à table (15 ml)
■ **Fibres :** 1 g/1 c. à table (15 ml)

1 c. à tab	huile végétale	15 ml
1	oignon haché	1
4	gousses d'ail hachées finement	4
1/4 c. à thé	sel	1 ml
1/4 c. à thé	poivre	1 ml
1	boîte de haricots pinto ou de haricots rouges, rincés et égouttés (19 oz/540 ml)	1
2	avocats	2
1/4 t	mayonnaise légère	60 ml
2 c. à tab	jus de lime fraîchement pressé	30 ml
2 t	salsa	500 ml
1/2 t	crème sure légère	125 ml
2	olives noires dénoyautées	2
	croustilles de maïs	

1. Dans un poêlon, chauffer l'huile à feu moyen. Ajouter l'oignon, la moitié de l'ail, le sel et le poivre et poursuivre la cuisson pendant environ 5 minutes ou jusqu'à ce que l'oignon ait ramolli. Ajouter les haricots pinto, réduire à feu moyen-doux et cuire pendant environ 5 minutes ou jusqu'à ce que la préparation soit chaude. À l'aide d'un presse-purée, réduire la préparation aux haricots en purée. Laisser refroidir.

2. Entre-temps, couper les avocats en deux et les dénoyauter. À l'aide d'une cuillère, mettre la chair dans un bol et la réduire en purée lisse. Ajouter la mayonnaise, le jus de lime et le reste de l'ail et mélanger jusqu'à ce que la préparation soit lisse.

3. Étendre la purée de haricots refroidie dans une assiette à tarte ou un plat de service de 8 po (20 cm) de diamètre. Couvrir uniformément de la salsa, puis de la purée d'avocats.

4. À l'aide d'une cuillère, mettre la crème sure dans un sac de plastique. Couper un des coins et dessiner un cercle concentrique sur la purée d'avocat avec la crème sure. En partant du centre et en allant vers le bord, passer la lame d'un couteau dans les cercles de crème sure, à intervalles réguliers, de manière à former les rayons de la toile d'araignée.

5. Couper une des olives en deux. Disposer deux demi-olives bout à bout au centre de la toile de manière à former le corps d'une araignée. Couper l'autre olive en huit lanières et les disposer autour du corps de l'araignée pour former les pattes. Servir avec des croustilles de maïs.

Citrouille au fromage

Personne ne pourra résister à cette tartinade au fromage originale. À servir avec des craquelins et des crudités.

DONNE 3 TASSES (750 ML)

- 🕐 **Préparation :** 15 minutes
- 🕐 **Réfrigération :** 1 heure
- ■ **Coût :** moyen
- ■ **Calories :** 38/1 c. à table (15 ml)
- ■ **Protéines :** 2 g/1 c. à table (15 ml)
- ■ **Matières grasses :** 3 g/1 c. à table (15 ml)
- ■ **Glucides :** traces
- ■ **Fibres :** aucune

1	paquet de fromage à la crème, ramolli (250 g)	1
2 t	cheddar orange fort, râpé	500 ml
2 c. à tab	oignon haché finement	30 ml
2 c. à tab	carotte hachée finement	30 ml
2 c. à tab	céleri haché finement	30 ml
1 c. à tab	persil frais, haché	15 ml
1 c. à thé	raifort	5 ml
1	tige de brocoli pelée de 3 po (8 cm) de longueur	1

1. Dans un grand bol, à l'aide d'un batteur électrique, battre le fromage à la crème jusqu'à ce qu'il soit lisse. Ajouter le cheddar, l'oignon, la carotte, le céleri, le persil et le raifort et mélanger. Façonner la préparation en une grosse boule et l'envelopper d'une pellicule de plastique. Réfrigérer la boule de fromage pendant 1 heure ou jusqu'à ce qu'elle soit ferme. (Vous pouvez préparer la boule de fromage à l'avance. Elle se conservera jusqu'à 1 semaine au réfrigérateur.)

2. Retirer la pellicule de plastique et insérer la tige de brocoli au centre de la boule de fromage de manière à former la tige d'une citrouille. À l'aide du manche d'une cuillère de bois, tracer des lignes verticales à intervalles réguliers de manière à imiter les nervures d'une citrouille. (Vous pouvez préparer la citrouille au fromage à l'avance et l'envelopper d'une pellicule de plastique. Elle se conservera jusqu'à 2 jours au réfrigérateur.)

Soupe à la citrouille

8 PORTIONS

🕐 **Préparation :** 20 minutes
🕐 **Cuisson :** 10 minutes
■ **Coût :** moyen ■ **Calories :** 237/portion
■ **Protéines :** 8 g/portion
■ **Matières grasses :** 18 g/portion
■ **Glucides :** 12 g/portion
■ **Fibres :** 3 g/portion

2 c. à tab	beurre	30 ml
1	oignon haché grossièrement	1
3 t	purée de citrouille	750 ml
3 1/2 t	bouillon de poulet	875 ml
2 c. à tab	cassonade	30 ml
2	feuilles de laurier	2
1/4 c. à thé	muscade moulue	1 ml
1/4 c. à thé	poivre du moulin	1 ml
1 t	crème à 35 %	250 ml
1 c. à tab	huile	15 ml
1 t	jambon fumé cuit, haché finement	250 ml

1. Dans une grande casserole, faire fondre le beurre. Ajouter l'oignon et cuire jusqu'à ce qu'il soit tendre (ne pas le laisser dorer). Ajouter la purée de citrouille, le bouillon de poulet, la cassonade, les feuilles de laurier, la muscade et le poivre et mélanger. Porter à ébullition et réduire le feu. Couvrir et laisser mijoter pendant 10 minutes. Retirer la casserole du feu. Retirer les feuilles de laurier de la préparation à la citrouille. Ajouter la crème et mélanger.

2. Au robot culinaire ou au mélangeur, réduire en purée lisse environ le tiers de la préparation à la citrouille. Réduire en purée le reste de la préparation à la citrouille, en ajoutant un tiers de la préparation à la fois. Remettre la soupe à la citrouille dans la casserole et réchauffer.

3. Entre-temps, dans un poêlon, chauffer l'huile. Ajouter le jambon et cuire à feu moyen pendant environ 10 minutes ou jusqu'à ce qu'il soit croustillant. À l'aide d'une écumoire, retirer le jambon du poêlon. Laisser égoutter sur un essuie-tout. Au moment de servir, parsemer la soupe du jambon.

Citrouille de
patate douce

Jambon
à la diable

Salade horrible
aux yeux

Jambon à la diable

8 PORTIONS
(PLUS 8 PORTIONS DE RESTES)

🕐 **Préparation :** 15 minutes
🕐 **Cuisson :** 2 heures
■ **Coût :** moyen ■ **Calories :** 182/portion
■ **Protéines :** 25 g/portion
■ **Matières grasses :** 8 g/portion
■ **Glucides :** 6 g/portion ■ **Fibres :** aucune

1	jambon fumé désossé (environ 4 lb/2 kg)	1
1/2 t	moutarde de Dijon	125 ml
3 c. à tab	miel liquide	45 ml
1 1/2 c. à thé	sauce tabasco	7 ml
1 t	mie de pain frais, émiettée	250 ml
1/4 t	persil frais, haché	60 ml

1. À l'aide d'un couteau bien aiguisé, couper le jambon en tranches de 1/4 po (5 mm) d'épaisseur. Replacer les tranches de jambon ensemble de manière à reprendre la forme initiale du jambon et les attacher à l'aide d'une ficelle. Mettre le jambon sur la grille d'une rôtissoire.

2. Dans un petit bol, mélanger la moutarde de Dijon, le miel et la sauce tabasco. Badigeonner la moitié du mélange à la moutarde sur le jambon. Couvrir de papier d'aluminium et cuire au four préchauffé à 375°F (190°C) pendant 1 1/2 heure (badigeonner le jambon à la mi-cuisson de la moitié du reste du mélange à la moutarde).

3. Retirer le jambon du four et le badigeonner du reste du mélange à la moutarde. Dans un bol, mélanger la mie de pain et le persil et presser ce mélange sur le jambon. Poursuivre la cuisson pendant 30 minutes ou jusqu'à ce qu'un thermomètre à viande inséré dans le jambon indique 140°F (60°C). Déposer le jambon sur une assiette de service. Retirer la ficelle et servir.

Salade horrible aux yeux

8 PORTIONS

🕐 **Préparation :** 25 minutes
🕐 **Cuisson :** 28 minutes
■ **Coût :** moyen ■ **Calories :** 212/portion
■ **Protéines :** 6 g/portion
■ **Matières grasses :** 12 g/portion
■ **Glucides :** 21 g/portion
■ **Fibres :** 2 g/portion

15	gousses d'ail non pelées	15
1/3 t	huile végétale	80 ml
3 c. à tab	vinaigre de vin blanc	45 ml
1 c. à tab	moutarde de Dijon	15 ml
1/4 c. à thé	sel	1 ml
1/4 c. à thé	poivre	1 ml
2 c. à tab	mayonnaise légère	30 ml
16	tranches de pain baguette	16
8	olives vertes farcies au piment, coupées en deux	8
12 t	laitue romaine déchiquetée	3 L

1. Dans une petite casserole, chauffer l'ail et l'huile à feu moyen-doux. Couvrir et cuire pendant 20 minutes ou jusqu'à ce que l'ail soit doré. Laisser refroidir légèrement. À l'aide d'une écumoire, retirer les gousses d'ail de l'huile. Réserver l'huile.

2. Peler huit des gousses d'ail et les mettre dans un petit bol. À l'aide d'une fourchette, réduire l'ail en purée. À l'aide d'un fouet, ajouter l'huile réservée, le vinaigre de vin, la moutarde de Dijon, le sel et le poivre et mélanger. Réserver.

3. Peler le reste des gousses d'ail et les mettre dans un autre petit bol. À l'aide de la fourchette, réduire l'ail en purée lisse. Ajouter la mayonnaise et mélanger à l'aide d'un fouet. Réserver.

4. Découper les tranches de pain baguette en forme d'œil. Étendre les morceaux de pain sur une plaque de cuisson et cuire au four préchauffé à 400°F (200°C) pendant 8 minutes ou jusqu'à ce que le pain soit croustillant. Étendre la mayonnaise à l'ail réservée sur les morceaux de pain. Placer une demi-olive au centre des morceaux de pain de manière à imiter la pupille d'un œil.

5. Dans un bol, mélanger la laitue avec la vinaigrette à l'ail réservée. Répartir la salade dans huit assiettes. Garnir chaque portion de deux croûtons en forme d'œil. Servir aussitôt.

Citrouille de patate douce

8 PORTIONS

🕐 **Préparation :** 15 minutes
🕐 **Cuisson :** 30 minutes
■ **Coût :** faible ■ **Calories :** 164/portion
■ **Protéines :** 1 g/portion
■ **Matières grasses :** 4 g/portion
■ **Glucides :** 31 g/portion
■ **Fibres :** 3 g/portion

5	patates douces pelées, coupées sur la longueur en tranches de 1/2 po (1 cm) d'épaisseur	5
2 c. à tab	huile végétale	30 ml
1/4 c. à thé	sel	1 ml
1/4 c. à thé	poivre	1 ml

1. À l'aide d'un emporte-pièce en forme de citrouille de 3 po (8 cm) de diamètre, découper des formes de citrouille dans les tranches de patate douce. Dans un bol, mélanger les patates douces, l'huile végétale, le sel et le poivre.

2. Étendre les patates douces sur une plaque de cuisson et cuire au four préchauffé à 375°F (190°C) pendant 30 minutes ou jusqu'à ce qu'elles soient tendres (retourner une fois en cours de cuisson).

Affreux pâté au poulet

10 PORTIONS

🕐 **Préparation :** 25 minutes
🕐 **Cuisson :** 30 minutes
■ **Coût :** moyen ■ **Calories :** 406/portion
■ **Protéines :** 47 g/portion
■ **Matières grasses :** 20 g/portion
■ **Glucides :** 17 g/portion
■ **Fibres :** 2 g/portion

2 c. à tab	huile végétale	30 ml
4 lb	cuisses de poulet désossées, la peau et le gras enlevés, coupées en bouchées	2 kg
4 t	champignons coupés en tranches épaisses (environ 1 lb/500 g)	1 L
1	oignon coupé en tranches	1
2	carottes hachées	2
1	branche de céleri hachée	1
4	gousses d'ail hachées finement	4
1 c. à thé	paprika	5 ml
1 c. à thé	sel	5 ml
1/2 c. à thé	poivre	2 ml
1/2 c. à thé	thym séché	2 ml
2 c. à tab	farine	30 ml
1	boîte de tomates coupées en dés (19 oz/540 ml)	1
1/2 t	lait	125 ml
1/2	paquet de pâte feuilletée surgelée, décongelée (397 g)	1/2

1. Dans une grosse cocotte en métal, chauffer l'huile à feu moyen-vif. Ajouter le poulet, en plusieurs fois, et le faire dorer. Retirer le poulet avec son jus de cuisson de la cocotte et le mettre dans un bol. Réserver.

2. Dans la cocotte, ajouter les champignons, l'oignon, les carottes, le céleri, l'ail, le paprika, le sel, le poivre et le thym. Cuire, en brassant de temps à autre, pendant environ 5 minutes ou jusqu'à ce que l'oignon ait ramolli.

3. Parsemer la farine sur les légumes et cuire, en brassant, pendant 1 minute. Ajouter les tomates en raclant le fond de la cocotte, puis le poulet réservé et son jus de cuisson. Porter à ébullition, réduire le feu et laisser mijoter pendant 10 minutes. Ajouter le lait en brassant et poursuivre la cuisson pendant 10 minutes. Verser la préparation au poulet dans un plat ovale allant au four d'une capacité de 10 tasses (2,5 L). Réserver. (Vous pouvez préparer le pâté jusqu'à cette étape et le couvrir d'une pellicule de plastique. Il se conservera jusqu'à 24 heures au réfrigérateur. Réchauffer avant de continuer.)

4. Entre-temps, sur une surface légèrement farinée, abaisser la pâte de manière à pouvoir couvrir la casserole en laissant un excédent de 1 po (2,5 cm). Mettre l'abaisse sur une plaque de cuisson tapissée de papier-parchemin et la découper de manière à former le visage d'un bonhomme citrouille. Avec les retailles de pâte, façonner une tige et des sourcils et les presser sur le visage.

5. Cuire au centre du four préchauffé à 400°F (200°C) pendant environ 20 minutes ou jusqu'à ce que la pâte ait gonflé et soit dorée. (Vous pouvez préparer le visage de pâte à l'avance, le laisser refroidir et l'envelopper d'une pellicule de plastique. Il se conservera jusqu'à 24 heures au réfrigérateur. Enlever la pellicule de plastique et réchauffer au four préchauffé à 350°F/180°C pendant environ 10 minutes ou jusqu'à ce que la pâte soit chaude.) Déposer le visage de pâte sur la préparation au poulet chaude réservée. Laisser reposer pendant 5 minutes avant de servir.

Riz d'Halloween

10 PORTIONS

🕐 **Préparation :** 10 minutes
🕐 **Cuisson :** 20 minutes
■ **Coût :** moyen ■ **Calories :** 170/portion
■ **Protéines :** 4 g/portion
■ **Matières grasses :** 2 g/portion
■ **Glucides :** 32 g/portion
■ **Fibres :** 2 g/portion

3 t	bouillon de poulet	750 ml
2 t	riz à grain long	500 ml
1/2 t	haricots noirs en boîte, rincés et égouttés	125 ml
1/2 t	courge musquée (courge butternut), pelée et coupée en dés	125 ml
1 c. à tab	beurre	15 ml
1/2 c. à thé	sel	2 ml

1. Verser le bouillon de poulet dans une casserole et porter à ébullition. Ajouter le riz, les haricots noirs, la courge, le beurre et le sel et porter de nouveau à ébullition. Réduire le feu, couvrir et laisser mijoter pendant environ 20 minutes ou jusqu'à ce que le riz soit tendre et le liquide, absorbé. (Vous pouvez préparer le riz à l'avance et le couvrir. Il se conservera jusqu'à 24 heures au réfrigérateur. Réchauffer au micro-ondes, à intensité moyenne/70 %, de 5 à 7 minutes en brassant de temps à autre.)

Gâteau araignée au chocolat

12 PORTIONS

🕐 **Préparation :** 1 heure 15 minutes
🕐 **Cuisson :** 30 à 35 minutes
■ **Coût :** moyen ■ **Calories :** 640/portion
■ **Protéines :** 6 g/portion
■ **Matières grasses :** 24 g/portion
■ **Glucides :** 104 g/portion
■ **Fibres :** 1 g/portion

1 1/2 t	farine	375 ml
1 1/2 c. à thé	bicarbonate de sodium	7 ml
3/4 t	poudre de cacao	180 ml
1 c. à thé	sel	5 ml
1/2 t	beurre ramolli	125 ml
1 1/2 t	sucre	375 ml
2	œufs	2
1 1/2 t	lait	375 ml
1 c. à thé	vanille	5 ml
	colorants alimentaires jaune et vert	
1	contenant de glaçage à la vanille du commerce (450 g)	1
1	tube de gel pour décoration noir ou imitation chocolat	1
1	muffin du commerce au chocolat	1
1	contenant de glaçage au chocolat du commerce (450 g)	1
	paillettes de chocolat	
2	petites pastilles de bonbon	2
2	chocolats enrobés de bonbon orange (de type Smarties)	2
8	bâtonnets torsadés de réglisse noire	8
12	arachides enrobées de bonbon et de chocolat (de type M&M)	12

1. Dans une passoire fine placée sur un grand bol, tamiser la farine, le bicarbonate de sodium, la poudre de cacao et le sel. Dans un autre bol, à l'aide d'un batteur électrique, battre le beurre et le sucre jusqu'à ce que la préparation soit crémeuse. Ajouter les œufs, un à un, en battant bien après chaque addition. À l'aide d'une cuillère de bois, incorporer les ingrédients secs à la préparation au beurre en trois fois, en alternant avec le lait. Incorporer la vanille.

2. À l'aide d'une spatule, verser la pâte dans deux moules à gâteau de 8 po (20 cm) de diamètre, graissés et farinés. Cuire au four préchauffé à 350°F (180°C) de 30 à 35 minutes ou jusqu'à ce qu'un cure-dents inséré au centre des gâteaux en ressorte propre. Déposer les moules sur une grille et laisser refroidir. Passer la lame d'un couteau sur le pourtour de chacun des gâteaux pour les détacher du moule et démouler.

3. Mettre un des gâteaux dans une assiette de service, le côté bombé vers le haut. À l'aide d'un couteau dentelé, égaliser le dessus du gâteau en enlevant la partie bombée. Disposer des languettes de papier ciré sous le gâteau pour protéger la bordure de l'assiette.

4. Ajouter les colorants alimentaires au glaçage à la vanille et mélanger jusqu'à ce qu'il soit jaune-vert. À l'aide d'une spatule en métal, étendre le glaçage coloré sur le dessus du gâteau dans l'assiette. Déposer l'autre gâteau sur le premier, le côté bombé vers le haut. À l'aide du couteau dentelé, égaliser le dessus du gâteau en enlevant la partie bombée. À l'aide de la spatule en métal, étendre le reste du glaçage sur le dessus et les côtés du gâteau. Tracer une toile d'araignée sur le dessus du gâteau avec le gel de décoration (faire des lignes doubles pour que la toile semble plus épaisse). Tracer des lignes simples qui descendent sur les côtés du gâteau pour indiquer le chemin emprunté par les petites araignées. Retirer les languettes de papier ciré.

5. Pour confectionner l'araignée mère, placer le muffin à l'envers. À l'aide d'un couteau, le sculpter en forme de demi-cercle de manière à imiter le corps de l'araignée. Couvrir de glaçage au chocolat, puis le passer dans des paillettes de chocolat en le retournant pour bien l'enrober. Avec du glaçage au chocolat, coller les pastilles de bonbon au centre des chocolats orange pour imiter la pupille de l'œil. Fixer les chocolats orange à l'une des extrémités du corps de l'araignée pour imiter les yeux. Placer le corps de l'araignée au centre de la toile sur le dessus du gâteau. Pour les pattes, couper le bout des bâtonnets de réglisse sur le biais (ils seront plus faciles à insérer), puis les plier pour les assouplir. Insérer un bâtonnet de réglisse sur le côté du corps de l'araignée, le plier en le recourbant et l'insérer dans le gâteau près du bord. Insérer le reste des bâtonnets de réglisse de la même manière (en mettre quatre de chaque côté du corps de l'araignée).

6. Pour les mini-araignées, presser les arachides enrobées de bonbon et de chocolat sur les côtés du gâteau, au bout des fils de gel. Avec le gel de décoration, tracer des pattes et des yeux.

Petits gâteaux araignées

Avec ces quantités, on peut décorer 24 petits gâteaux.

1. Dans un bol, à l'aide d'une spatule, verser un contenant de glaçage à la vanille du commerce (450 g).

2. Ajouter des gouttes de colorant jaune et rouge, quelques-unes à la fois, et mélanger jusqu'à ce que le glaçage soit d'un bel orangé.

3. À l'aide d'une spatule de métal, étendre le glaçage sur le dessus de 24 petits gâteaux ou muffins au chocolat (maison ou du commerce).

4. Parsemer de cristaux de sucre orange.

5. Déposer une petite friandise ronde au chocolat sur le dessus de chaque petit gâteau pour faire le corps des araignées.

6. Déposer deux bonbons blancs miniatures sur les friandises au chocolat pour faire les yeux, puis mettre un peu de gel à écrire au centre pour les pupilles.

7. Dessiner des pattes avec du gel à écrire brun ou noir.

Tarte à la toile d'araignée

8 PORTIONS

🕐 **Préparation :** 30 minutes
🕐 **Cuisson :** 22 à 27 minutes
🕐 **Réfrigération :** 6 heures
■ **Coût :** moyen ■ **Calories :** 449/portion
■ **Protéines :** 6 g/portion
■ **Matières grasses :** 28 g/portion
■ **Glucides :** 46 g/portion
■ **Fibres :** 1 g/portion

CROÛTE À TARTE AU CHOCOLAT

1/3 t	beurre fondu	80 ml
1 c. à tab	sucre	15 ml
1 1/2 t	gaufrettes au chocolat émiettées	375 ml

GARNITURE AU CHOCOLAT BLANC

1 1/2 t	lait	375 ml
1/2 t	crème à 15 %	125 ml
2 c. à tab	zeste d'orange râpé	30 ml
1/4 t	sucre	60 ml
2	œufs	2
1/4 t	fécule de maïs	60 ml
6 oz	chocolat blanc haché	180 g
2 c. à tab	beurre	30 ml
1 c. à thé	vanille	5 ml
1 oz	chocolat mi-sucré	30 g
	araignées en chocolat (voir recette) (facultatif)	
2 c. à tab	sucre coloré orange	30 ml

Préparation de la croûte à tarte au chocolat

1. Dans un bol, mélanger le beurre et le sucre. Ajouter les gaufrettes au chocolat et mélanger jusqu'à ce que la préparation soit humide. Presser la préparation aux gau-

frettes dans le fond d'un moule à flan (moule à tarte à fond amovible) de 9 po (23 cm) de diamètre. Cuire au centre du four préchauffé à 325°F (160°C) de 20 à 25 minutes ou jusqu'à ce que la croûte soit ferme. Laisser refroidir sur une grille.

Préparation de la garniture au chocolat blanc

2. Dans une casserole à fond épais, chauffer à feu moyen 1 tasse (250 ml) du lait, la crème et le zeste d'orange jusqu'à ce que de petites bulles se forment sur les parois de la casserole. Dans un grand bol, à l'aide d'un fouet, mélanger le reste du lait, le sucre, les œufs et la fécule de maïs. À l'aide du fouet, incorporer le mélange de lait chaud à la préparation aux œufs et mélanger jusqu'à ce que la préparation ait légèrement épaissi. Remettre la préparation dans la casserole. Porter à ébullition à feu moyen-vif en fouettant sans arrêt. Laisser bouillir, en brassant délicatement à l'aide d'une cuillère de bois, pendant 2 minutes ou jusqu'à ce que la préparation ait suffisamment épaissi pour napper le dos d'une cuillère.

3. Dans une passoire fine placée sur un grand bol, filtrer la préparation crémeuse. Ajouter le chocolat blanc, le beurre et la vanille et mélanger jusqu'à ce que la préparation soit lisse. Réserver 2 cuillerées à table (30 ml) de la garniture au chocolat blanc dans un petit bol. Verser le reste de la garniture au chocolat blanc dans la croûte à tarte refroidie. Lisser le dessus de la garniture.

4. Dans une petite casserole à fond épais, faire fondre le chocolat mi-sucré à feu moyen. Ajouter le chocolat fondu à la garniture au chocolat blanc réservée et mélanger. À l'aide d'une cuillère, mettre la préparation de chocolat mi-sucré dans une poche à douille. En partant du centre, tracer une spirale de chocolat mi-sucré sur la garniture au chocolat blanc. En partant

du centre et en allant vers le bord, passer la lame d'un couteau dans la spirale à intervalles réguliers, de manière à former les rayons de la toile d'araignée. Réfrigérer pendant 6 heures ou jusqu'à ce que la garniture ait pris. (Vous pouvez préparer la tarte à l'avance et la couvrir d'une pellicule de plastique. Elle se conservera jusqu'à 24 heures au réfrigérateur.) Garnir d'araignées en chocolat, si désiré. Parsemer le pourtour de la tarte du sucre orangé.

Araignées en chocolat

Garnissez vos muffins ou votre tarte au chocolat de ces affreuses bestioles. Frissons garantis !

DONNE 9 ARAIGNÉES

Dans un petit bol à l'épreuve de la chaleur placé sur une casserole d'eau chaude mais non bouillante, faire fondre 1 oz (30 g) de chocolat. À l'aide d'une cuillère, mettre le chocolat fondu dans une poche à douille munie d'un très petit embout ou dans un sac de plastique refermable coupé dans un coin. Sur une feuille de papier ciré, faire un petit rond de chocolat imitant le corps d'une araignée. Mettre un chocolat enrobé de bonbon (de type Smarties) sur le corps de l'araignée. À l'aide de la poche à douille, tracer quatre pattes de chaque côté du corps de l'araignée. Ajouter deux boules argent pour imiter les yeux, si désiré. Réfrigérer jusqu'à ce que les araignées soient fermes. À l'aide d'une spatule en métal, soulever délicatement les araignées pour les détacher du papier. Garnir la tarte au chocolat ou les muffins de ces araignées.

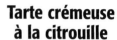

Tarte crémeuse à la citrouille

8 PORTIONS

⏱ **Préparation :** 20 minutes
⏱ **Cuisson :** 13 minutes
■ **Coût :** faible ■ **Calories :** 265/portion
■ **Protéines :** 7 g/portion
■ **Matières grasses :** 9 g/portion
■ **Glucides :** 43 g/portion
■ **Fibres :** 2 g/portion

3	œufs, jaunes et blancs séparés	3
2/3 t	lait évaporé	160 ml
2/3 t	cassonade tassée	160 ml
1/2 c. à thé	cannelle	2 ml
1/4 c. à thé	clou de girofle	1 ml
1/4 c. à thé	gingembre moulu	1 ml
1/4 c. à thé	sel	1 ml
1	sachet de gélatine sans saveur (7 g/15 ml)	1
1/4 t	xérès (sherry) ou eau	60 ml
1 1/2 t	purée de citrouille	375 ml
1 c. à thé	vanille	5 ml
2 c. à tab	sucre	30 ml
1	croûte à tarte cuite de 9 po (23 cm) de diamètre	1

1. Dans un bol en métal, à l'aide d'un fouet, battre les jaunes d'œufs, le lait, la cassonade, la cannelle, le clou de girofle, le gingembre et le sel. Placer le bol sur une casserole contenant de l'eau chaude mais non bouillante. Cuire, en brassant, pendant 8 minutes ou jusqu'à ce que la préparation ait épaissi légèrement.

2. Entre-temps, dans un petit bol, saupoudrer la gélatine sur le xérès. Laisser reposer pendant 5 minutes. Incorporer le mélange à la gélatine à la préparation aux jaunes d'œufs chaude. Cuire, en brassant délicatement, pendant 5 minutes. Retirer la casserole du feu. À l'aide du fouet, incorporer la purée de citrouille et la vanille et battre jusqu'à ce que la préparation soit lisse. Laisser refroidir à la température ambiante.

3. Dans un bol, battre les blancs d'œufs jusqu'à ce qu'ils forment des pics mous. Incorporer petit à petit le sucre et battre jusqu'à ce que la préparation forme des pics fermes. Incorporer à la préparation à la citrouille en soulevant délicatement la masse. À l'aide d'une cuillère, verser la mousse à la citrouille dans la croûte à tarte. Couvrir d'une pellicule de plastique et réfrigérer pendant 2 heures ou jusqu'à 8 heures.

Gâteau-cimetière aux carottes et à la citrouille

12 PORTIONS

🕐 **Préparation :** 25 minutes
🕐 **Cuisson :** 40 minutes ■ **Coût :** moyen
■ **Calories :** 584/portion
(sans décorations)
■ **Protéines :** 5 g/portion
(sans décorations)
■ **Matières grasses :** 29 g/portion
(sans décorations)
■ **Glucides :** 80 g/portion
(sans décorations)
■ **Fibres :** 2 g/portion (sans décorations)

GÂTEAU AUX CAROTTES ET À LA CITROUILLE

3/4 t	sucre	180 ml
3/4 t	cassonade tassée	180 ml
3	œufs	3
1/2 t	huile végétale	125 ml
1 c. à thé	vanille	5 ml
2 t	farine	500 ml
2 c. à thé	poudre à pâte	10 ml
2 c. à thé	cannelle moulue	10 ml
1 c. à thé	bicarbonate de sodium	5 ml
3/4 c. à thé	sel	4 ml
1/2 c. à thé	muscade moulue	2 ml
2 t	carottes râpées	500 ml
1 t	purée de citrouille en boîte	250 ml
1/2 t	pacanes grillées, hachées	125 ml

GLAÇAGE

3/4 t	beurre ramolli	180 ml
3 3/4 t	sucre glace	930 ml
1/2 t	crème à 35 %	125 ml

DÉCORATION DU CIMETIÈRE

Biscuits Graham, glaçage du commerce, bâtonnets de réglisse noire, lacets de réglisse noire, gaufrettes au chocolat émiettées et feuilles en bonbon

Préparation du gâteau aux carottes et à la citrouille

1. Dans un grand bol, à l'aide d'un batteur électrique, battre le sucre, la cassonade, les œufs, l'huile et la vanille jusqu'à ce que la préparation soit lisse. Dans un autre bol, à l'aide d'un fouet, mélanger la farine, la poudre à pâte, la cannelle, le bicarbonate de sodium, le sel et la muscade. Ajouter les ingrédients secs à la préparation aux œufs et mélanger jusqu'à ce que la préparation soit humide, sans plus. Incorporer les carottes, la purée de citrouille et les pacanes. À l'aide d'une spatule, étendre la pâte dans un moule à gâteau en métal de 13 po x 9 po (33 cm x 23 cm), graissé.

2. Cuire au centre du four préchauffé à 350°F (180°C) pendant environ 40 minutes ou jusqu'à ce qu'un cure-dents inséré au centre du gâteau en ressorte propre. Mettre le moule sur une grille et laisser refroidir. (Vous pouvez préparer le gâteau jusqu'à cette étape et le couvrir d'une pellicule de plastique. Il se conservera jusqu'à 24 heures au réfrigérateur.)

Préparation du glaçage

3. Dans un bol, à l'aide du batteur électrique (utiliser des fouets propres), battre le beurre jusqu'à ce qu'il soit léger et gonflé. Ajouter le sucre glace en trois fois, en alternant deux fois avec la crème.

4. Démouler le gâteau refroidi et le couper en deux horizontalement. Déposer la base du gâteau, la partie coupée dessus, sur un plateau ou une grande assiette à gâteau rectangulaire. Étendre un tiers du glaçage sur la base du gâteau, puis couvrir de l'autre moitié du gâteau. Étendre le reste du glaçage sur le dessus et les côtés du gâteau en le lissant bien. (Vous pouvez préparer le gâteau à l'avance et le couvrir de papier d'aluminium sans serrer. Il se conservera jusqu'à 24 heures à la température ambiante.)

Décoration du cimetière

5. Couper les biscuits Graham en forme de pierres tombales et les décorer de glaçage. Insérer les biscuits sur le dessus du gâteau. Couper les bâtonnets de réglisse en quatre sur le long, jusqu'à la moitié de leur hauteur. Piquer la partie non coupée des bâtonnets de réglisse sur le gâteau pour former des arbres. Couper un lacet de réglisse en petits morceaux pour former des poteaux de clôture. Nouer ensemble le reste des lacets de réglisses et les déposer sur les poteaux pour former une clôture. Parsemer les miettes de gaufrettes au chocolat pour imiter des tas de terre. Parsemer des feuilles en bonbon.

Crédits **photographes**

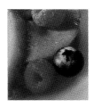

Crédits **photographes**

Index

Index

Index

Nous remercions sincèrement les stylistes culinaires suivants de leur collaboration :

Donna Bartolini

Arturo Boada

Barb Holland

Regan Daley

Dee Hobsbawn-Smith

Janet et Greta Podleski
(*Eat, Shrink and Be Merry*)

Cynthia David

Nancy Baggett

Darlene King et Lise Carrière

Nous remercions également les magazines suivants de leur collaboration :
Canadian Living (www.canadianliving.com)
Family Circle (www.familycircle.com)
Midwest Living (www.midwestliving.com)
Parents (© Gruner + Jahr USA Publishing)
(www.parents.com)
EatingWell, The Magazine of Food & Health
(www.eatingwell.com)

Les démonstrations de recettes ont été rendues possibles grâce à la collaboration de l'Académie culinaire de Montréal
(www.academieculinaire.com)

Un gros merci à tous ceux et toutes celles qui ont travaillé de près ou de loin à la réalisation de ce livre, et en particulier :

• À Jean Paré, éditeur des Éditions Transcontinental. Un gars passionné, un peu fou, qui a cru à ce projet au-delà des standards professionnels usuels.

• À Brigitte Duval, directrice de la production. Tolérance, patience, souplesse, des qualités assurément associées au succès du livre.

• À Andrée Robillard, directrice artistique, et à France Mercier, infographiste. Leur créativité et leur rapidité d'exécution ont été bienvenues !

• À Louise Faucher, responsable cuisine à *Coup de pouce* et rédactrice en chef des Hors-série Cuisine. Indispensable, irremplaçable Louise !

• À Karine Abdel, adjointe à la responsable cuisine. Toujours prête pour les dossiers de dernière minute.

• À Isabel Tardif, coordonnatrice de production à *Coup de pouce*. Pour son soutien à la recherche.

France Lefebvre
Rédactrice en chef
de la bannière Coup de pouce